アジア研究機構叢書人文学篇　第三巻

日韓共同研究資料集

咸安城山山城木簡

早稲田大学朝鮮文化研究所
大韓民国国立加耶文化財研究所　編

咸安城山山城全景（左：北側から）

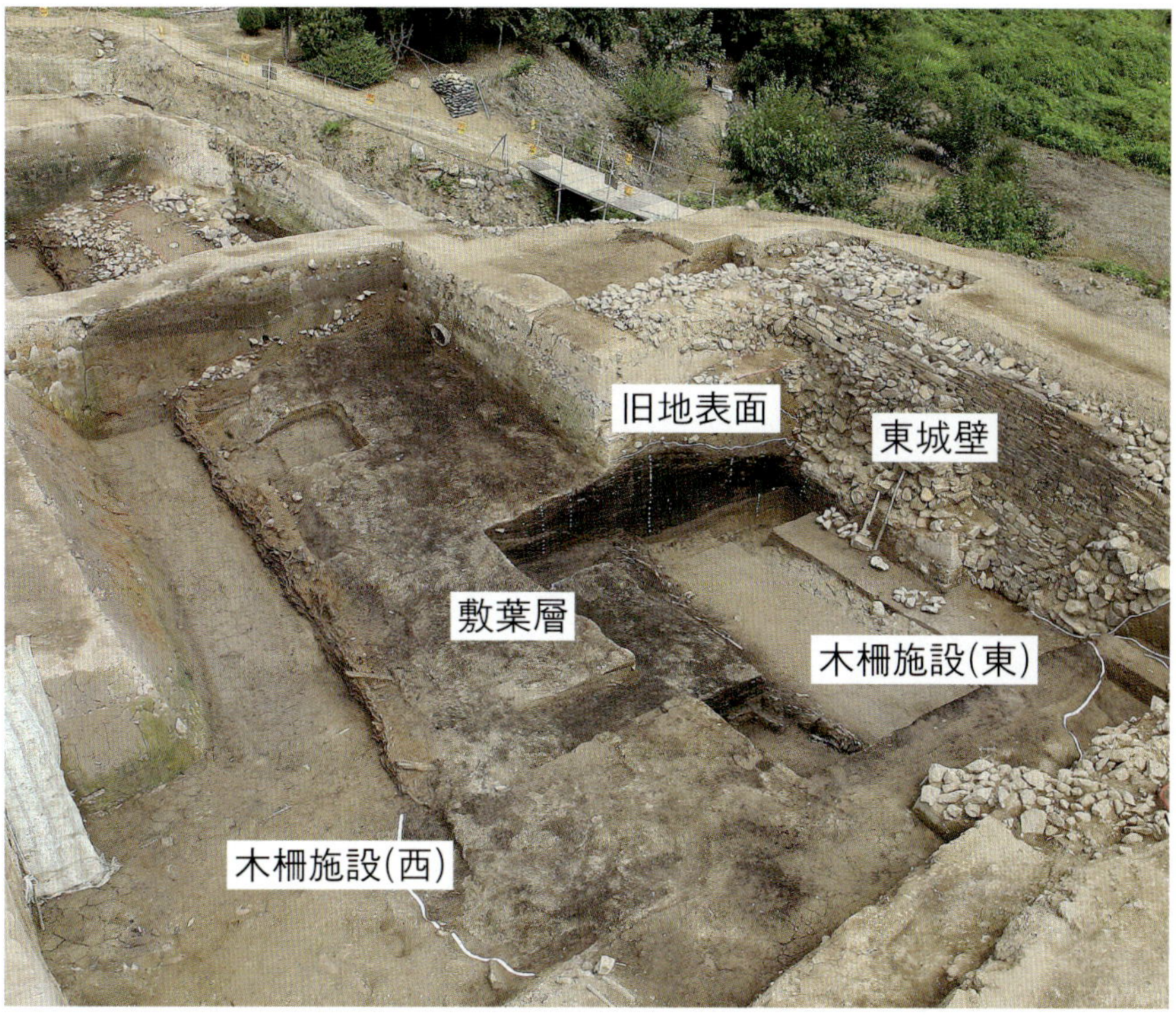

木簡集中出土地点（左：南西側から。右：上が南）

34号

33号

3号

（3点とも 80%）

29号

28号

48号

44号

43号

日本語版刊行にあたって

本書は、早稲田大学朝鮮文化研究所と韓国国立加耶文化財研究所によってなされた咸安城山山城出土木簡に対する共同研究の報告書である。韓国語版はすでに、二〇〇七年一二月に刊行されているが、国立加耶文化財研究所との協定に基づき、ここに日本語版を刊行するものである。

共同研究の経緯については、本書でも言及があるとおり、早稲田大学朝鮮文化研究所は韓国国立昌原文化研究所（現、国立加耶文化財研究所）との間で、二〇〇四年三月に国際共同研究の協定を締結し、二〇〇八年三月に至るまで四年間にわたって韓国出土木簡の共同研究を行なってきた。

発掘間もない基礎資料の調査という異例ともいえる国際共同研究を全面的に支持して下さった国立文化財研究所金奉建所長、また共同研究を積極的に推進してくださった国立加耶文化財研究所の歴代所長（金善泰、延雄、池炳穆、崔孟植、尹光鎮、姜舜馨）、室長（鄭桂玉、朴鍾益）の諸先生に、この場をかりて改めて感謝申し上げたい。

私たちの共同研究は、当初、二一世紀ＣＯＥ早稲田大学アジア地域文化エンハンシング研究センターの一環として開始したが、二〇〇七年三月にＣＯＥにおける活動は、いったん終了した。幸いにも、共同研究が滞りなく、そのまま引き継がれることになったのは、二〇〇六年以来、アジア研究機構のプロジェクトとして、機構の全面的な支援があったからである。これによって高精度デジタルカメラによる木簡のカラー写真・赤外線写真の撮影、補正作業を継続させ、デジタル資料化してデータベースとして韓国内外での活用を実現させるに至った。

また、困難な出版状況の中で、本報告書をアジア研究機構叢書として刊行することができたのもアジアの人文学研究に支援を惜しまない奥島孝康アジア研究機構長のご尽力があってのことである。謝してお礼申し上げたい。

なお、本書には、日本語版報告書に加えて、附篇として朝鮮文化研究所が韓国内の他研究機関と共同で行った慶州雁鴨池木簡、扶余陵山里木簡、扶余双北里木簡の釈文を掲載することにした。韓国出土木簡はこの数年、注目すべき発見が相次ぎ、国際的にも注目されるようになっているが、正確な情報の共有は、かならずしも容易でない。国立加耶文化財研究所との共同研究は、われわれの調査方法を研ぎ澄まさせ、他の研究機関との共同調査にも遺憾なく発揮させることができた（調査法の一端については、本書の編修を中心的に担った橋本繁氏の「韓国木簡のフィールド調査と古代史研究―咸安・城山山城木簡の共同研究より」〔『史滴』三〇、二〇〇八年〕をぜひ参照頂きたい）。信頼するに足る釈文の共有は急務であるが、本書附篇として掲載した釈文が今後の研究の基礎史料となれば幸いである。

二〇〇九年三月

朝鮮文化研究所所長　李成市

刊行の辞

韓国では一九七〇年代末より、五、六世紀の石碑が相次いで発見され、これらによって新羅史研究が飛躍的に進展した。『三国史記』や『三国遺事』などの編纂史料が伝える世界とは全く異なる次元の情報がえられることによって、新たな古代史研究の局面が切り開かれていった。

一方、ほぼ同じ七〇年代末には、韓国で初めての木簡の発見（慶州雁鴨池出土）が公表されてはいたものの、断片的で、その数が少ないこともあって研究者の間ですら、ほとんど注目されることはなかった。ところが、ここ十数年のうちに、かつての新羅や百済の王都や地方の山城などからも毎年のように木簡の出土が伝えられるようになり、去る一九九九年には、咸安・城山山城出土木簡を主題に国際シンポジウムが開催されるなど、韓国出土木簡の史料的価値が再認識されるに至った。

折しも二〇〇二年、早稲田大学が二一世紀COEプログラムに採択され、アジア地域文化エンハンシング研究センターが開設されることとなった。朝鮮文化研究所は、二〇〇〇年四月に早稲田大学に開設されたプロジェクト研究であるが、上記のプログラムの採択にともなって、研究センターの一翼を担うこととなった。

研究センターにおける朝鮮文化研究所の主要な研究課題は、中国文明が中国東北地方から朝鮮半島に及ぼした社会的・文化的影響を、韓国で出土した木簡や金石文を中心に出土文字資料の分析を通して検討し、この地域の文字文化の位相を解明することであった。その研究の特徴は、国際共同研究によってアジアの地域文化をエンハンシング（フィールドでえられた資料のデジタル化と史料化）し、新たなアジア文化論を世界に向かって発信しようとすることにあった。それゆえに、われわれの研究課題を実現しようとすれば、韓国における関係機関との国際共同研究を必須の要件としていた。しかしながら、発掘間もない調査中の未公開資料を、目的意識を異にする外国研究者や研究機関との共同研究はもとより容易ではない。まずは、そのような事業を遂行するうえで、カウンターパートとの目的意識の共有と信頼関係の構築は不可欠であった。

そうした経緯があり、韓国において最も多くの木簡が出土し、その調査に取り組んでいる国立昌原文化財研究所を訪ね、韓国出土木簡の総合的な研究を視野に収めた共同研究の可能性を願い出ることにした。幸いにも、この申し出を受け入れてくださり、二〇〇三年始めより、共同研究の環境を整えるための協議を開始し、具体的な事業内容についての検討にとりかかった。その後、国立文化財研究所および国立昌原文化財研究所との間で二〇〇四年三月に正式に共同研究協定を締結し、現在に至るまで共同研究を実施してきた。

本資料集は、この間の国立昌原文化研究所と朝鮮文化研究所との共同研究の成果である。共同研究をふりかえれば、まず、韓国木簡に関する研究基盤を整えるべく、韓国初の総合的な木簡図録である『韓国の古代木簡』（国立昌原文化財研究所編、二〇〇四年七月）の刊行および日本語版の出版に、われわれがなしうる応分の協力をおこなった。この刊行によって歴史資料としての木簡に関する情報が韓国内はもとより、国際的にも広く共有されるところとなり、韓国出土木簡の研究は急速な進展を見せることになった。その後、『韓国の古代木簡』に補正が加えられ、改訂版が刊行されて、韓国木簡の研究基盤は本格的に整えられるようになった。実に、国立昌原文化財研究所の『韓国古代木簡』の刊行は、韓国古代木簡研究の画期的な出来事であった。

このような研究環境の改善を前提に、国立昌原文化研究所と共同研究の対象となる城山山城木簡に関する協議を重ねるうちに、その保存処理が優先課題の一つであることを認識するに至り、二〇〇四年一二月に、同研究所保存科学室で木簡の保存処理を担当している梁碩眞氏を日本に招聘し、奈良文化財研究所、元興寺文化財研究所において木簡保存処理に関する研修を実施した。

さらに、これまでの城山山城木簡を中心とする共同研究の成果については、毎年一月に開催してきた国際シンポジウム「韓国出土木簡の世界」において随時報告を行ってきた。そこでは、池炳穆所長はじめ鄭桂玉室長、朴鍾益室長を招聘して調査概要を公表するとともに、あわせて国立昌原文化財研究所と朝鮮文化研究所の共同研究の成果を発表してきた。

このほかにも、国立昌原文化財研究所と朝鮮文化研究所の共同により、デジタル資料を開発すべく、(株)コンテンツの協力をえて、二〇〇二年に出土した城山山城木簡七〇点の高精度デジタルカメラによりカラー写真と赤外線写真を撮影した。さらに、この二種類の写真を並行して同時に観察することが可能なソフトを開発し、木簡を実見してはじめて可能であった表面観察を、どこにおいても、誰にでも行うことを実現化させ、二〇〇六年一一月より国立昌原文化財研究所のホームページ上で公開することになった。

本資料集は、上述のような経緯をもって進められてきた国立昌原文化財研究所と早稲田大学朝鮮文化研究所の共同研究の成果にほかならない。この間の韓国木簡研究の進展はめざましく、韓国内にとどまらず、日本や中国の学界の注目するところとなり、国際的な規模で韓国木簡の調査、研究に期待が寄せられている。今後も引き続き、国立昌原文化財研究所が韓国木簡の調査・研究のセンターとして、その研究成果の発信源となることを願ってやまない。

本資料集の刊行に向けて、姜舜馨所長には大所高所からのご教示を頂くなど多大なご尽力を頂いた。また朴鍾益室長には、つねに調査、研究の方針と資料集刊行のための綿密な計画を策定して頂いた。厚くお礼を申し上げたい。最後に、当初より共同研究の意義をご理解下さり、ご指導下さった国立文化財研究所金奉建所長に感謝申し上げたい。

二〇〇九年三月

早稲田大学朝鮮文化研究所長　李成市

共同研究資料集刊行に際して

古代の安羅加耶の故地である咸安城山山城（史蹟第六七号）において木簡がはじめて発見された一九九二年を起点として、すでに一七年の月日が流れています。いまだ木簡は毎年の発掘調査で出土しており、世人を驚かせるとともに期待させています。

城山山城を発掘することになった契機は、加耶の城郭の実態を把握するために調査をはじめたものでした。ところが、調査の結果、城壁の構造や出土遺物、なかでも六世紀半ば頃と推定される新羅の木簡が多数出土したことにより、新羅の山城であることが明らかになりました。ただ、木簡がどのような遺構から出土し、その内容がどういうものかについては不明な点も多く、多くの関心を集めてきました。

出土木簡の一部に対する保存処理が完了しても、泥土層から出土した木簡は黒化していたため、赤外線撮影装置なしでは判読が不可能な状況でした。このような時に、果敢な決断によって巨額の研究費を投入して赤外線撮影装置を購入し、判読を激励された洪性彬・元所長の配慮に感謝申し上げます。

木簡の判読も容易なものではありません。一字一字の文字を読むことができたとしても、全体像を把握するのが難しい状況でした。木簡理解のために金昌鎬先生の努力が試金石となりました。これらの木簡が新羅木簡であるという大枠を設定して下さいました。

こうした重要な事実を『咸安城山山城』報告書として一九九八年度に発表し、韓国古代史学会と協力して一九九九年に国内ではじめて木簡に関する国際学術会議を開催しました。会議には韓国・中国・日本の研究者が参加し、これら木簡の性格と重要性について熱心な討論がなされました。その結果、城山山城の重要性が強調され、木簡がさらに出土する可能性を前提とした年次発掘を推進することとなりました。

二〇〇二年から推進した山城の東門址付近に対する探索調査と内部調査により、木簡が九〇点余りも出土するという成果を挙げました。これを契機に加耶文化財研究所では、共同研究者を構成してこれら木簡を判読し、さらに韓国の出土木簡全点を赤外線撮影してカラー写真とともに原寸大で掲載した『韓国の古代木簡』を二〇〇四年に出版しました。また、同年には『咸安城山山城Ⅱ』を刊行し、九三点の木簡を報告しました。

継続調査により東門址付近に巨大な楕円形の貯水池が築造されていることが明らかとなり、二〇〇五年には上部貯水池の下にさらに先行する貯水池のあることが確認されました。

二〇〇六年度調査では、先行貯水池の把握と、東壁と先行貯水池の間にたいする調査を実施して、東壁付近から木簡が集中して出土する地域の性格を把握しました。この調査により木簡集中出土地点は、なんらかの明確な遺構ではなく、断面凸レンズ状の有機物層が形成されているものの、これは自然な堆積現象ではなく、人為的に埋立てたものであると分かりました。同年度には約四〇点の木簡が出土して全体の木簡数は一六二点となり、韓国出土木簡の約五〇％を占める非常に重要な遺跡となりました。

一方、咸安城山山城出土木簡は、六世紀半ば新羅社会の地方体制と収取体系などを知るための貴重な歴史史料として、国内外の研究者の研究が継続して発表されています。

このような実情にあわせ加耶文化財研究所では、早稲田大学朝鮮文化研究所と城山山城木簡を共同研究するための協定書を締結しました。二〇〇四年から二〇〇七年までの共同研究期間に毎年、日本側の研究団は加耶研究所を訪問し、加耶研究所はその年の調査成果を日本で発表しました。

釈文と製作技法に対する共同研究を重点的に実施し、さらに日本側の赤外線写真撮影に対する新たな技術に接することができました。

加耶研究所に備えている赤外線撮影装置は、赤外線を木簡に照射して、赤外線フィルターが赤外線だけ通過させ、その他の光線はすべて反射させ赤外線の波長のみを認識して撮影する基本原理に基づいている多数の機械によるものです。それに対して、日本側のコンテンツ株式会社は、デジタルカメラに赤外線原理を備えている三八〇〇万画素の高画質であり、自主技術によって拡大しても画素が壊れない点が特徴です。

日本では木簡を肉眼で観察するのが一般的であり、赤外線カメラによる写真は参考資料として活用されているのが実情です。しかし、城山山城木簡は、黒化していて肉眼で観察できないものが大部分であり、この装置に全面的に依存している点が異なります。

このような点に着眼して導入した撮影技術を活用して、咸安城山山城遺跡ホームページ（www.haman-sungsan.go.kr）を開設しました。このデータベース・木簡資料室をクリックすれば、カラー写真との対照だけでなく、赤外線写真を十分に拡大して誰でも詳細に観察することが可能になりました。

さらに、日本の木簡専門家が参加したことにより、木簡研究に対する基本知識を学び、今後の研究方向などの参考とすることができました。初年度には、日本側の協力により奈良文化財研究所において木簡保存処理に関する技術を学ぶ機会をえました。

日本木簡よりも早い六世紀の木簡が発見された点に重要な意義をおいて、常に謙虚な心で木簡に対する日本の研究者の姿勢につねに感謝を感じます。

三年間の共同研究による成果を報告するために、二〇〇七年に昌原でセミナーを開催しました。そして、同年一二月に韓国語版の共同研究資料集を刊行し、ここに日本語版を刊行することとなりました。

残念な点があるとすれば、より多くの研究者が参加できていればという点であり、書体に対する研究が不足していたように思われます。

共同研究資料集は咸安城山山城出土木簡に限られていますが、これを契機に韓国の他の木簡とも接する契機となり、日本など外国の多くの木簡研究者が参加して本当の木簡学を確立する契機になればと思います。このようにして刊行された資料集が、広く愛用され活用されることを望みます。

この共同研究資料集を刊行するために協力してくださった日本の研究者と、研究所の学芸研究室職員の苦労に感謝します。

二〇〇九年三月

国立加耶文化財研究所所長　姜舜馨

日韓共同研究資料集　咸安城山山城木簡　目次

凡例

一．本資料集は、早稲田大学朝鮮文化研究所と韓国国立加耶文化財研究所による咸安・城山山城出土木簡に対する共同研究の日本語版報告書である（韓国語版は二〇〇七年一二月に刊行）。全体の構成は、図版篇、論考篇および付篇から成る。

一．共同研究の参加者は次の通りである。

国立加耶文化財研究所

所長（金善泰、延雄、池炳穆、崔孟植、尹光鎮、姜舜馨）、室長（鄭桂玉、朴鍾益）、学芸研究士（黄仁鎬、姜東碩、李晟準）、調査員（梁碩眞、孫秉花）

朝鮮文化研究所

李成市（所長。早稲田大学文学学術院・教授）、平川南（国立歴史民俗博物館・館長）、三上喜孝（山形大学人文学部・准教授）、安部聡一郎（金沢大学文学部・准教授）、橋本繁（学術振興会特別研究員）

一．木簡番号は、国立昌原文化財研究所編『韓国の古代木簡』に従う。

一．図版篇には、木簡番号順に赤外線デジタル撮影による写真と実測図を掲載する。原則として原寸大とするが、長大なものは八〇％に縮小した。赤外線写真の撮影は、コンテンツ株式会社が担当した。実測図は、国立加耶文化財研究所が作成した。

一．城山山城木簡の釈文は、朝鮮文化研究所が作成したものである。釈文に使用した符号などは、木簡学会のものに準じた。表面観察は共同研究参加者が合同でおこない、三上喜孝が執筆を担当した。

一．論考篇には、共同研究参加者の城山山城木簡に関する論文を掲載する。また、参考論文として、市大樹（奈良文化財研究所）による飛鳥藤原地区の木簡整理に関する論考を掲載する。

一．付篇として、朝鮮文化研究所が他機関と共同調査を行なった慶州・雁鴨池木簡、扶余・陵山里木簡、扶余・双北里木簡の釈文を掲載する。

一．釈文の作成に当っては、共同研究参加者のほか、田中史生（関東学院大学経済学部・教授）、畑中彩子（学習院大学文学部・助教）、武井紀子（東京大学大学院人文社会系研究科・博士課程）の各氏の助力を得た。

1号

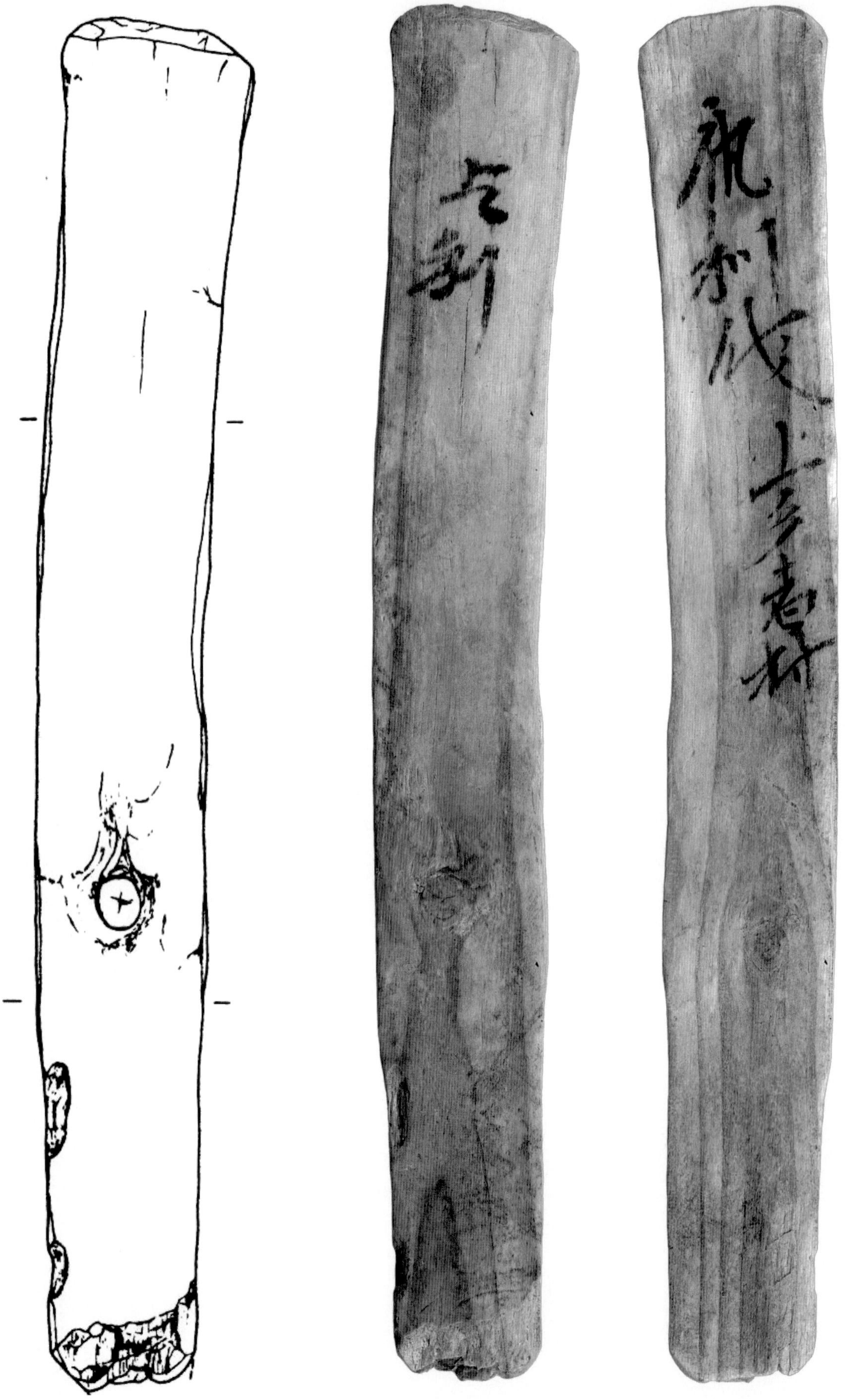

2号

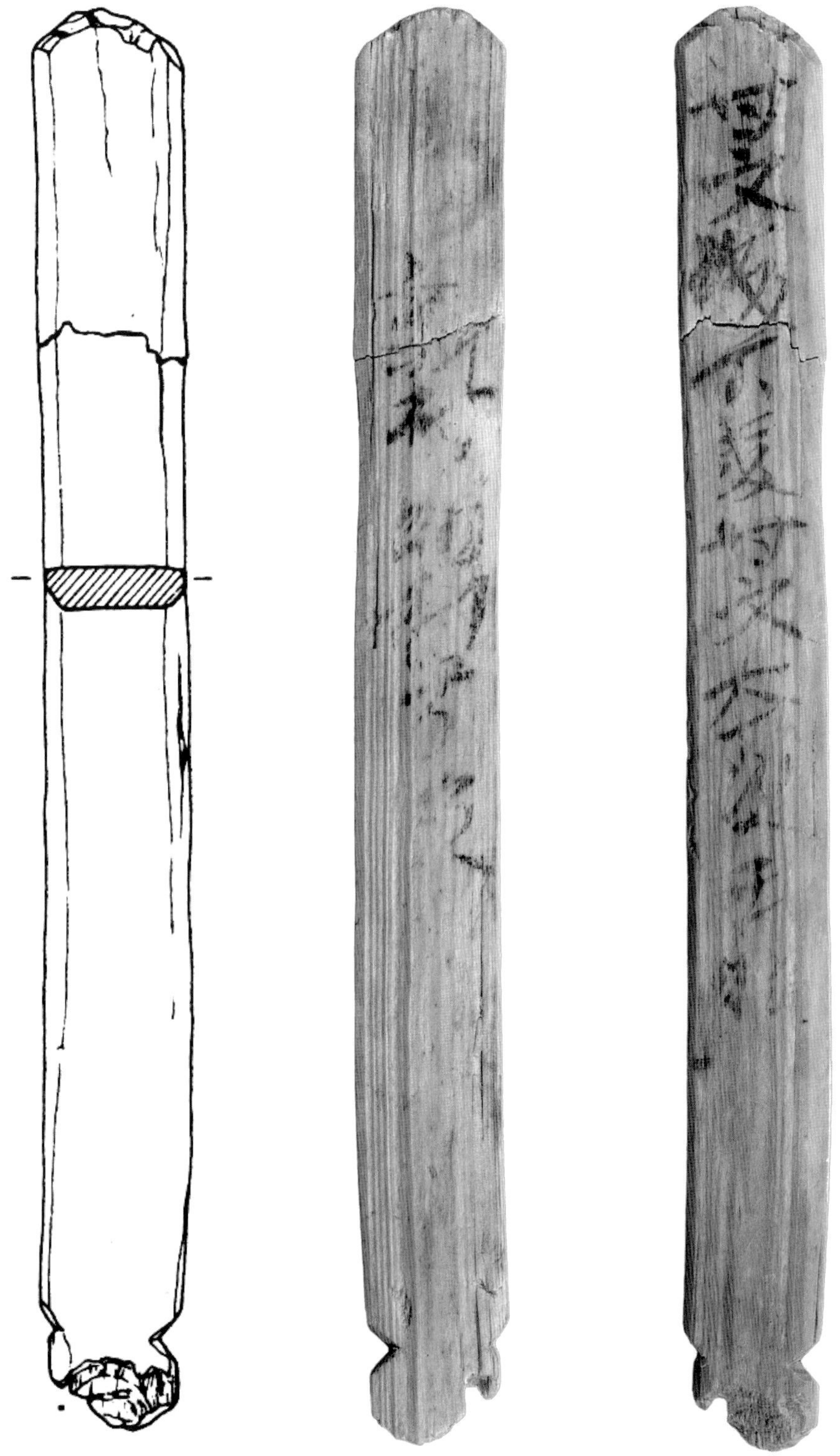

3号

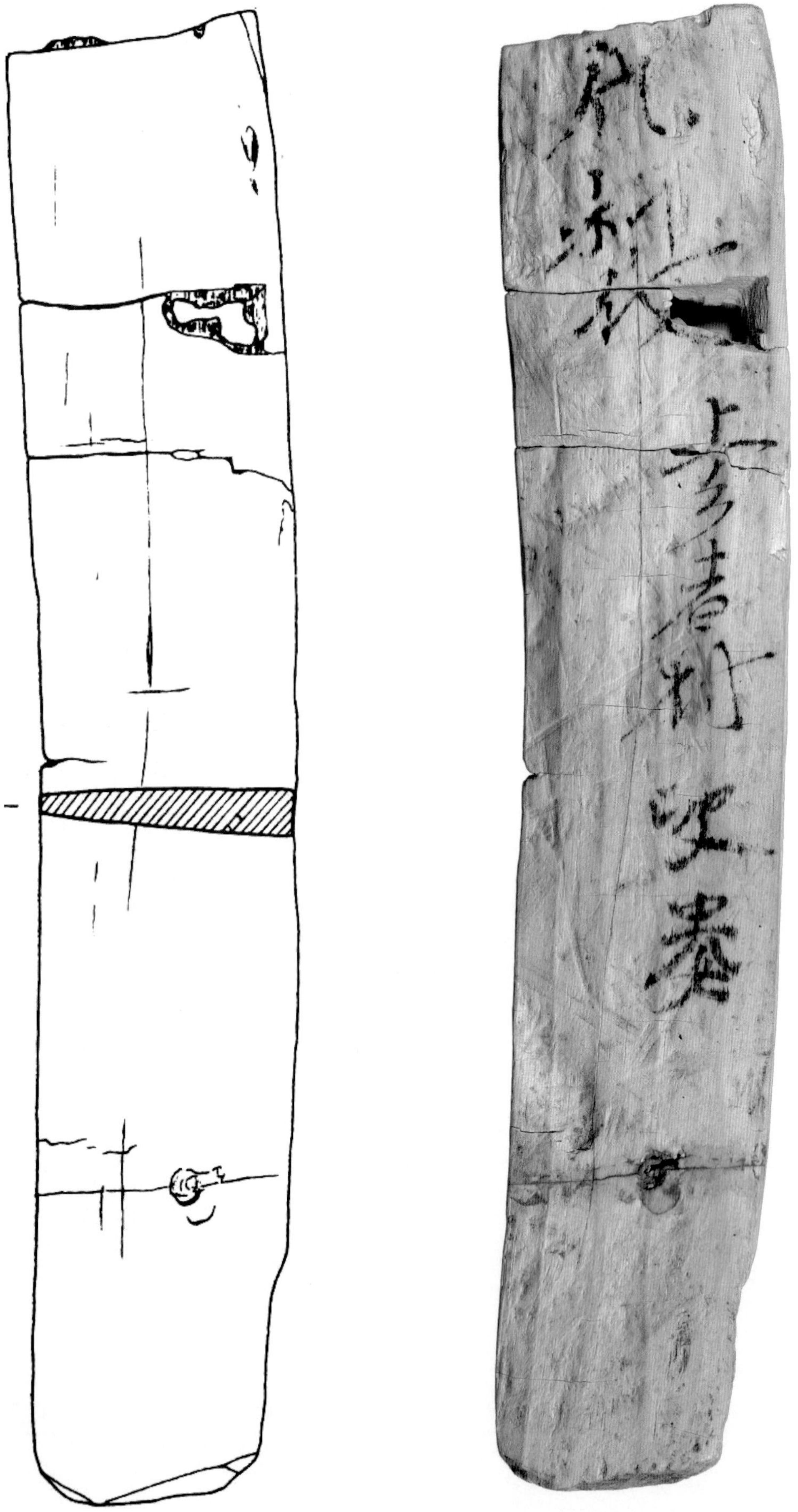

5号

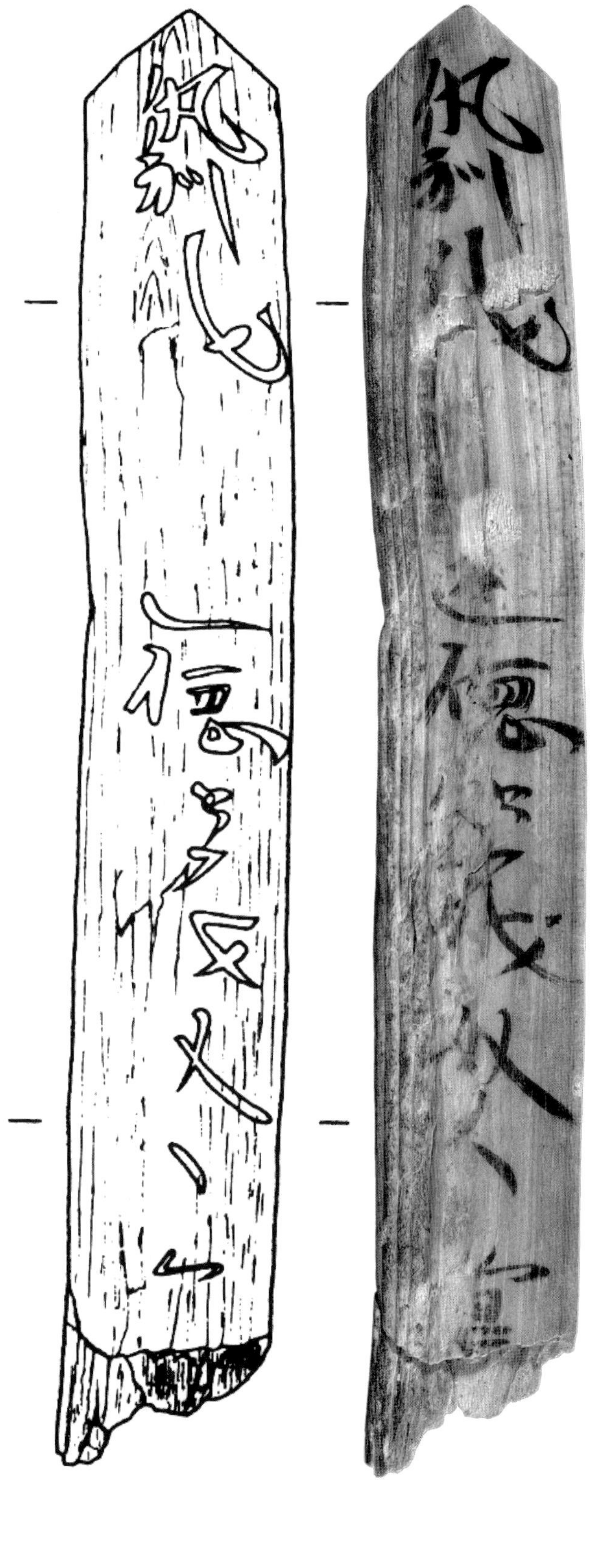

4号

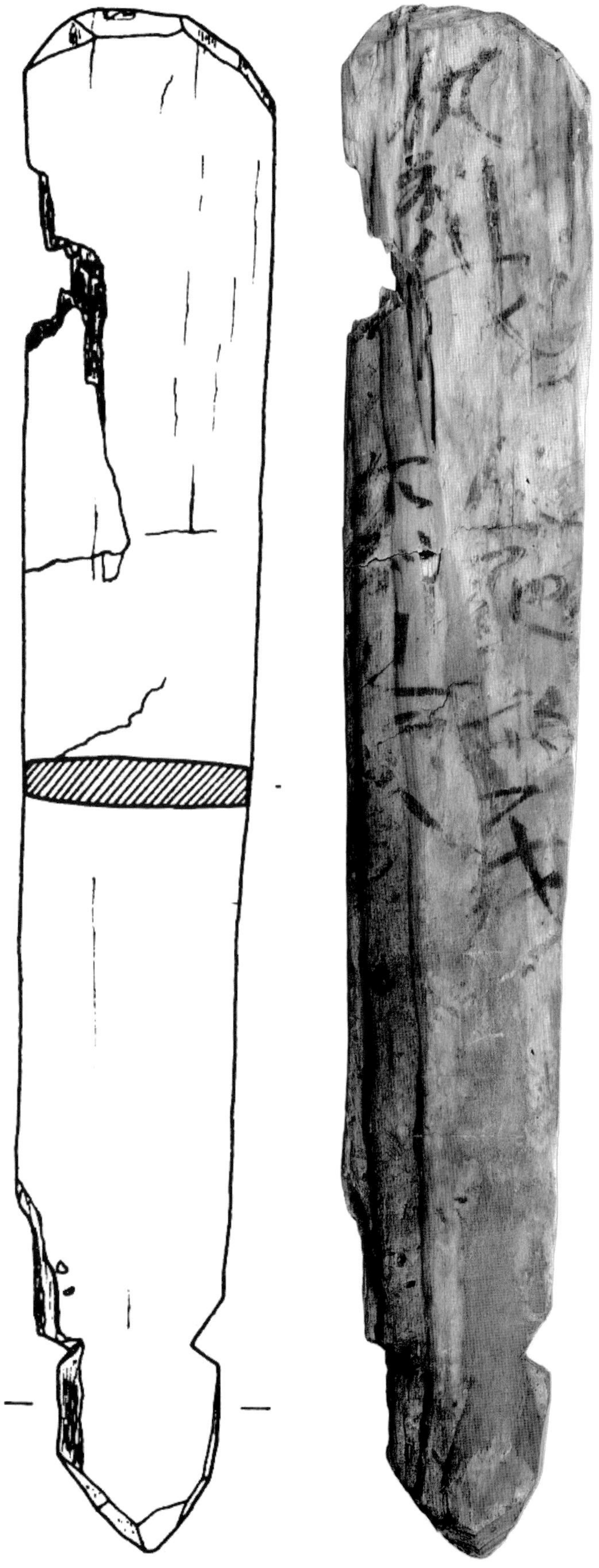

7号

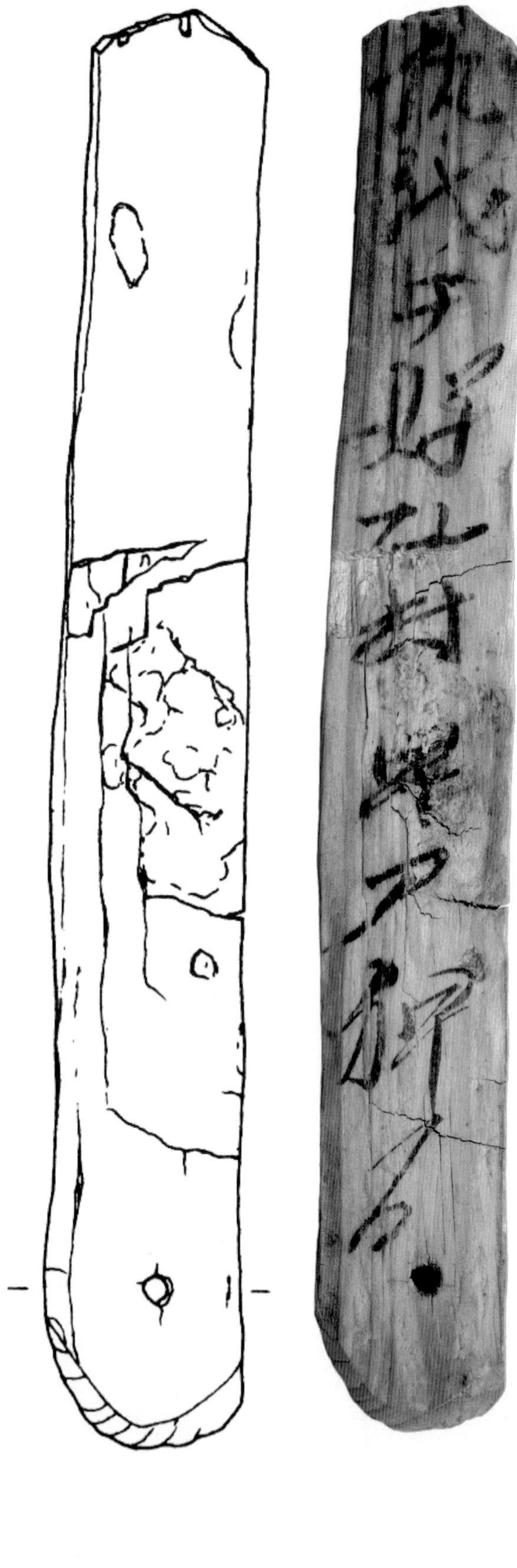

6号

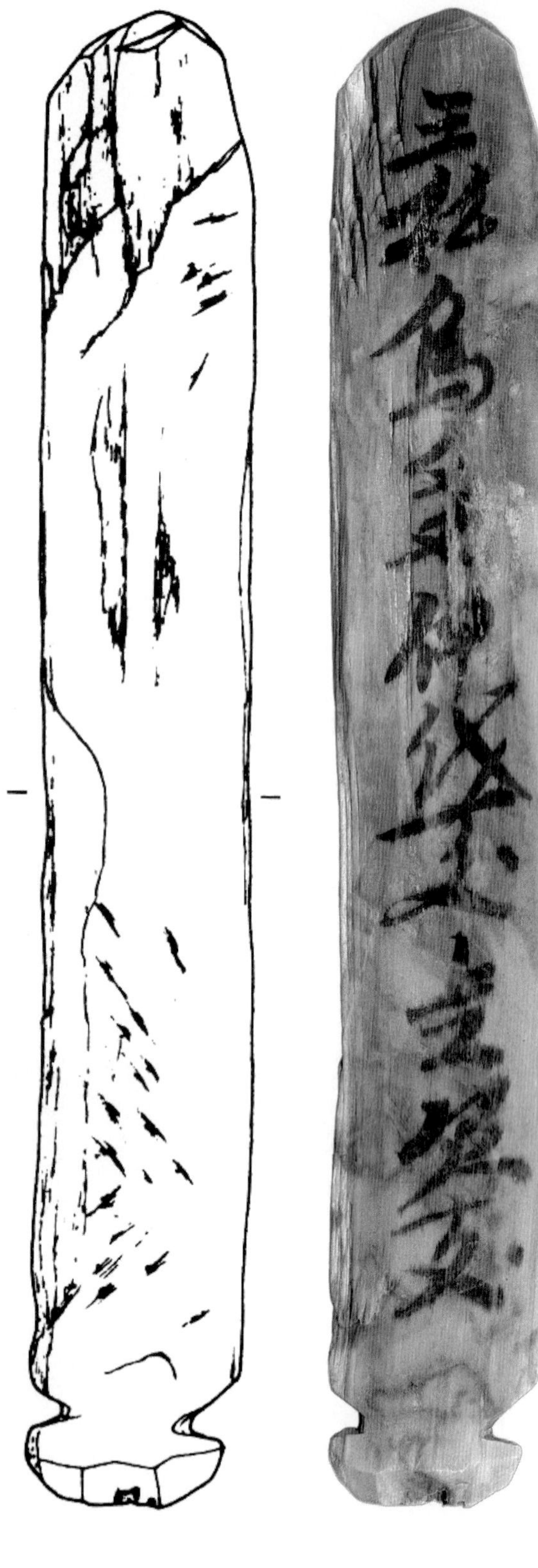

9号

8号

11号

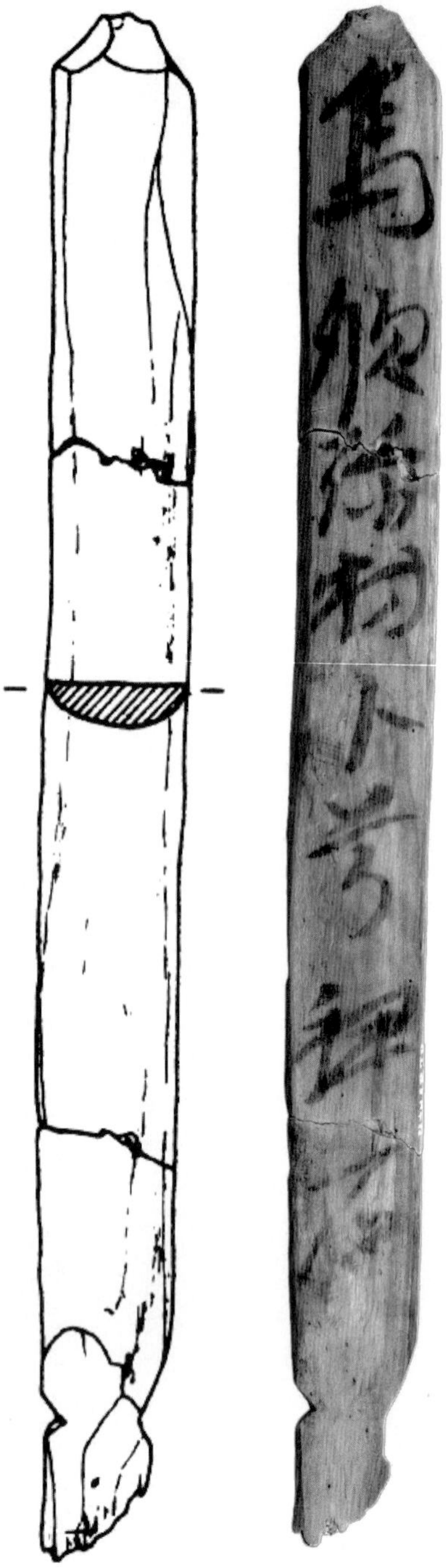

10号

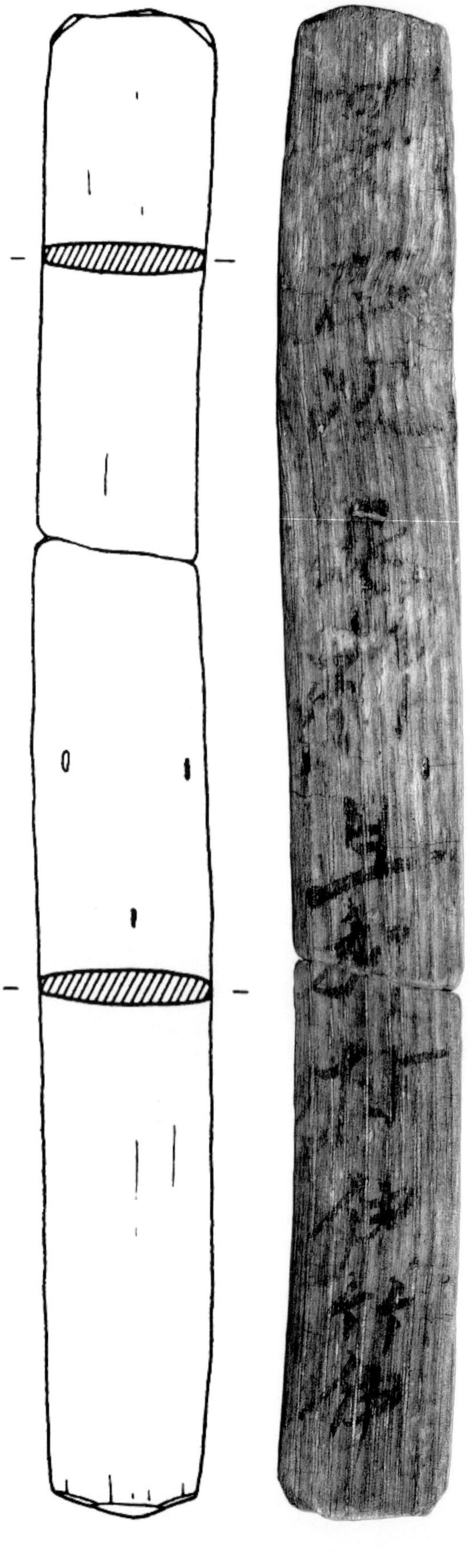

12号

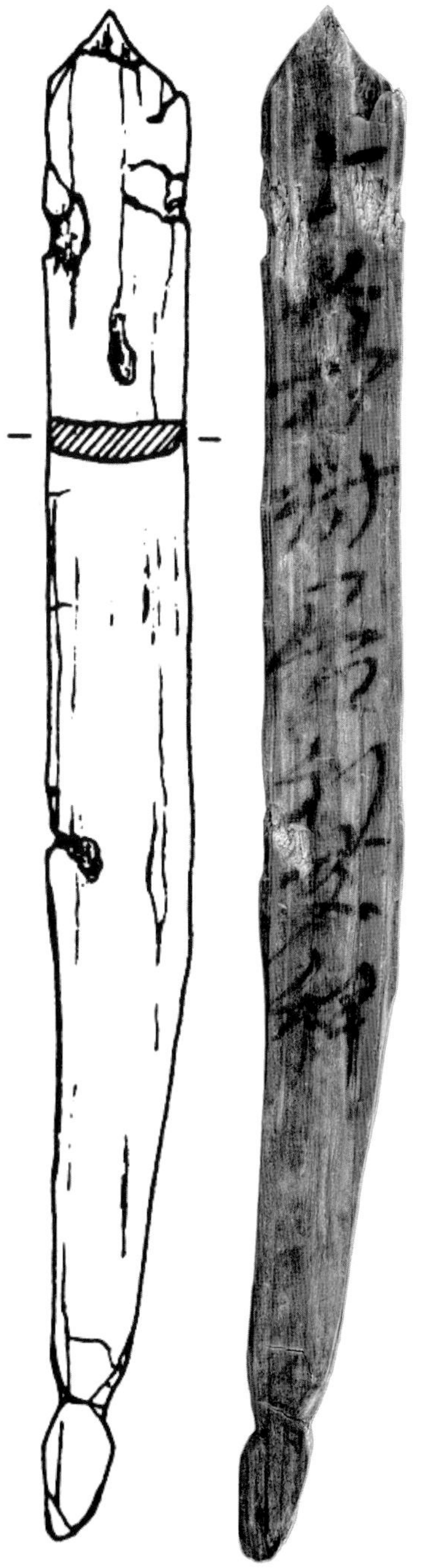

13号

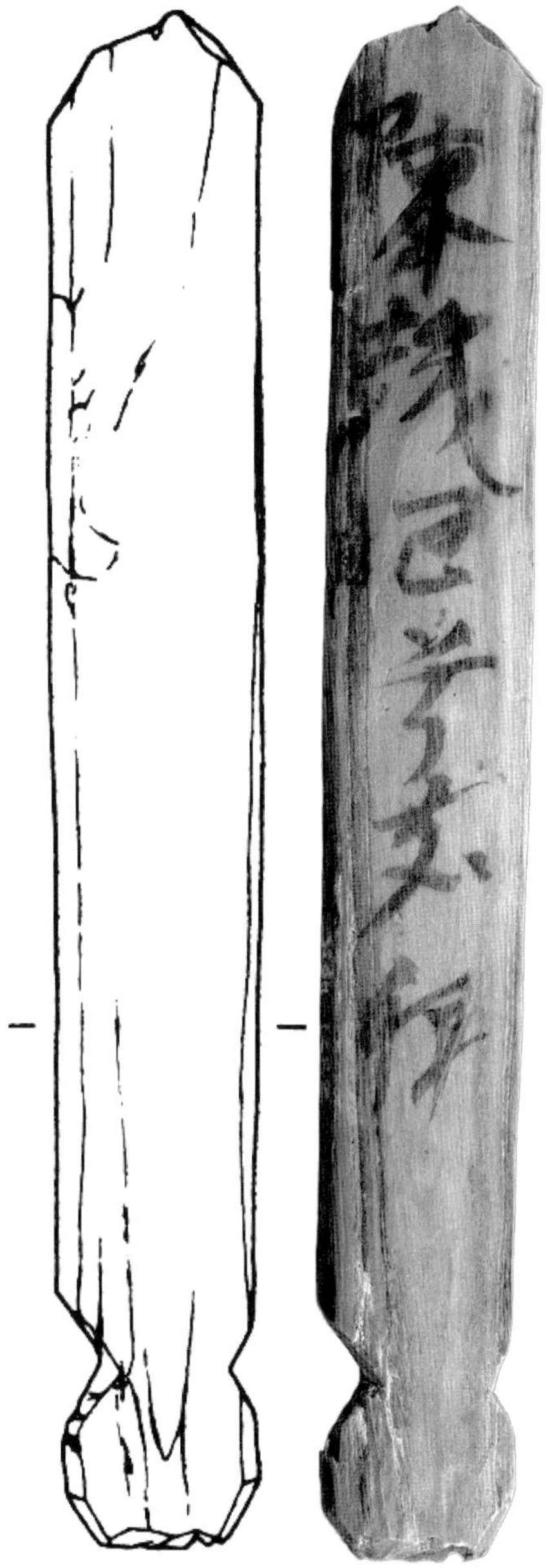

14号

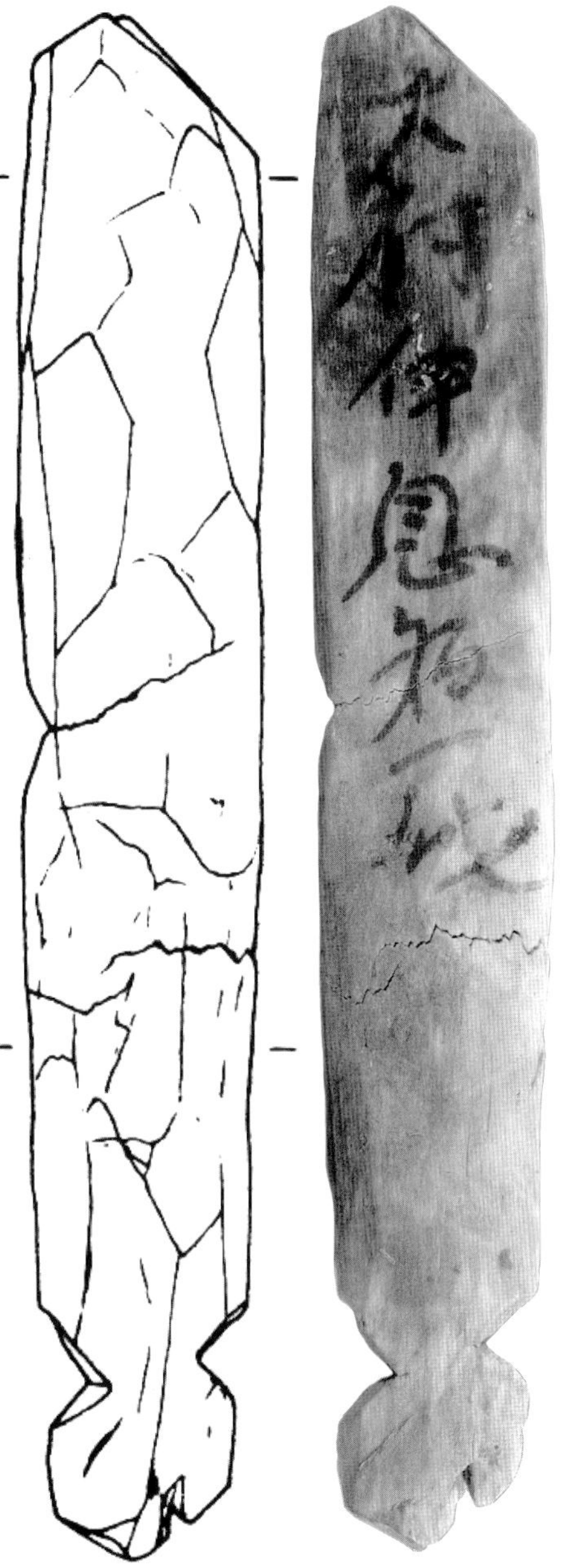

16号

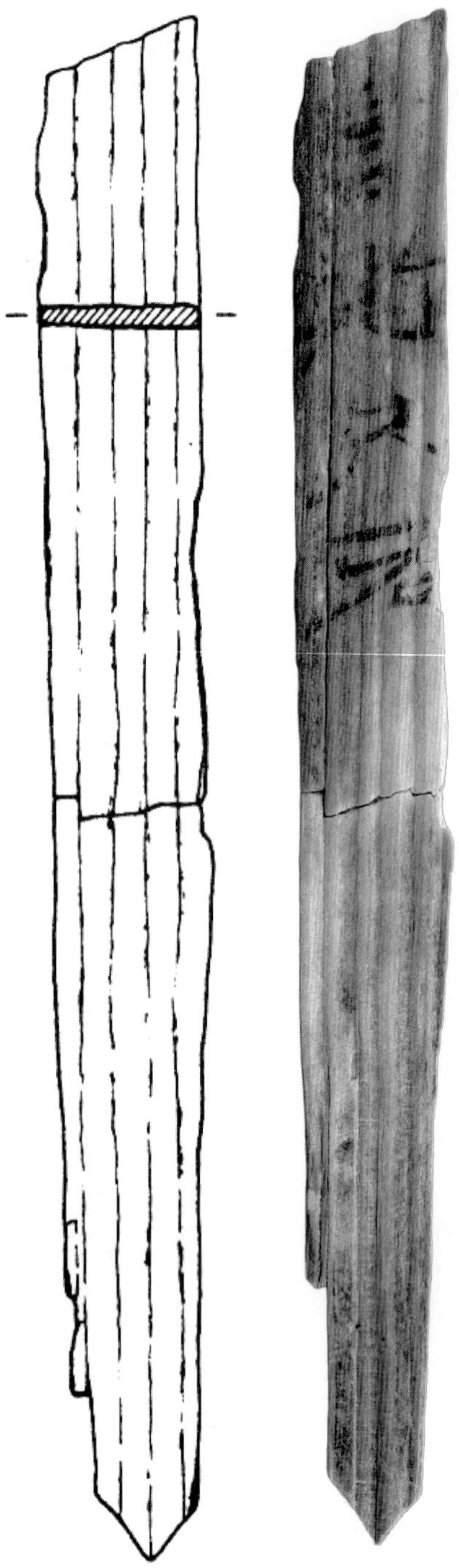

15号

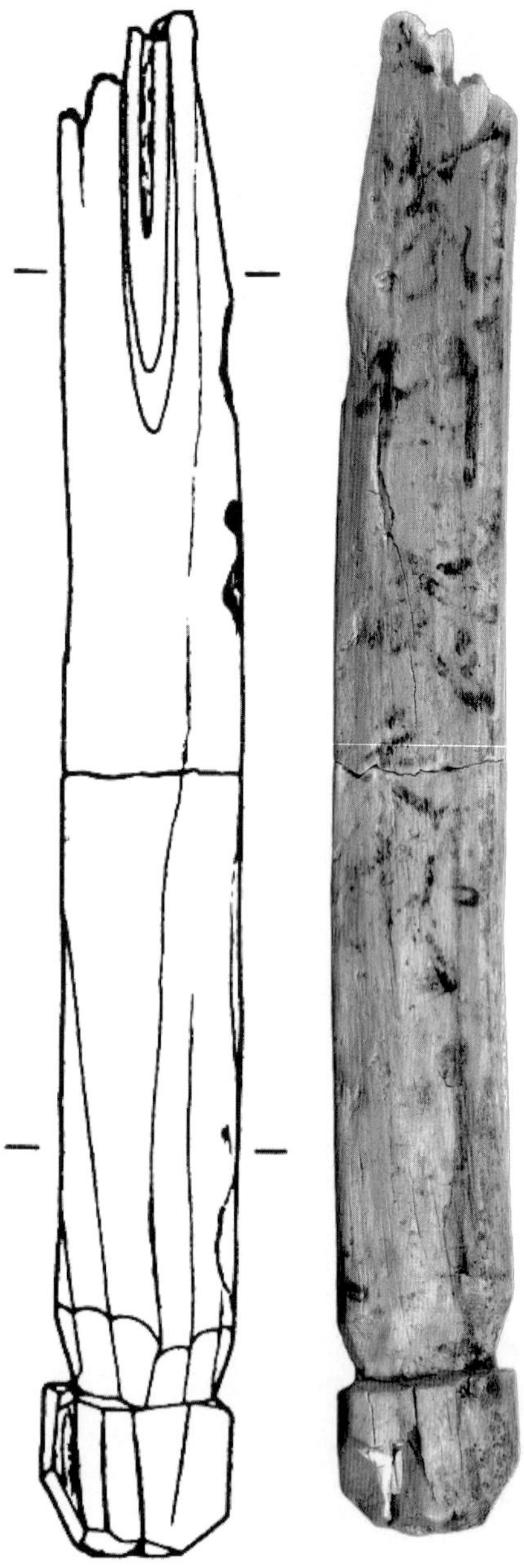

18号

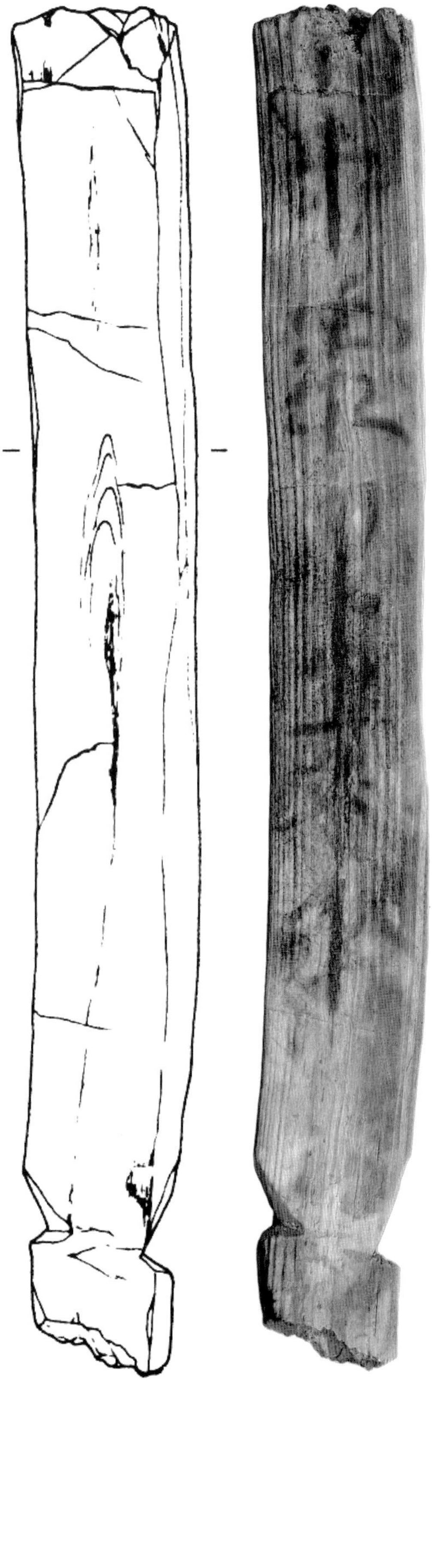

17号

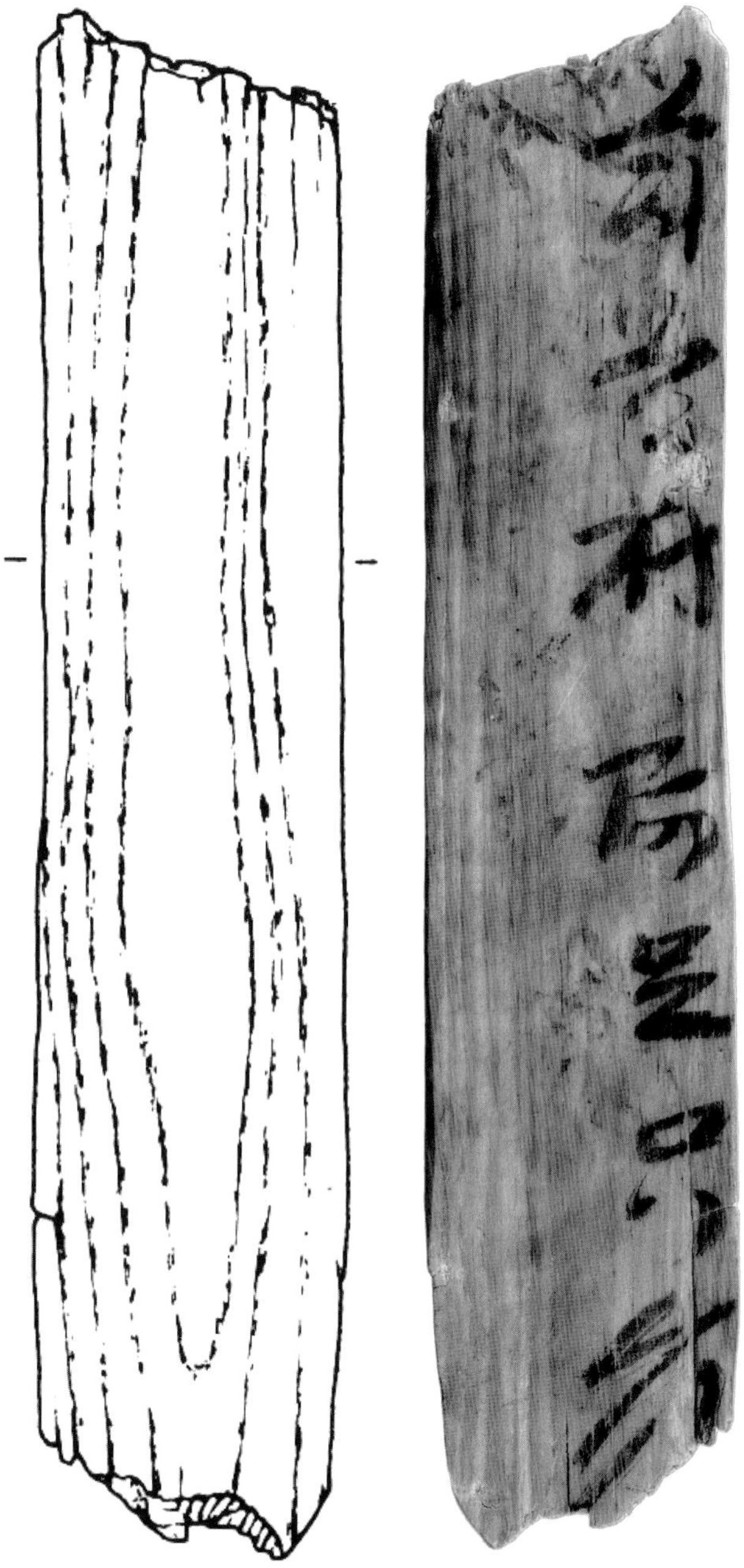

20号

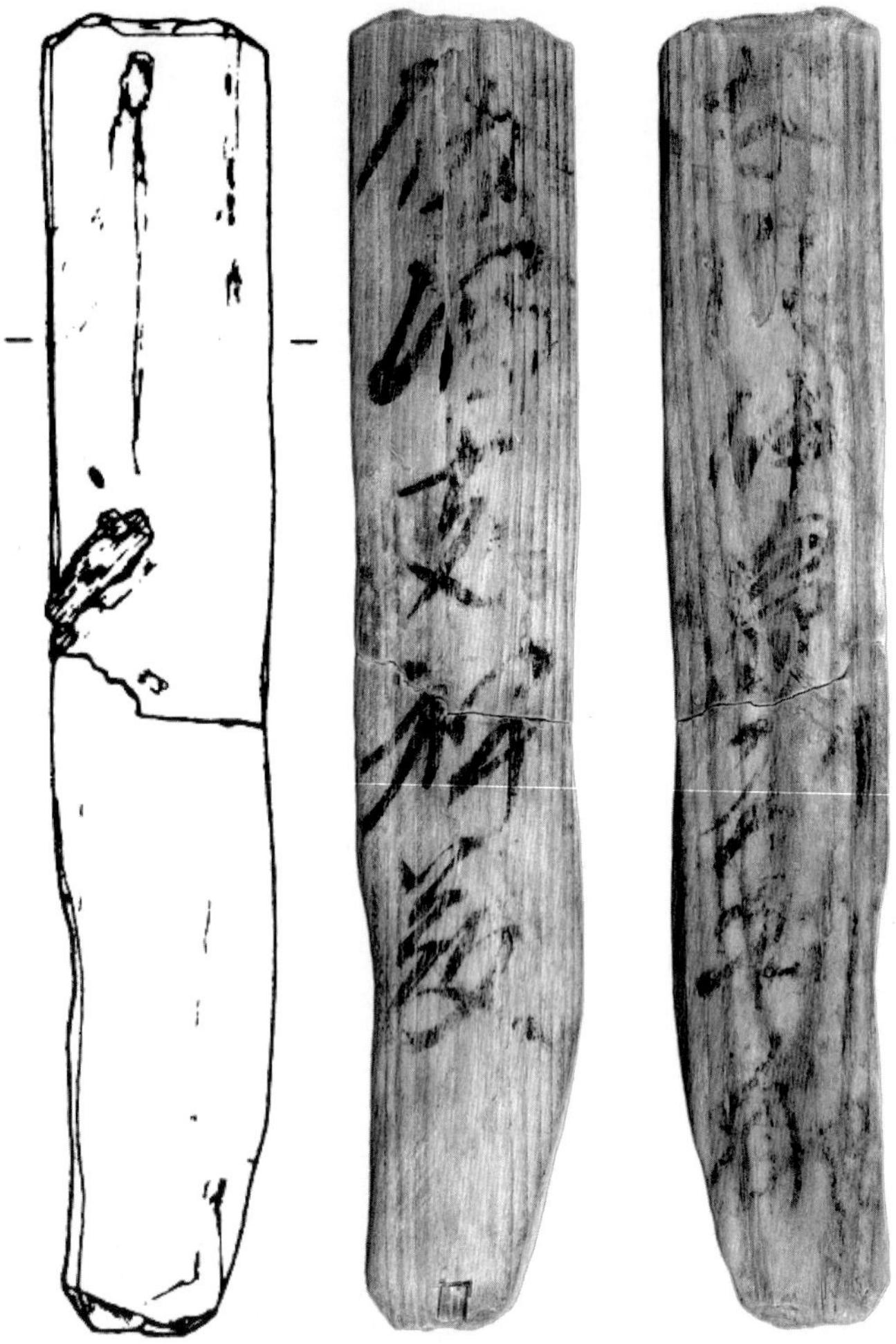

19号

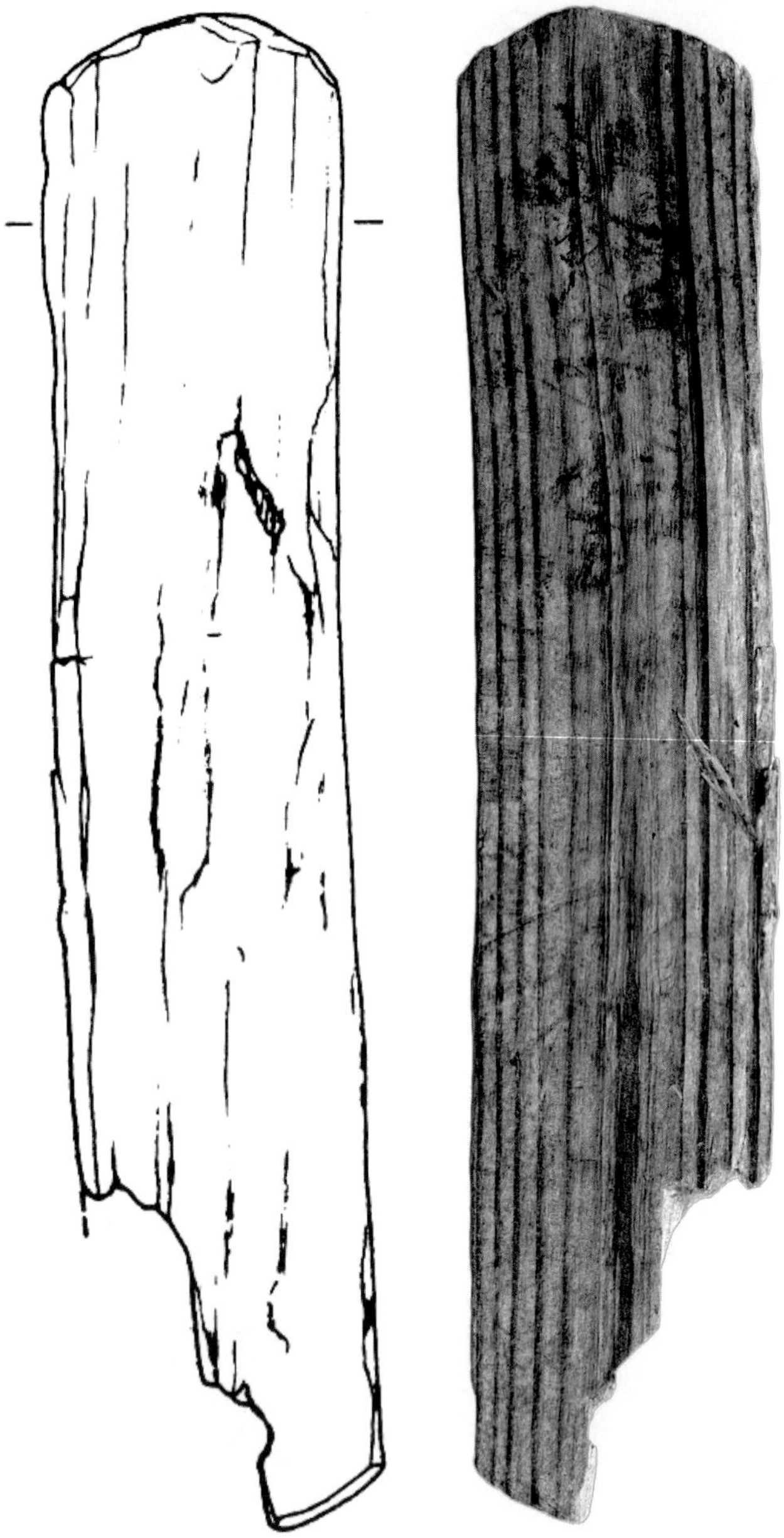

22号

21号

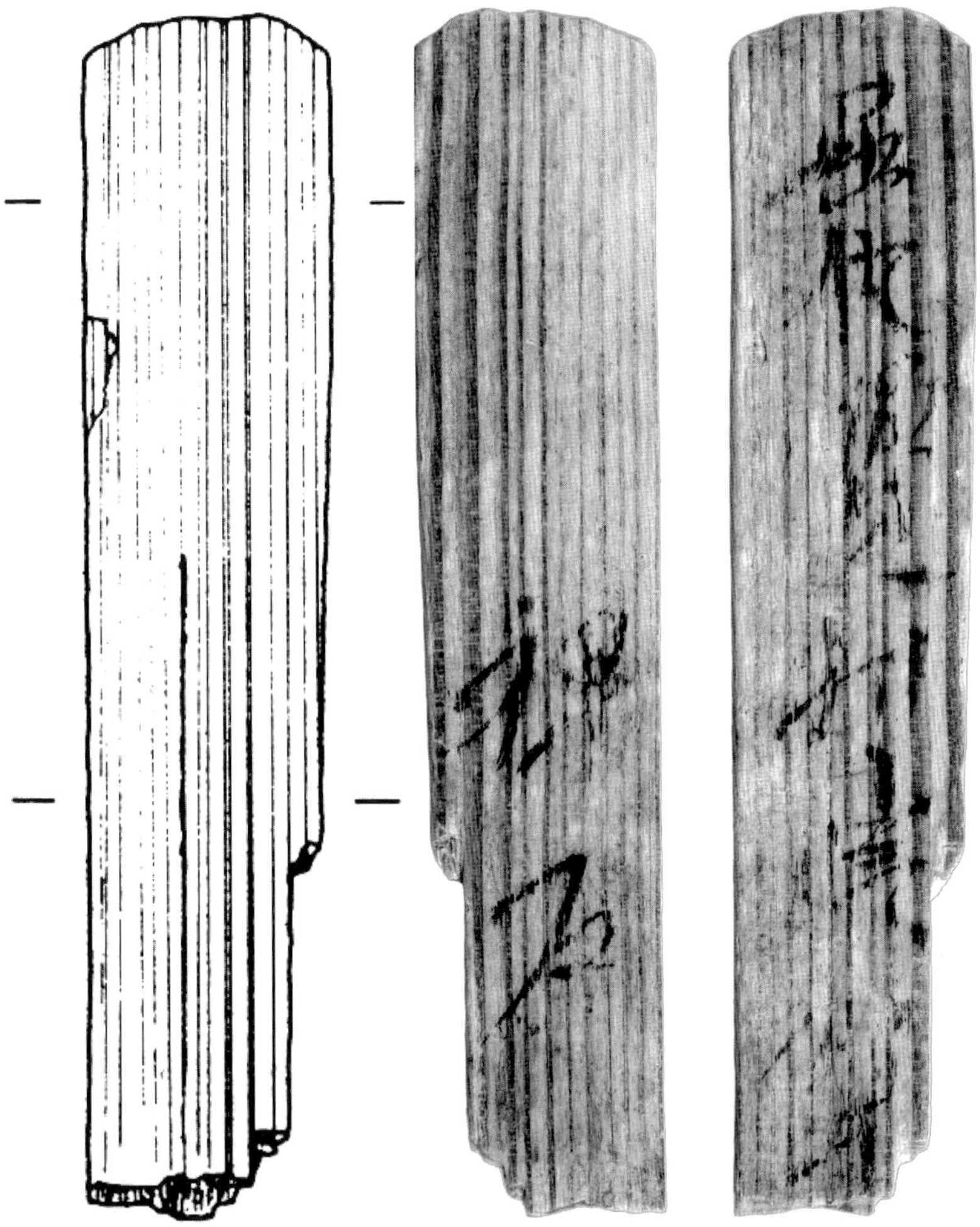

23号

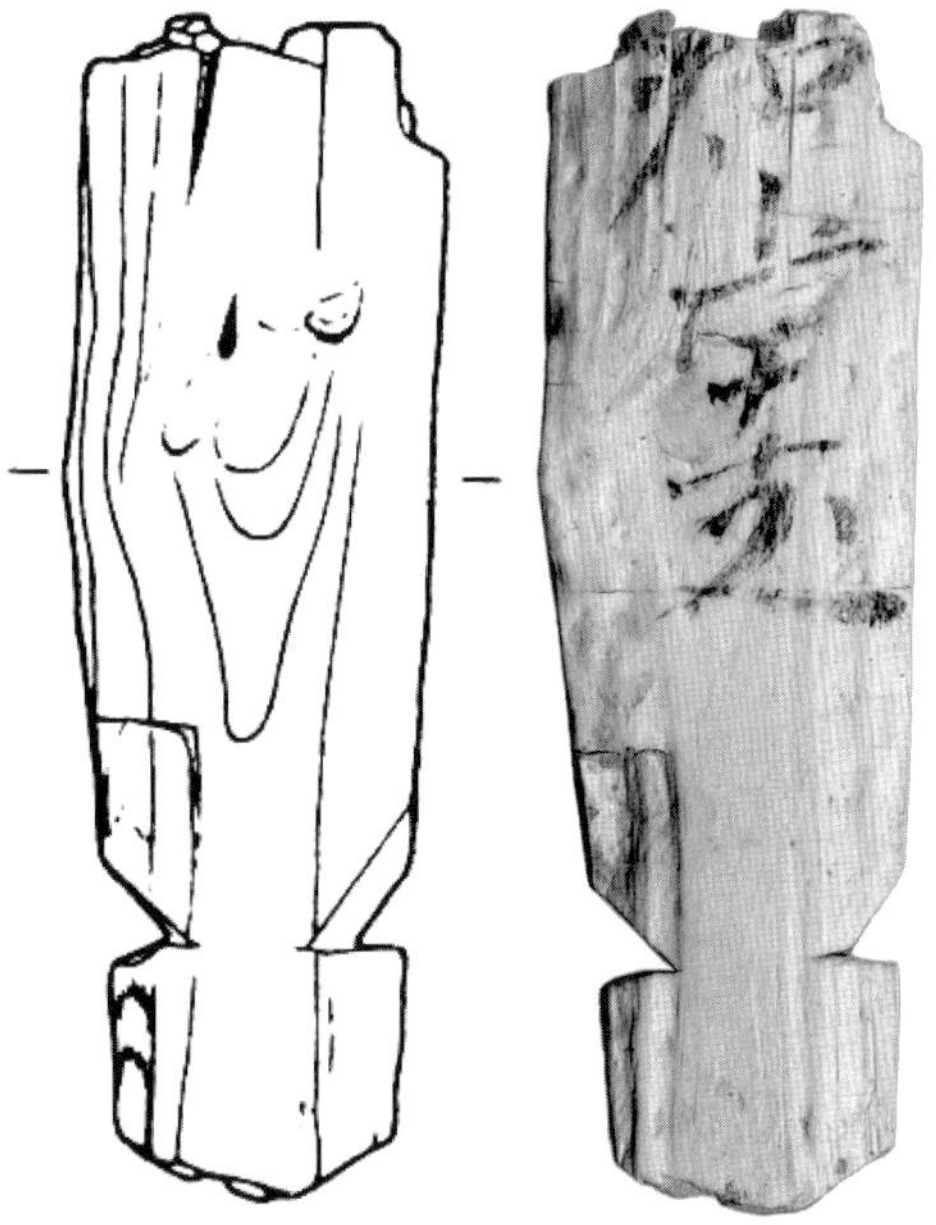

25号

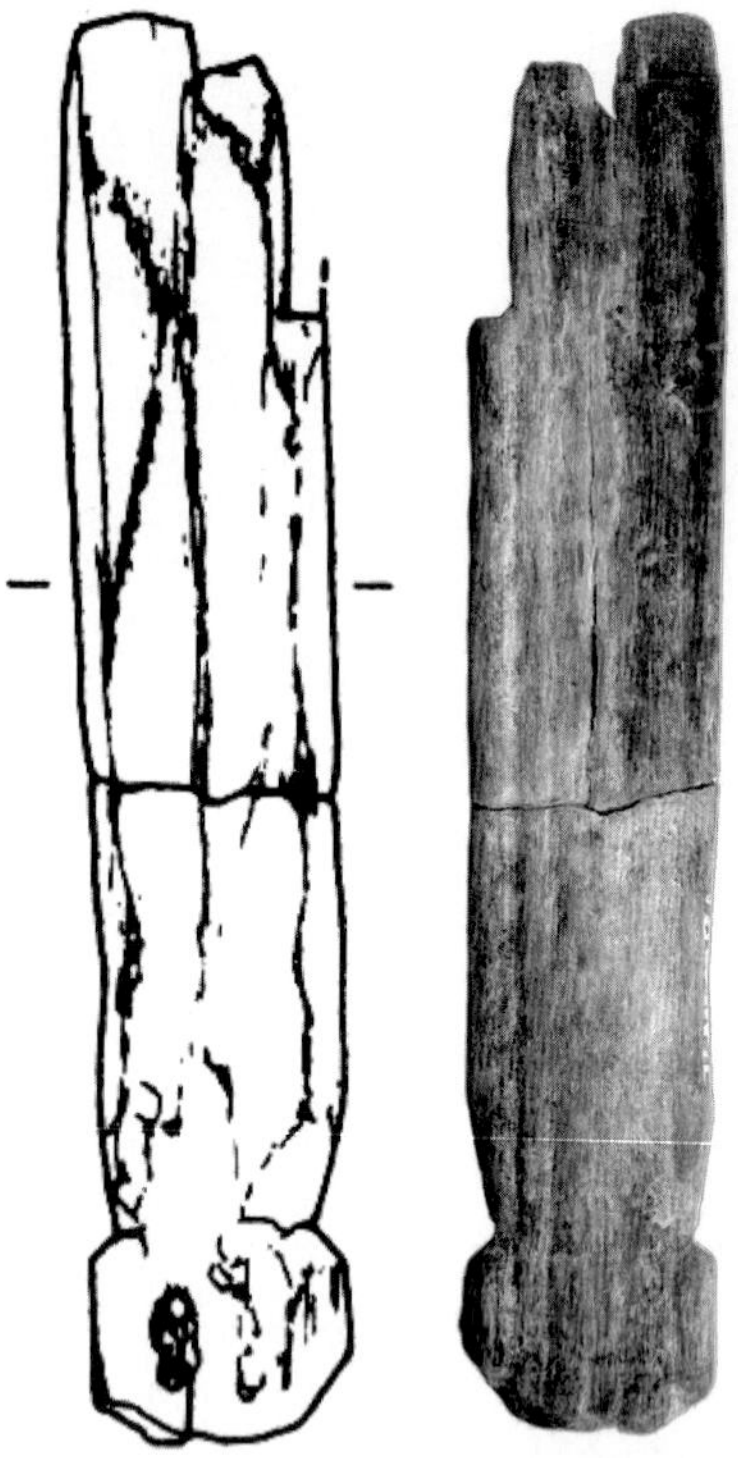

24号

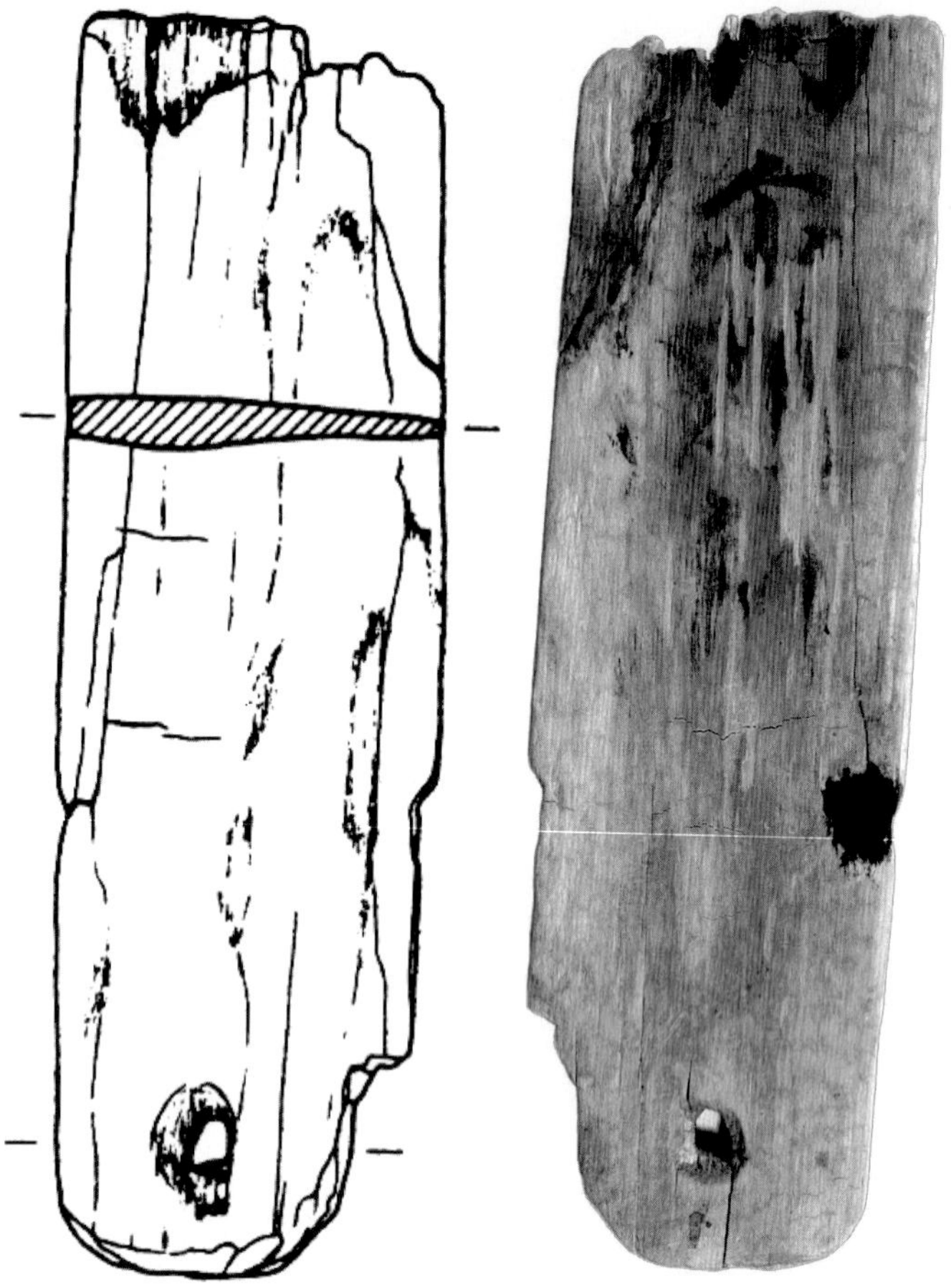

27号

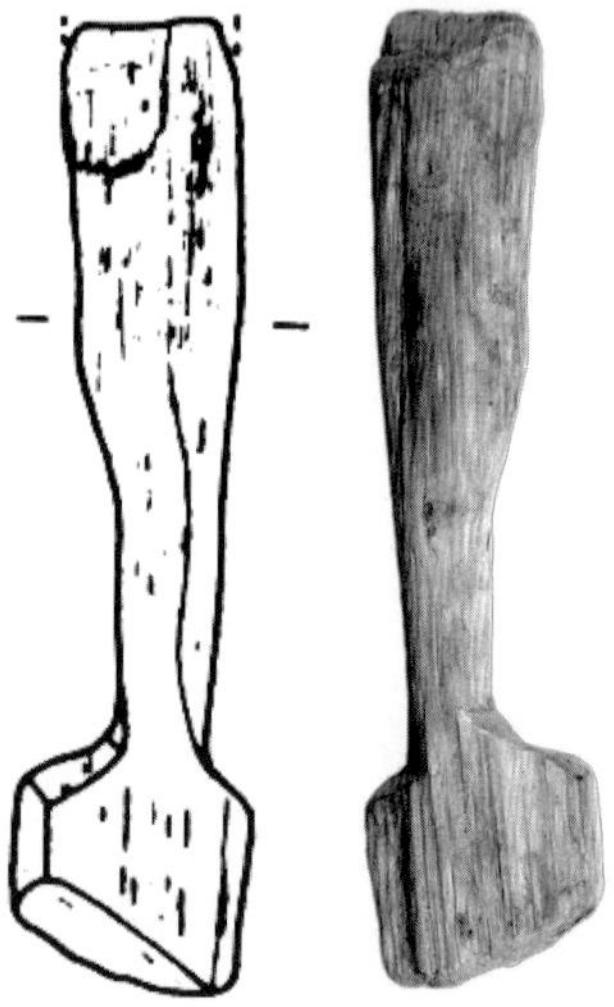

26号

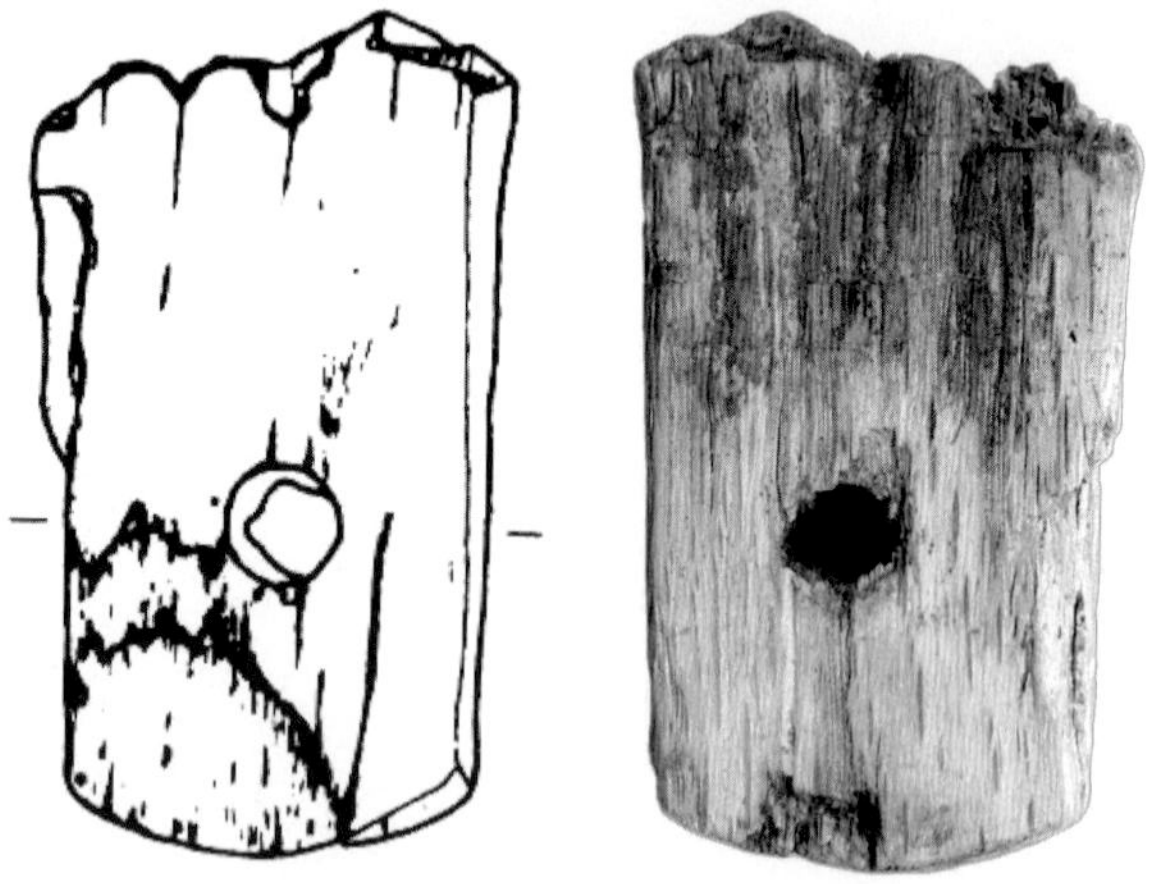

28号

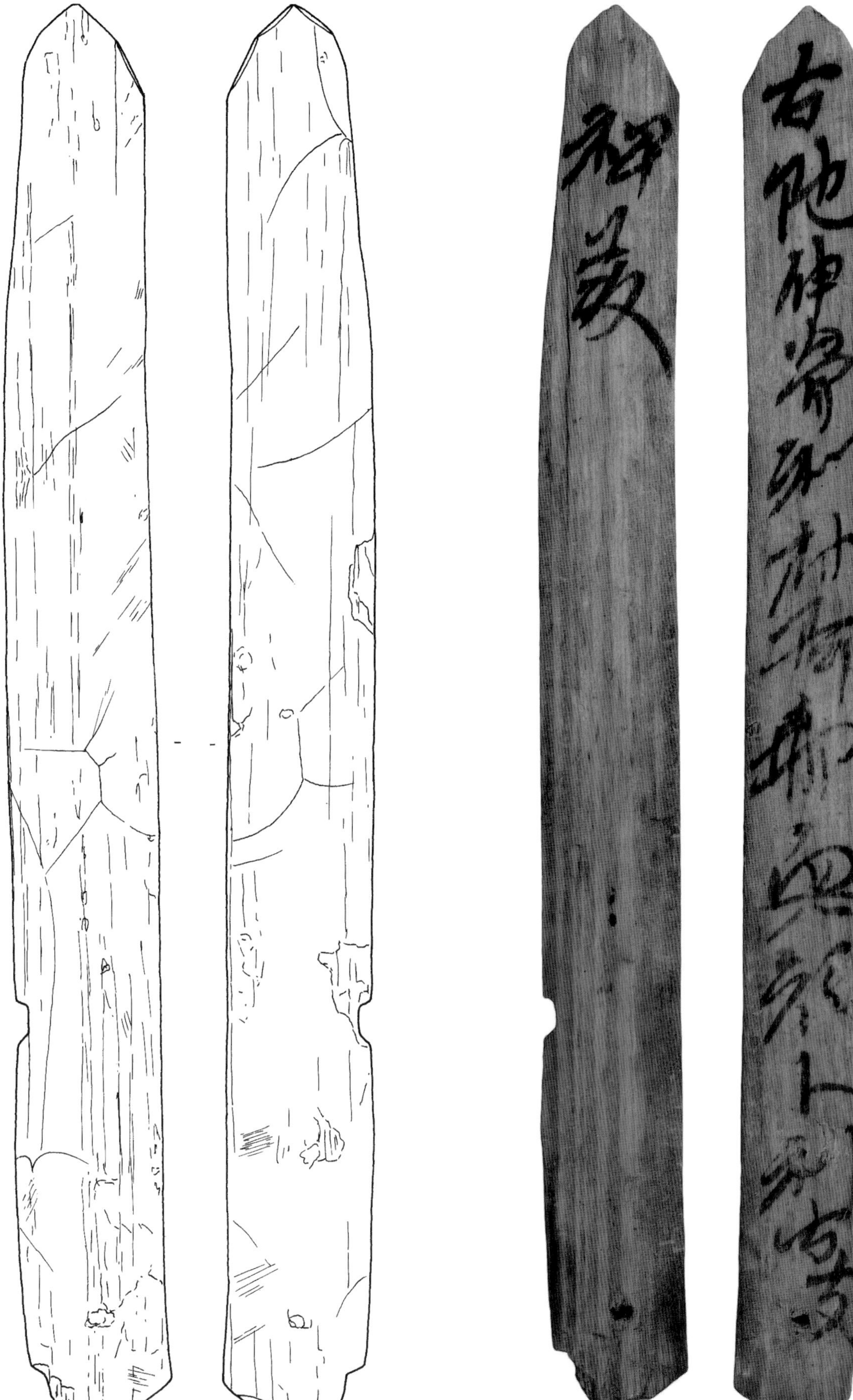

29号

30号

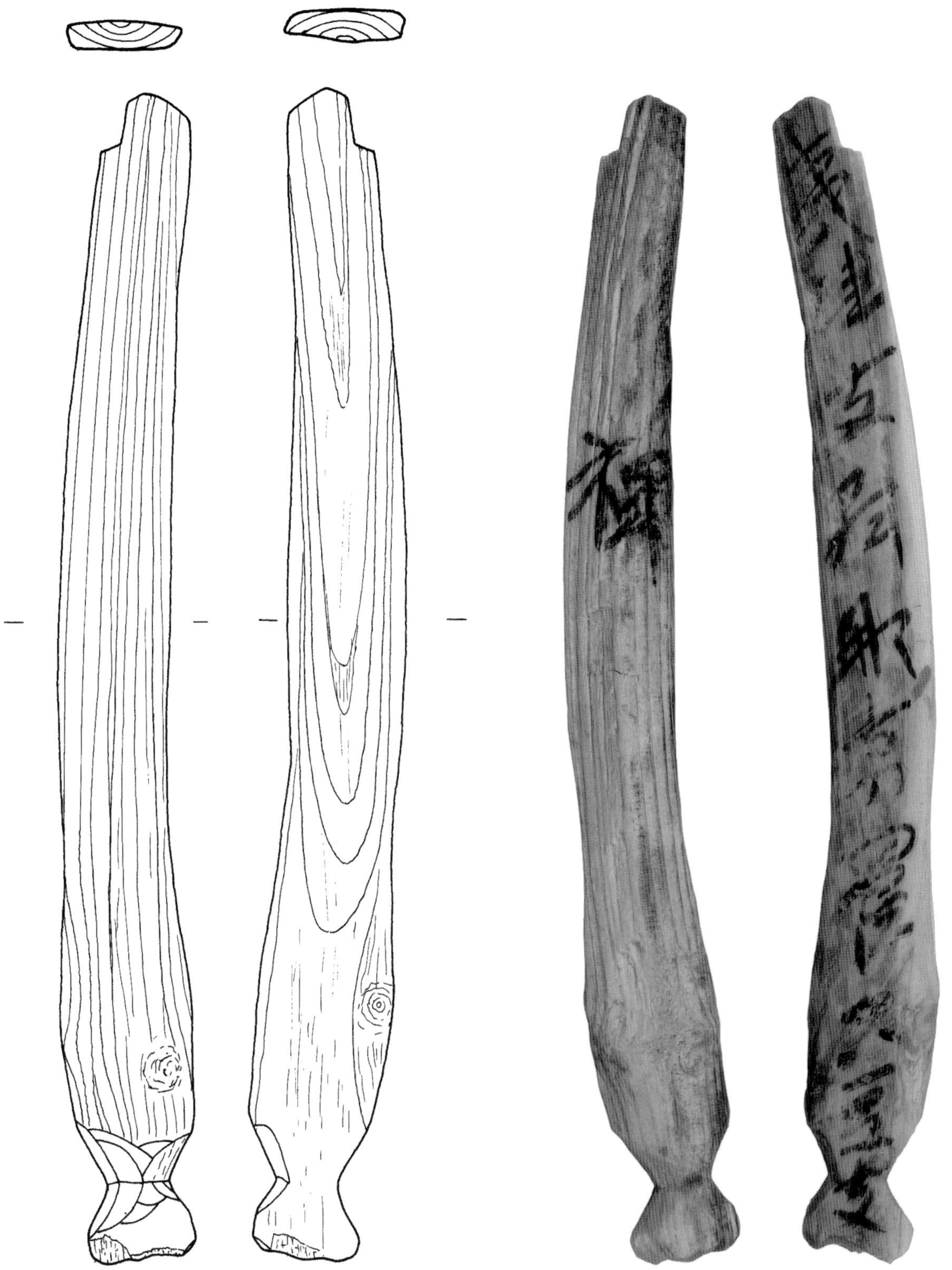

31号

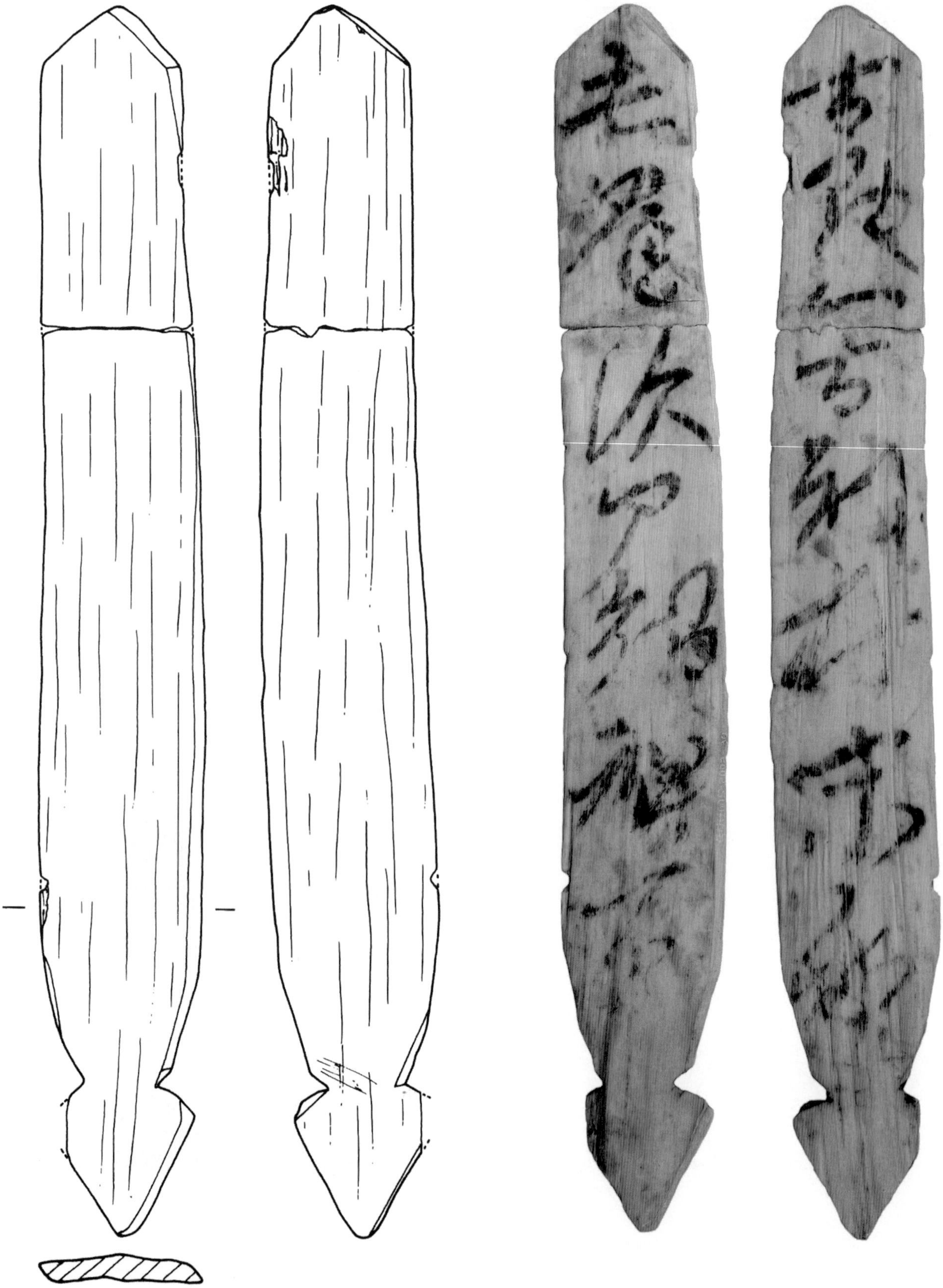

32号

34号

33号

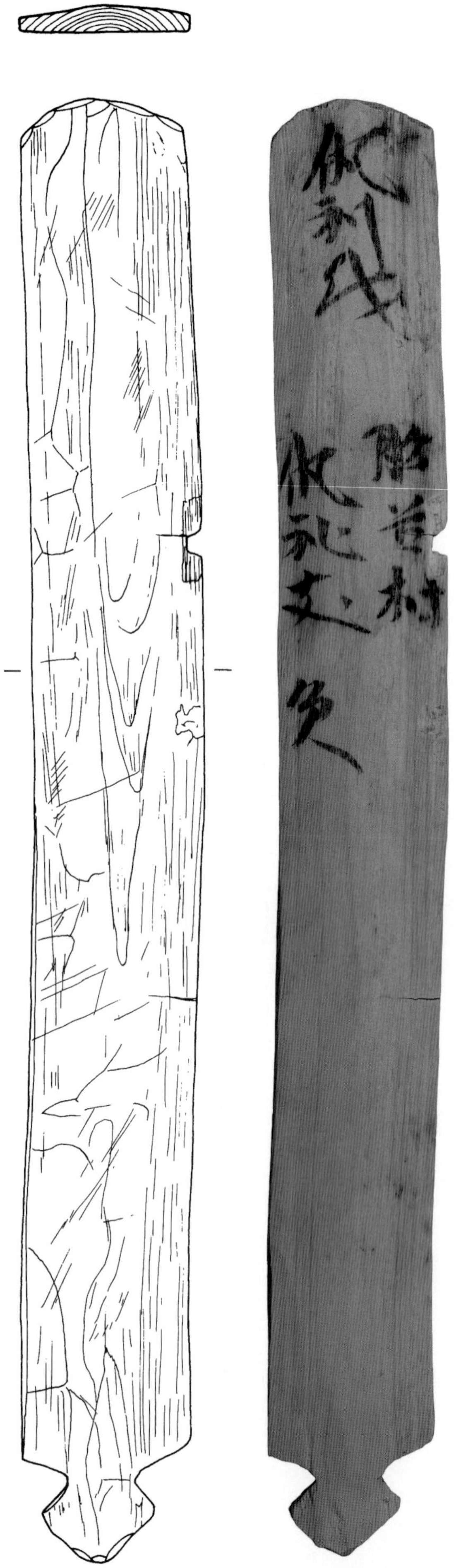

(80%)

36号

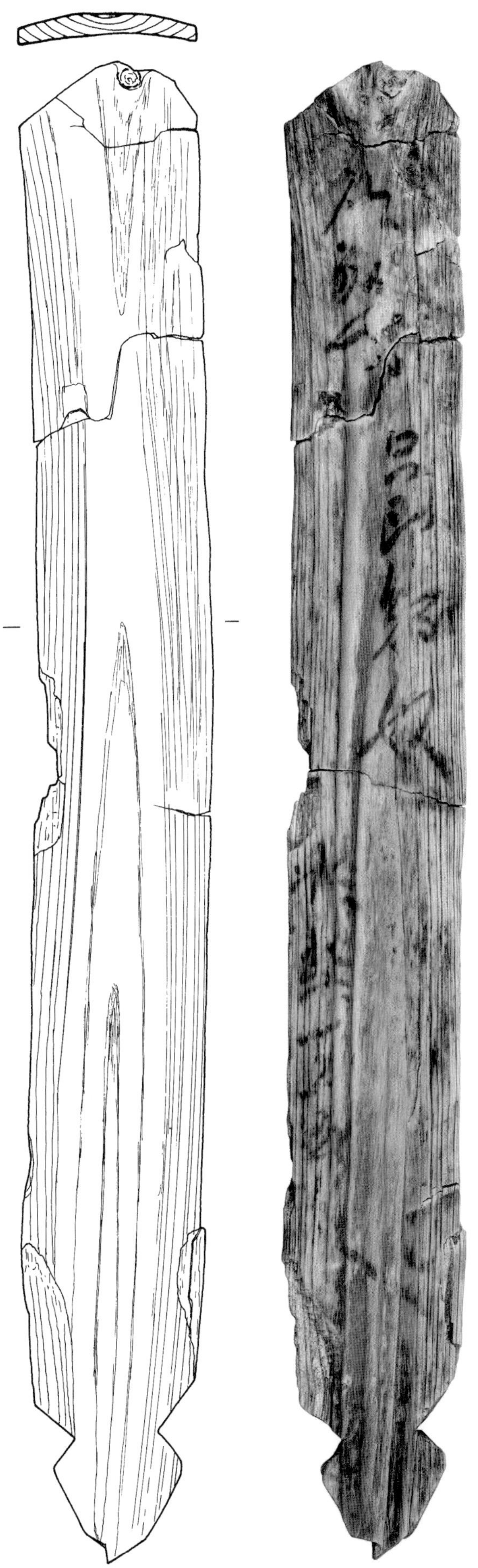

35号

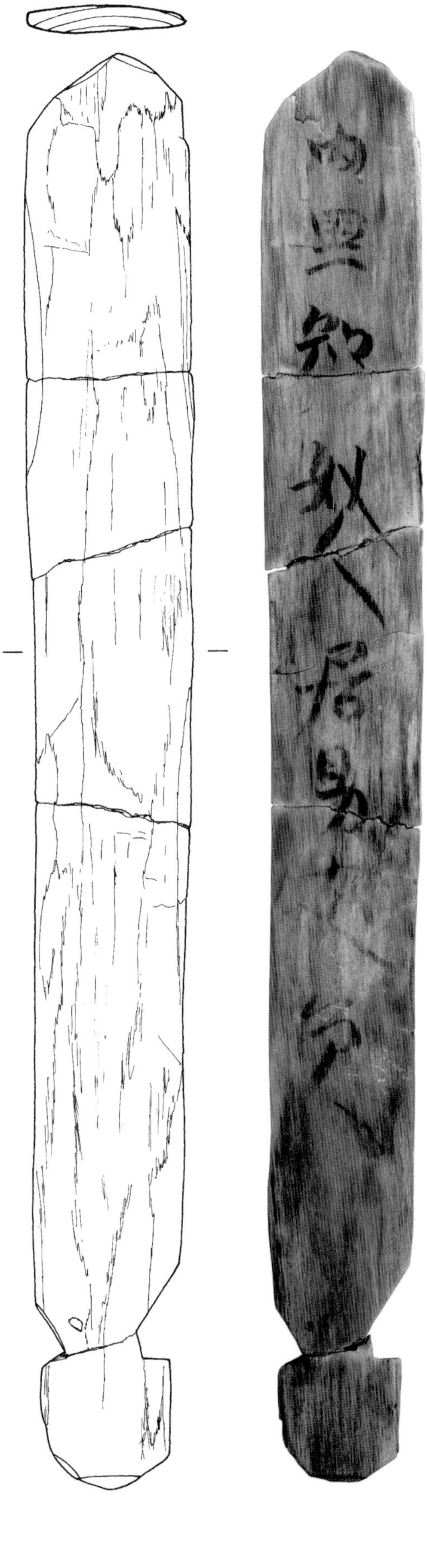

(80%)

38号

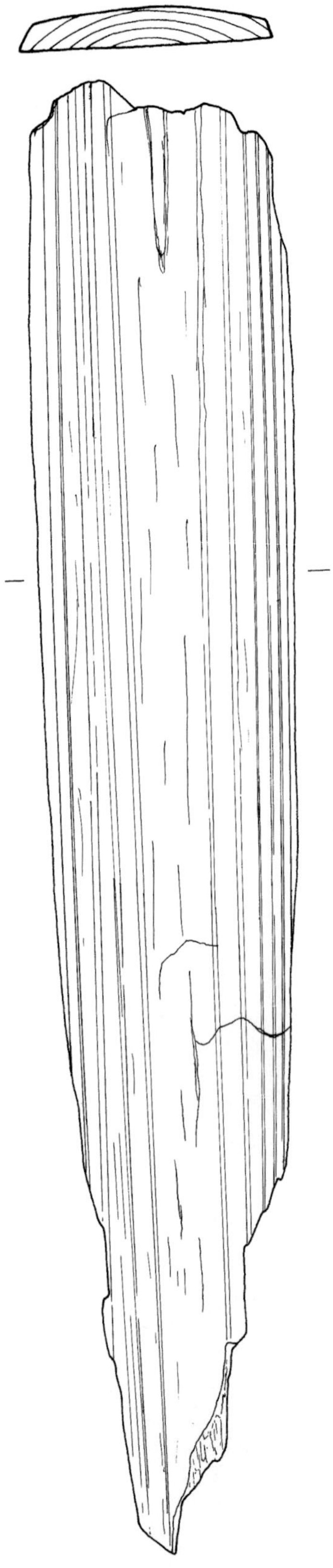

37号

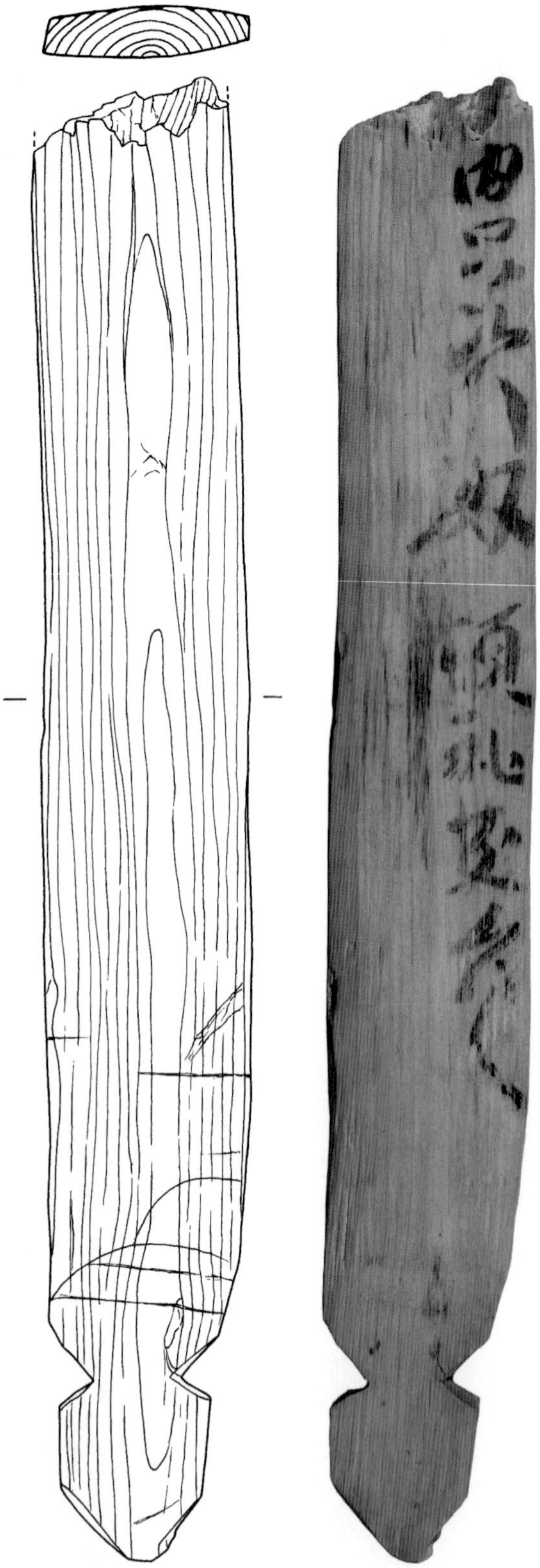

（80%）

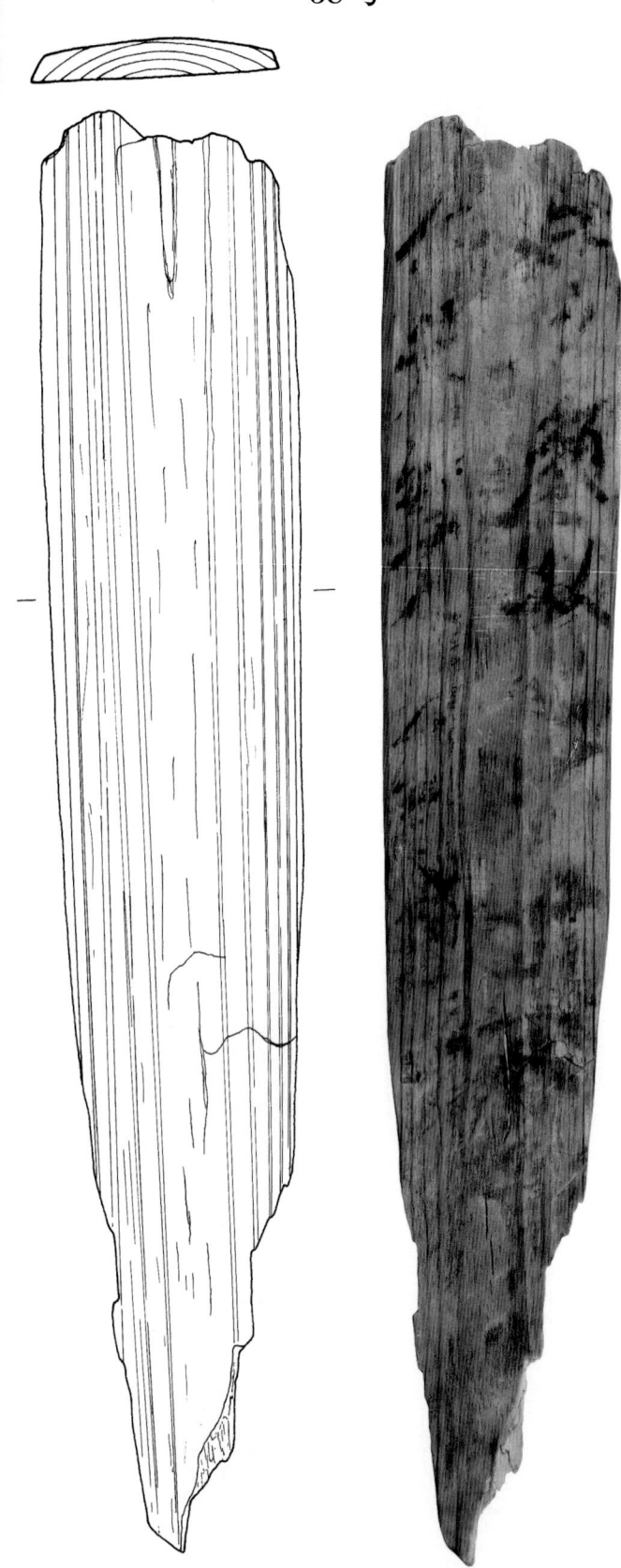

40号

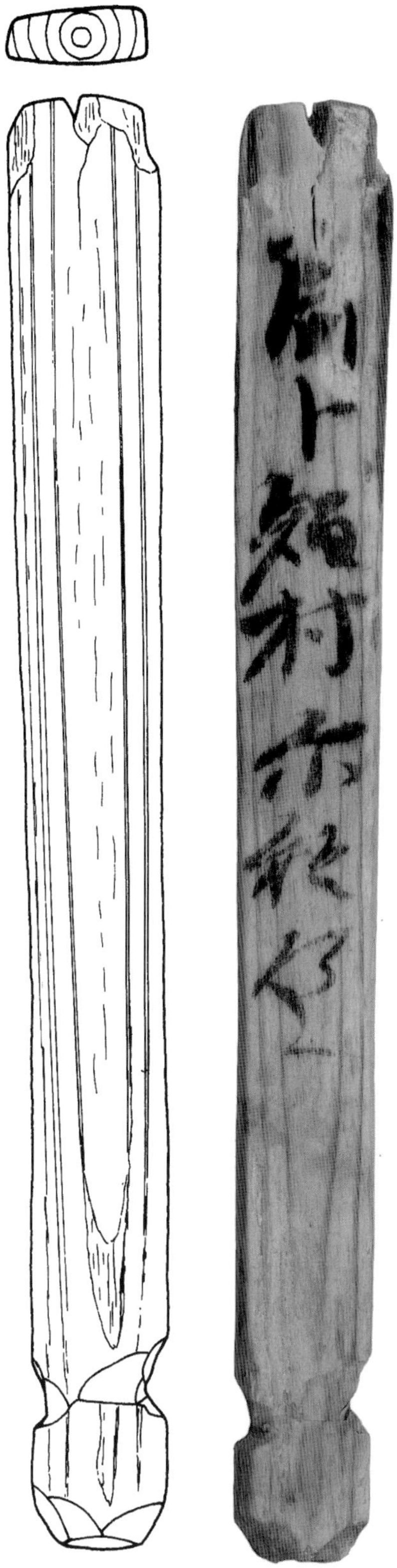

39号

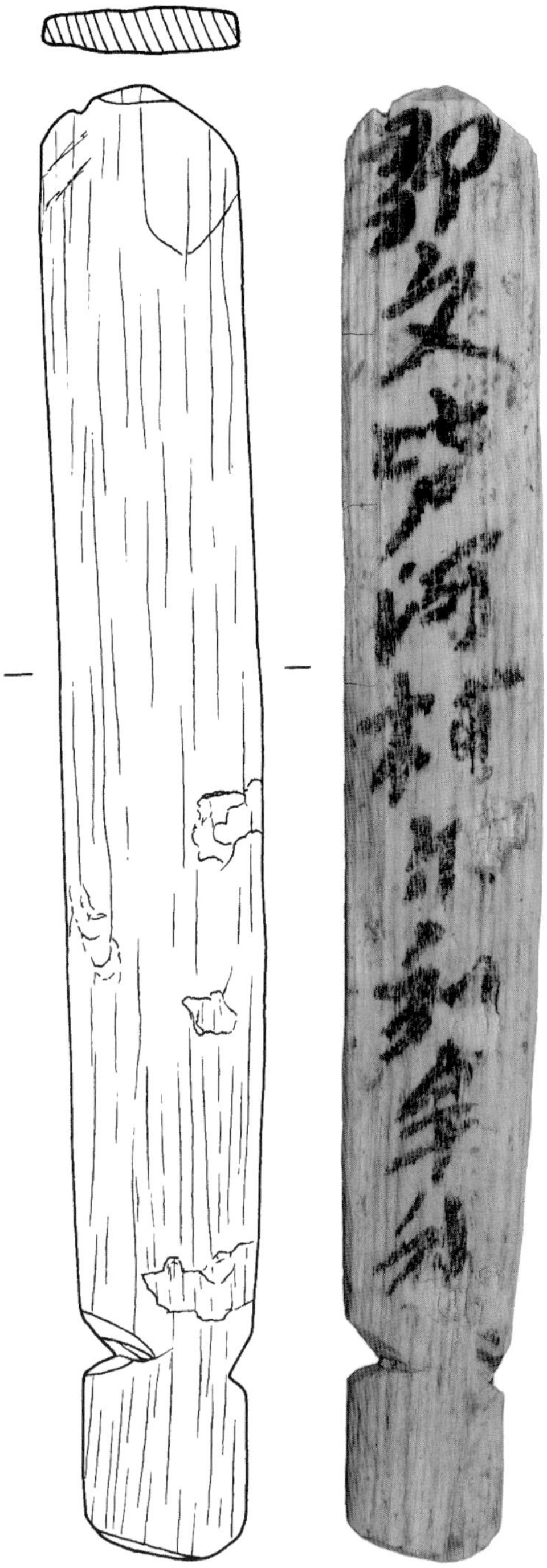

42号

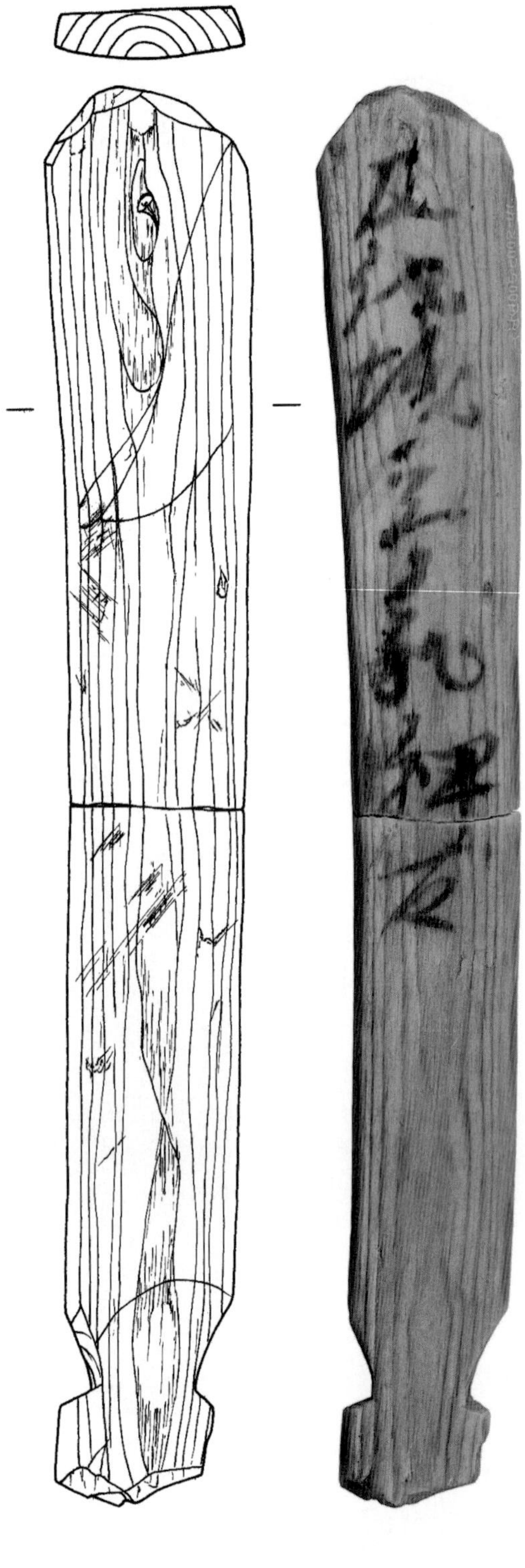

41号

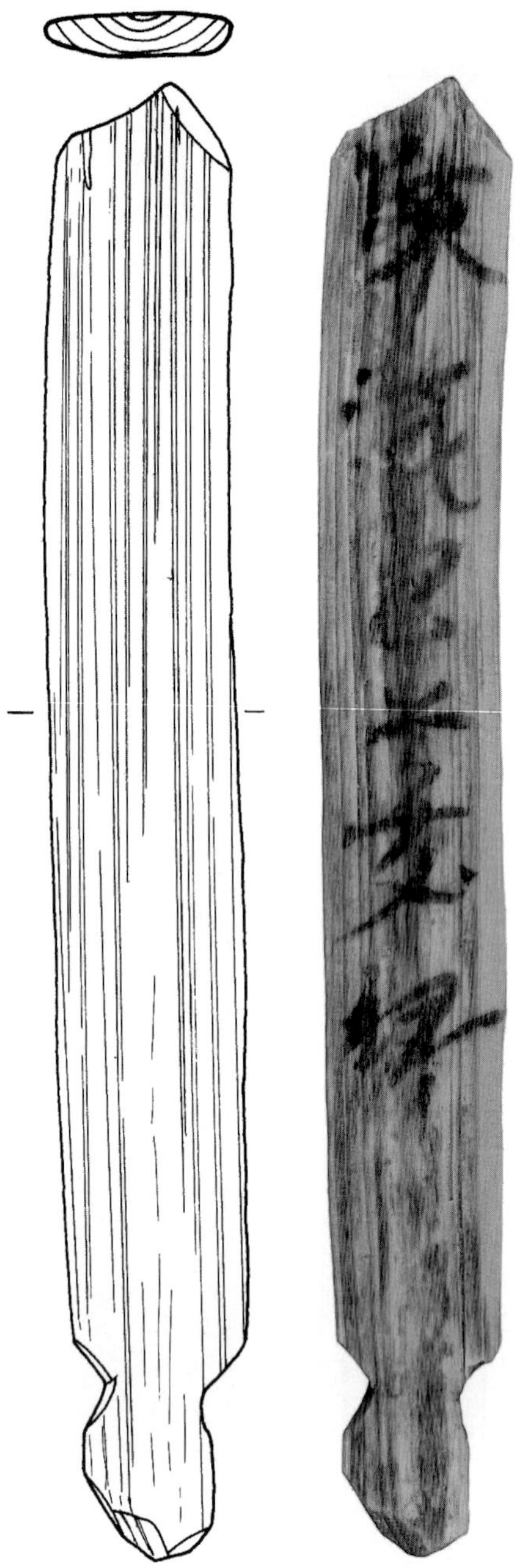

44号

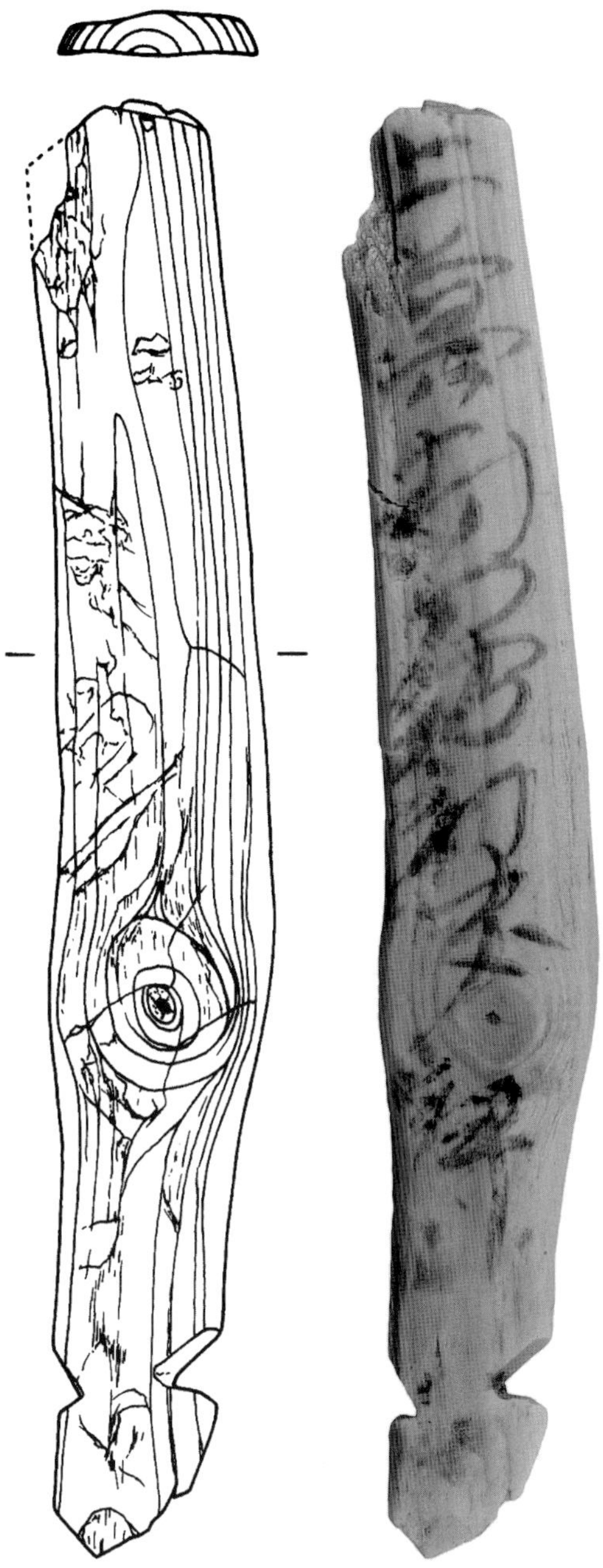

43号

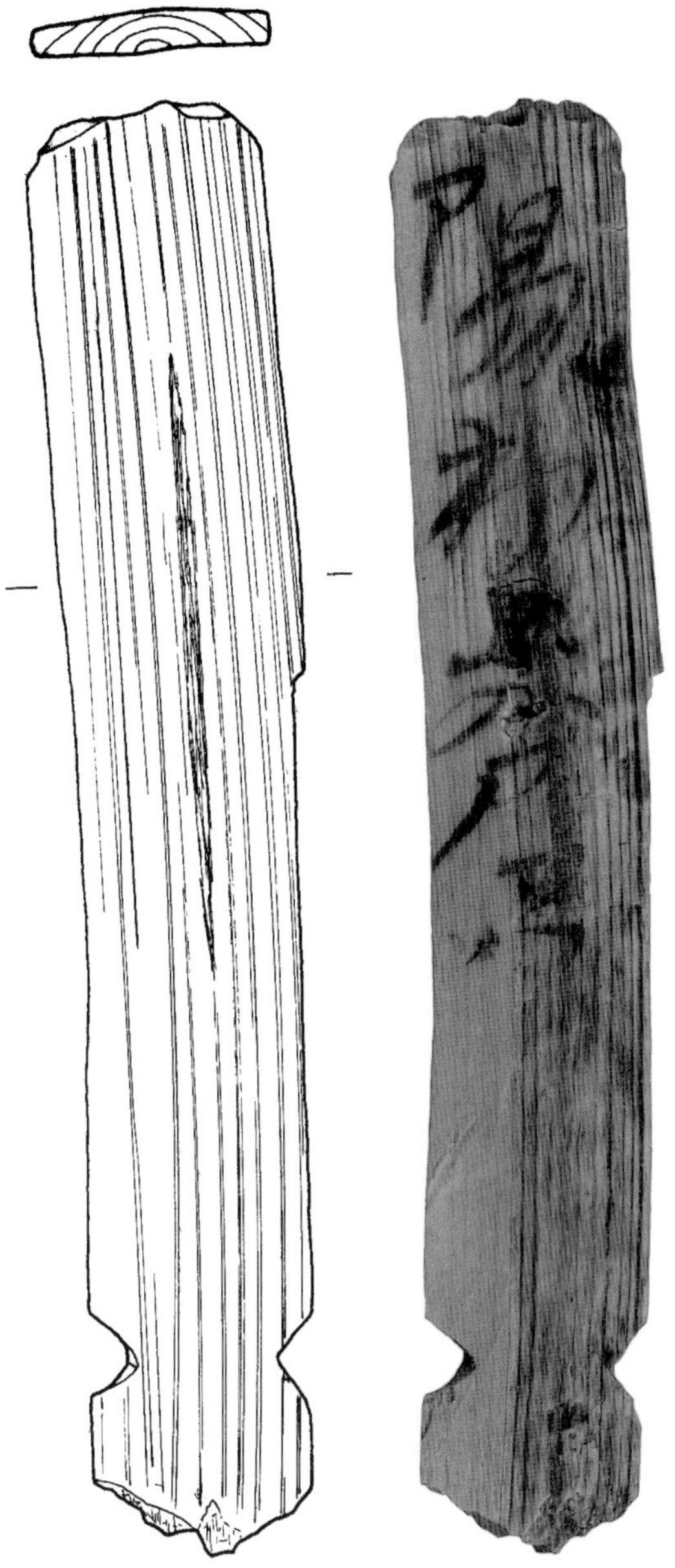

46号

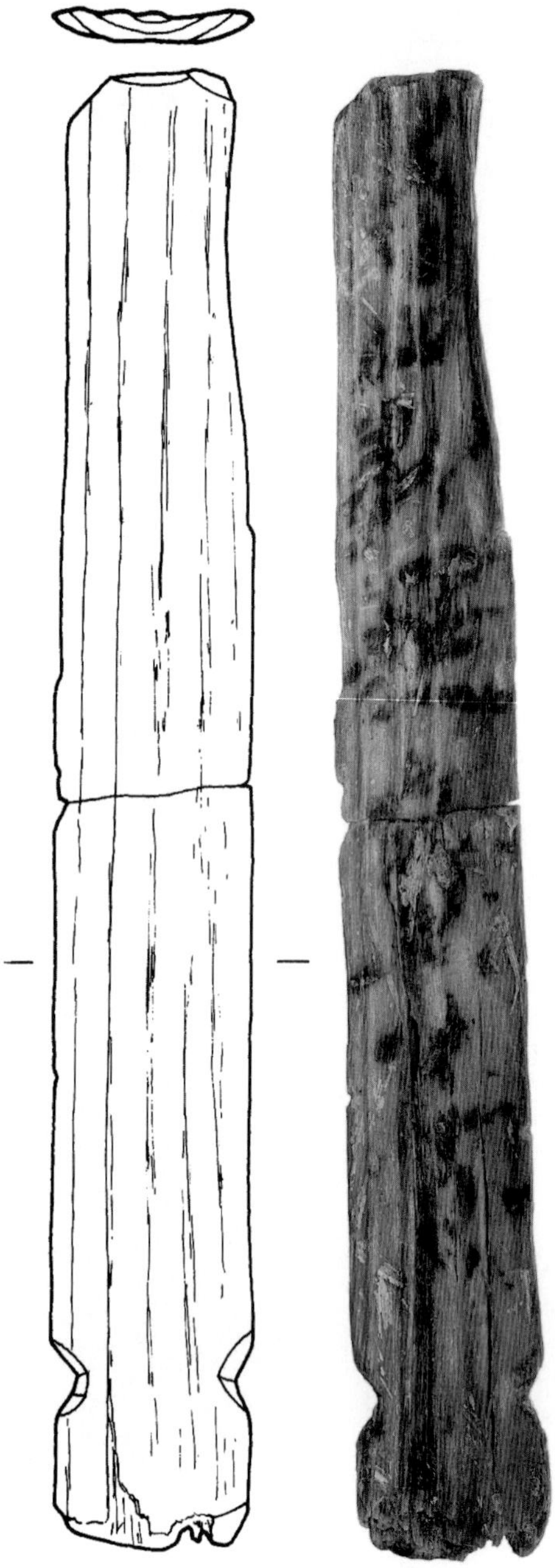

45号（90号と接合）

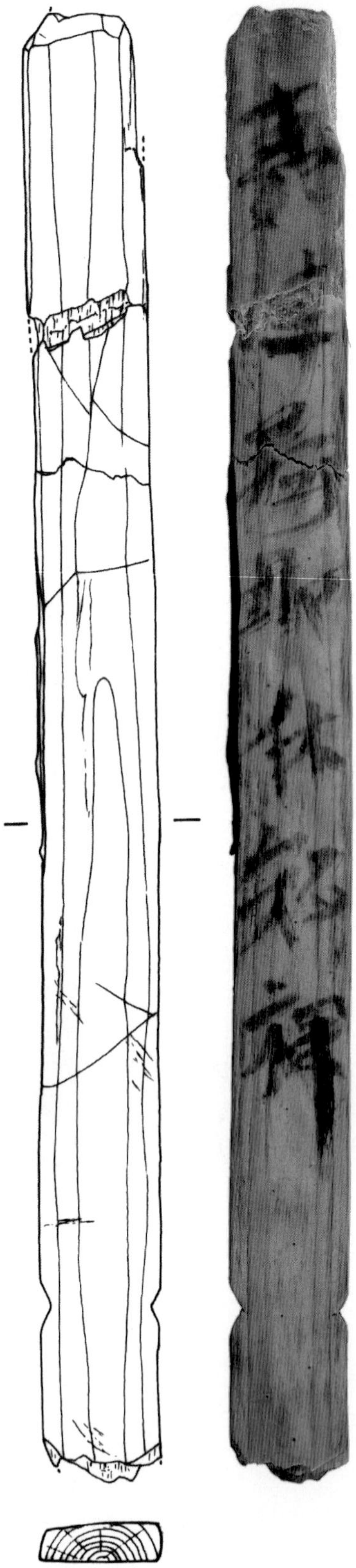

48号

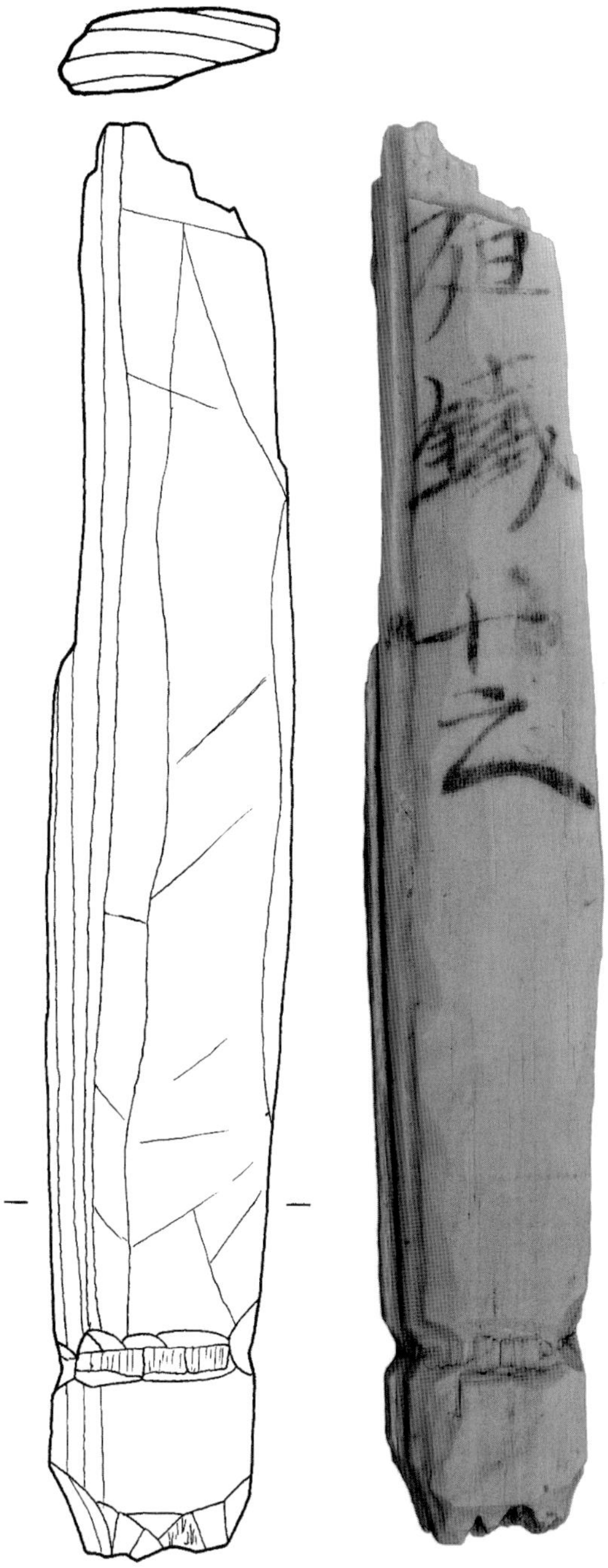

47号

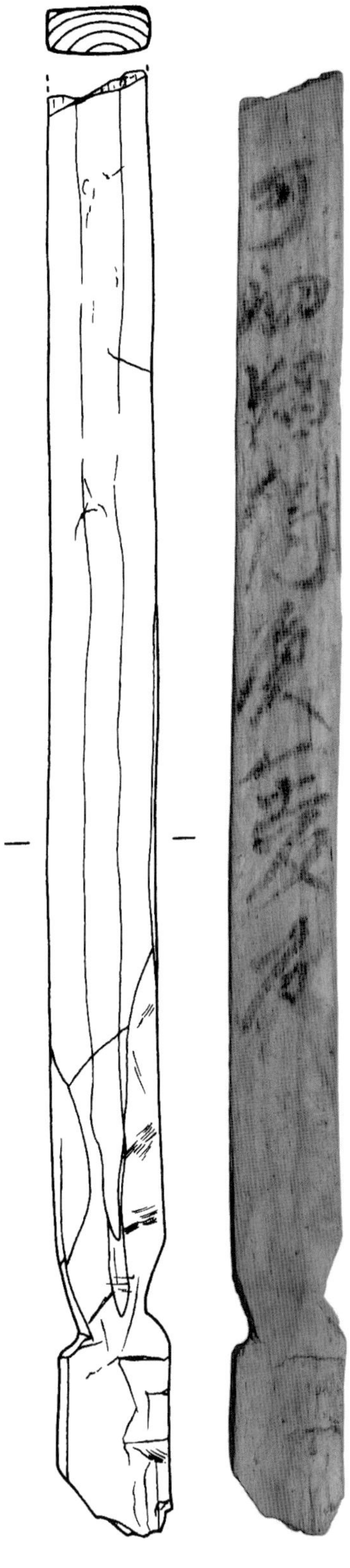

50号

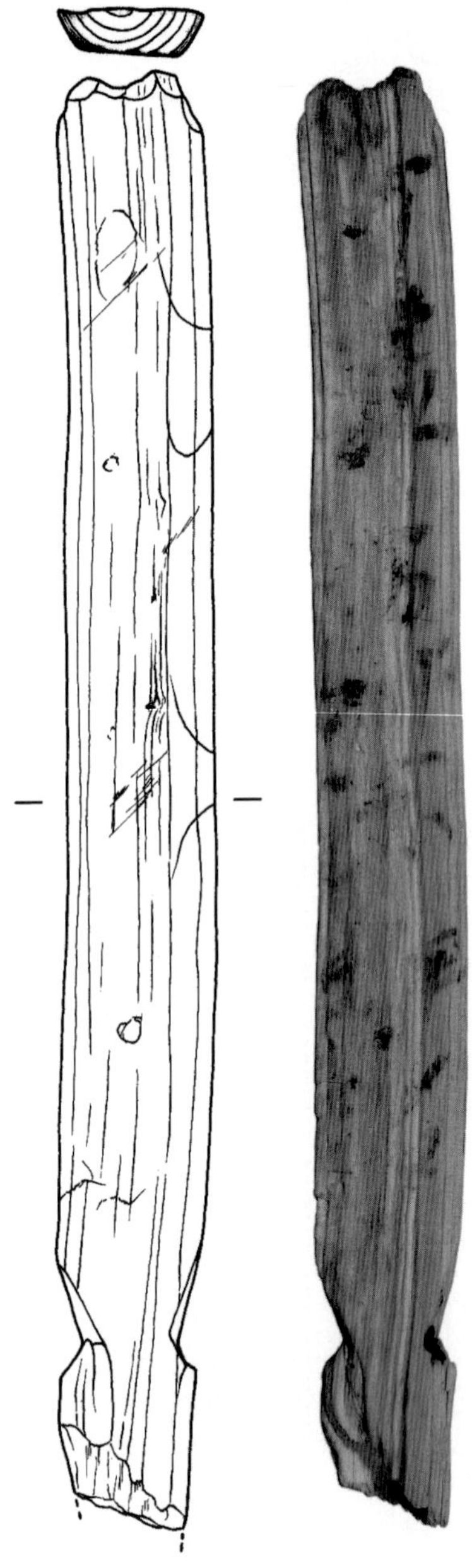

49号

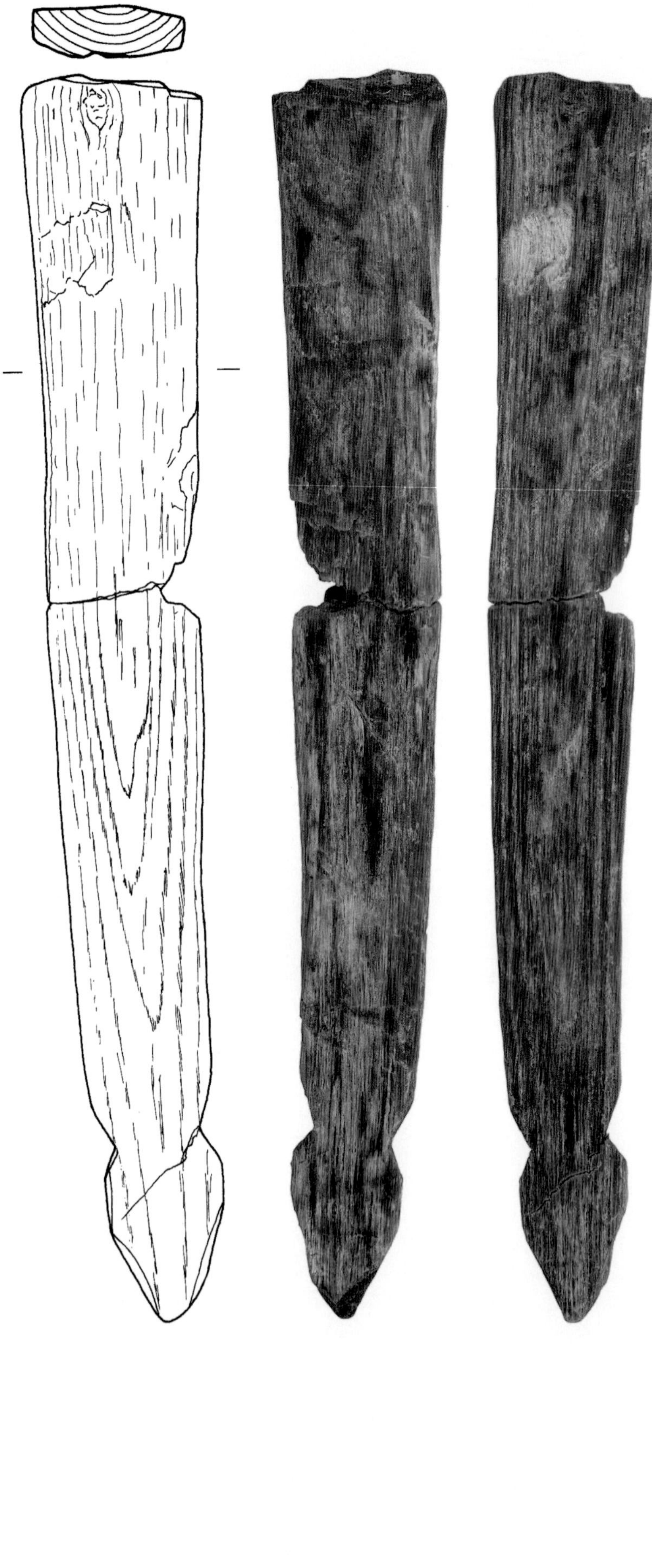

51号

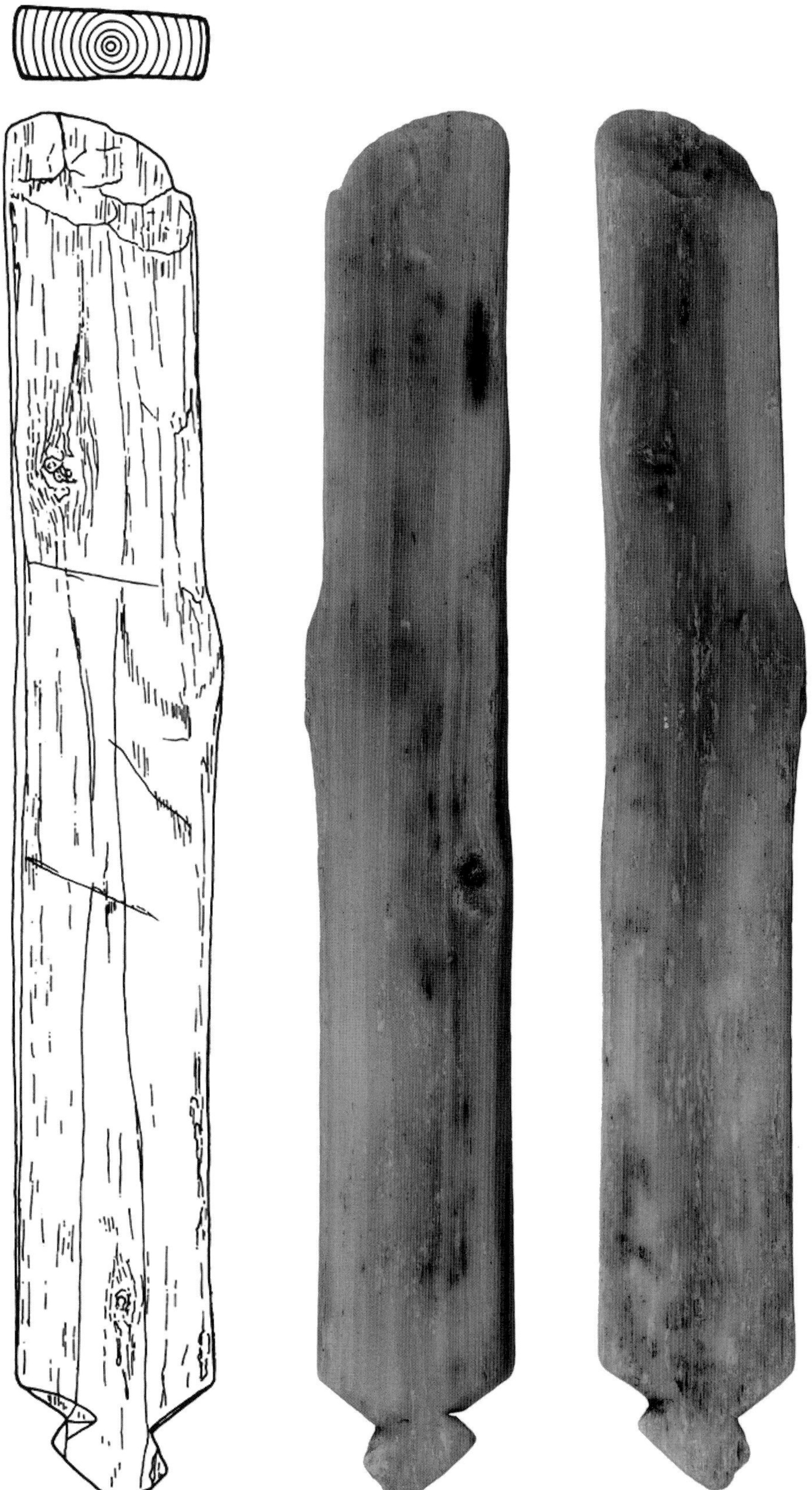

53号

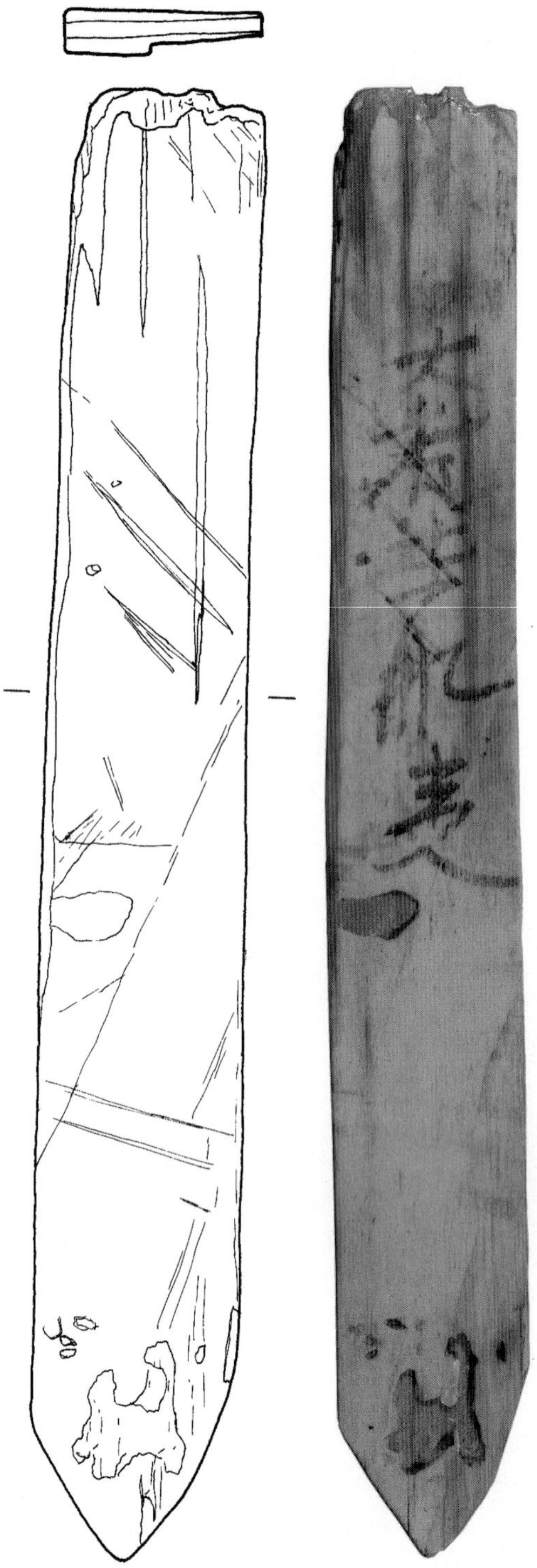

52号

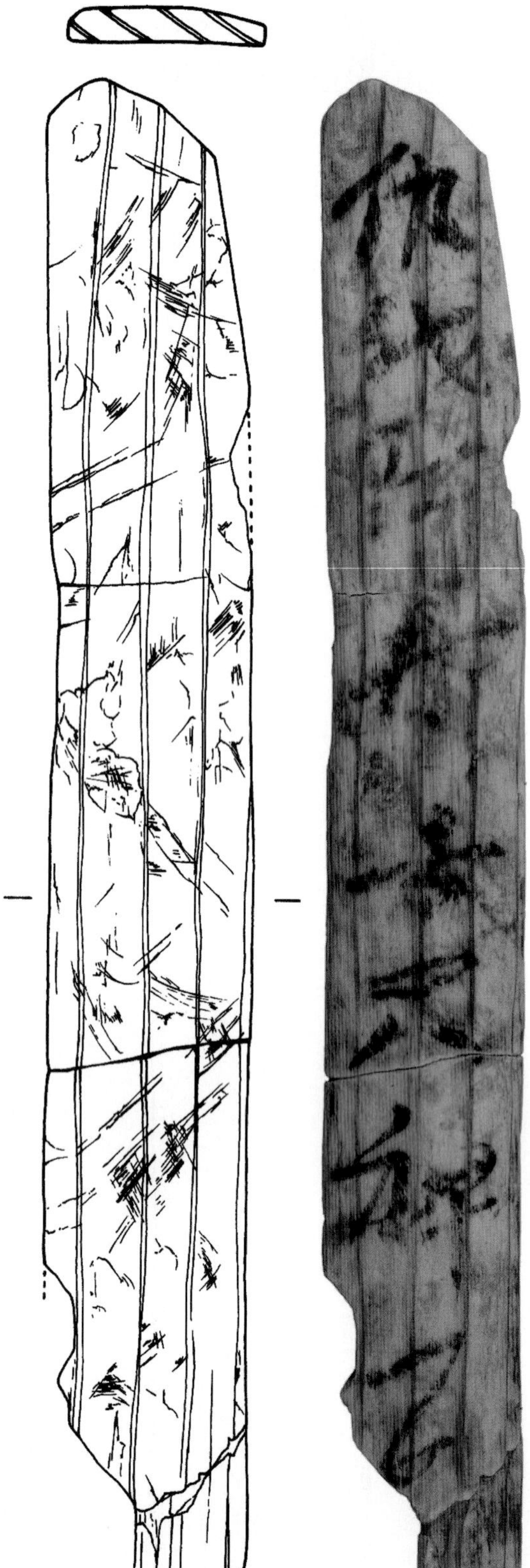

55号

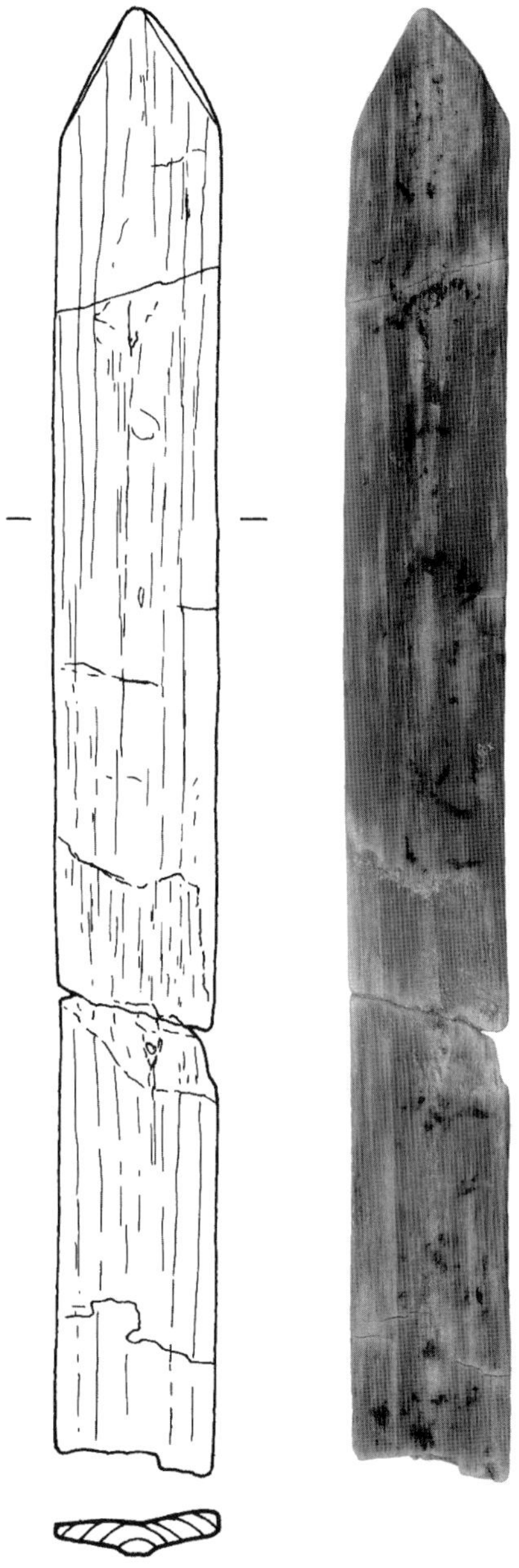

54号

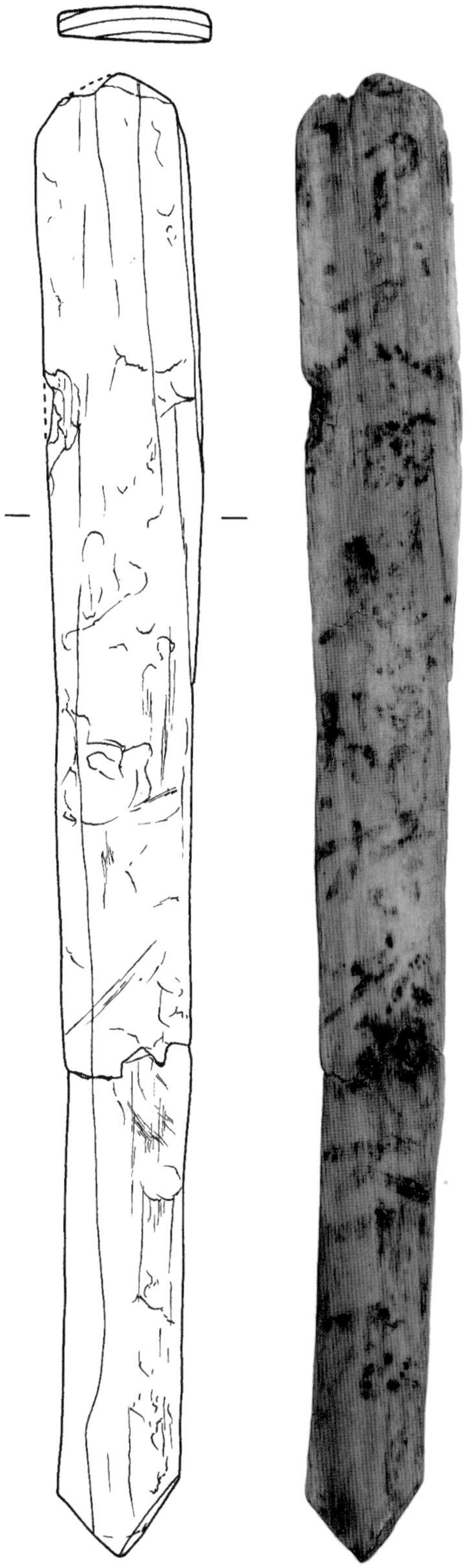

57号

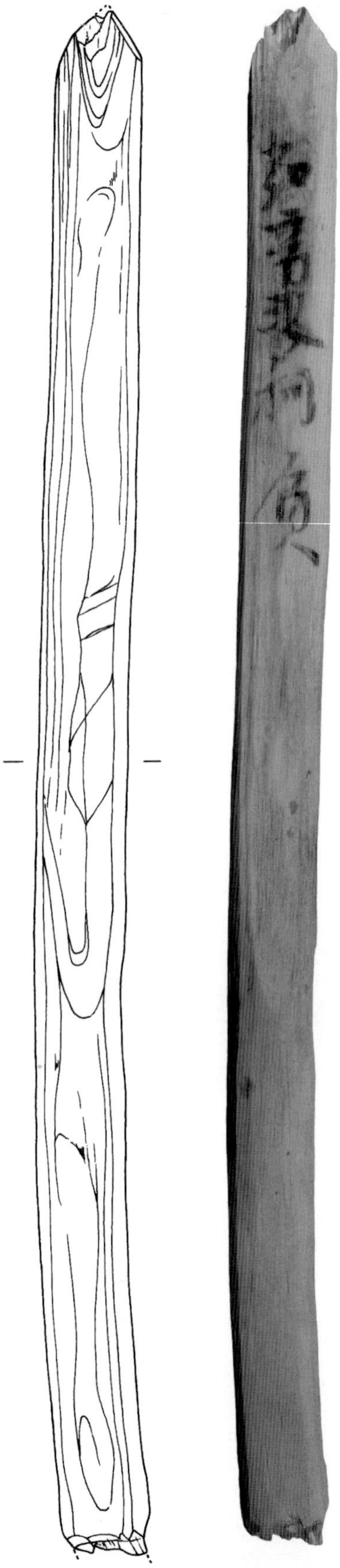

56号

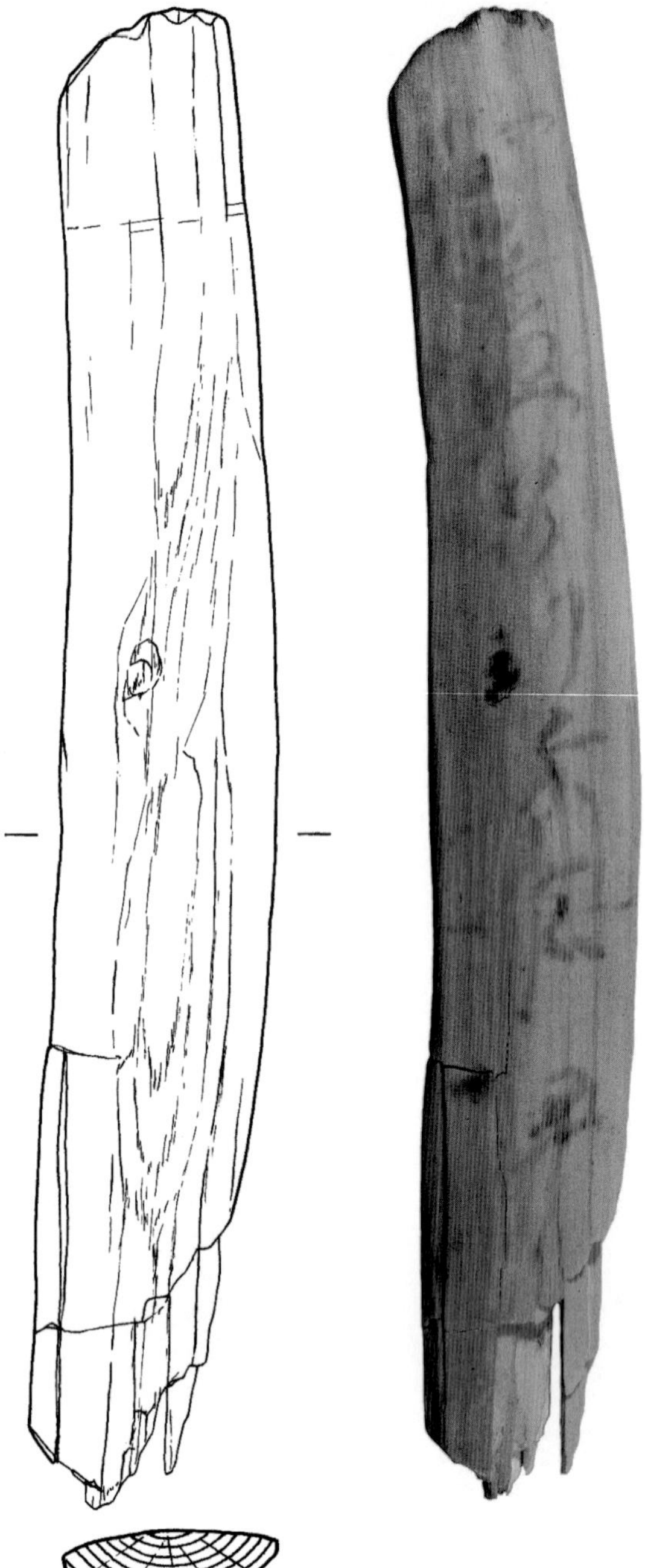

（80%）

58号

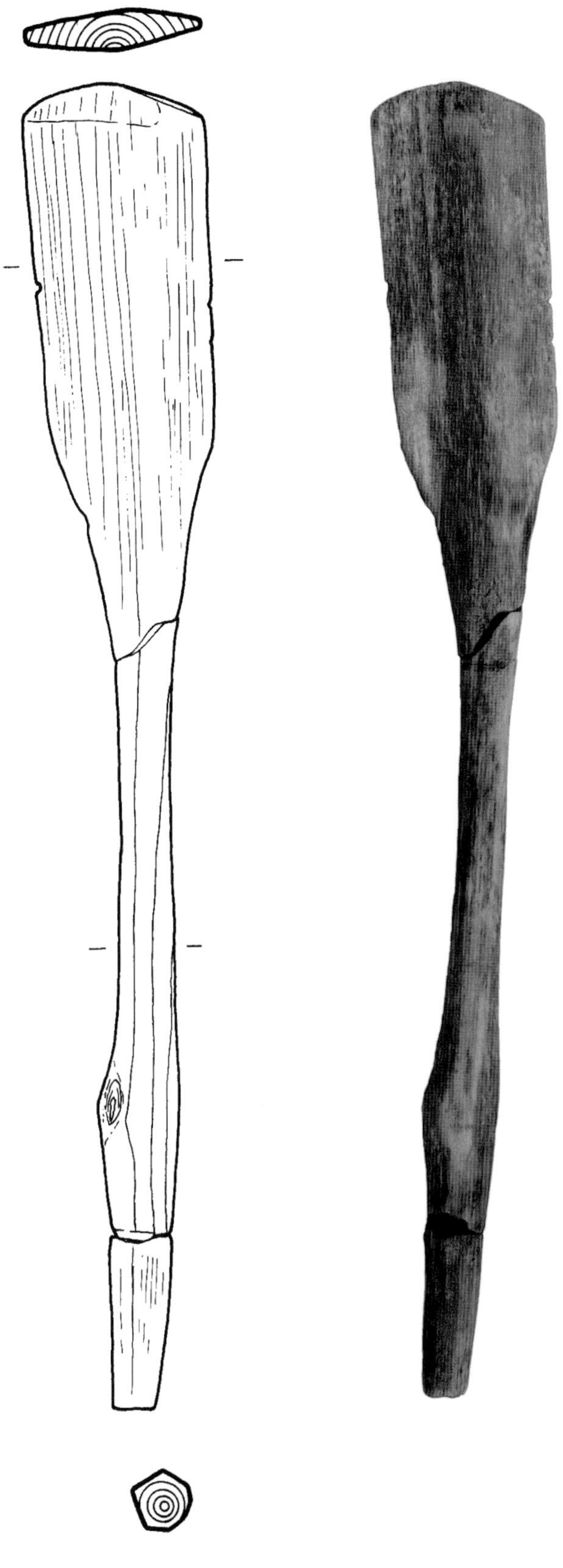

59号

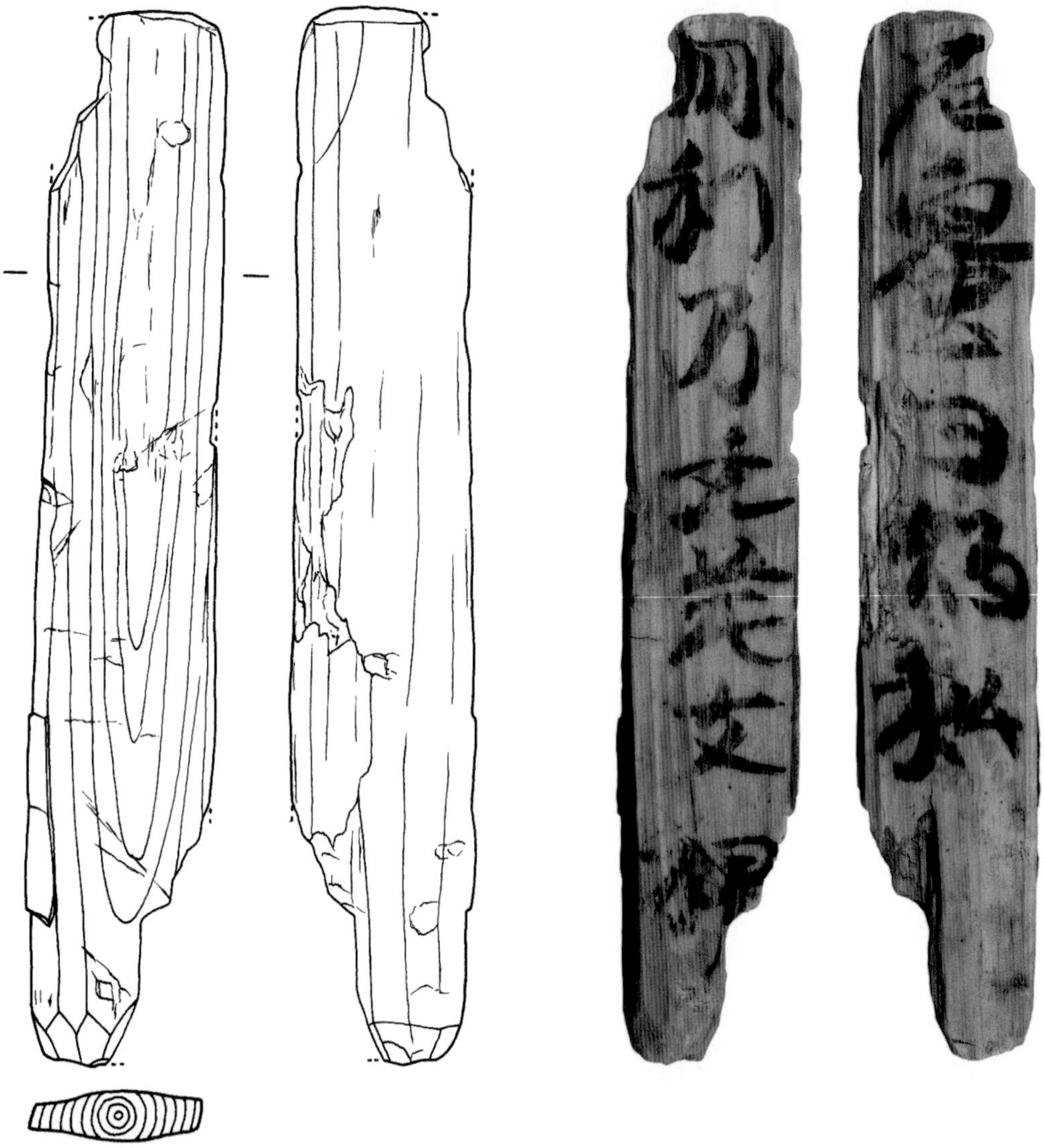

60号

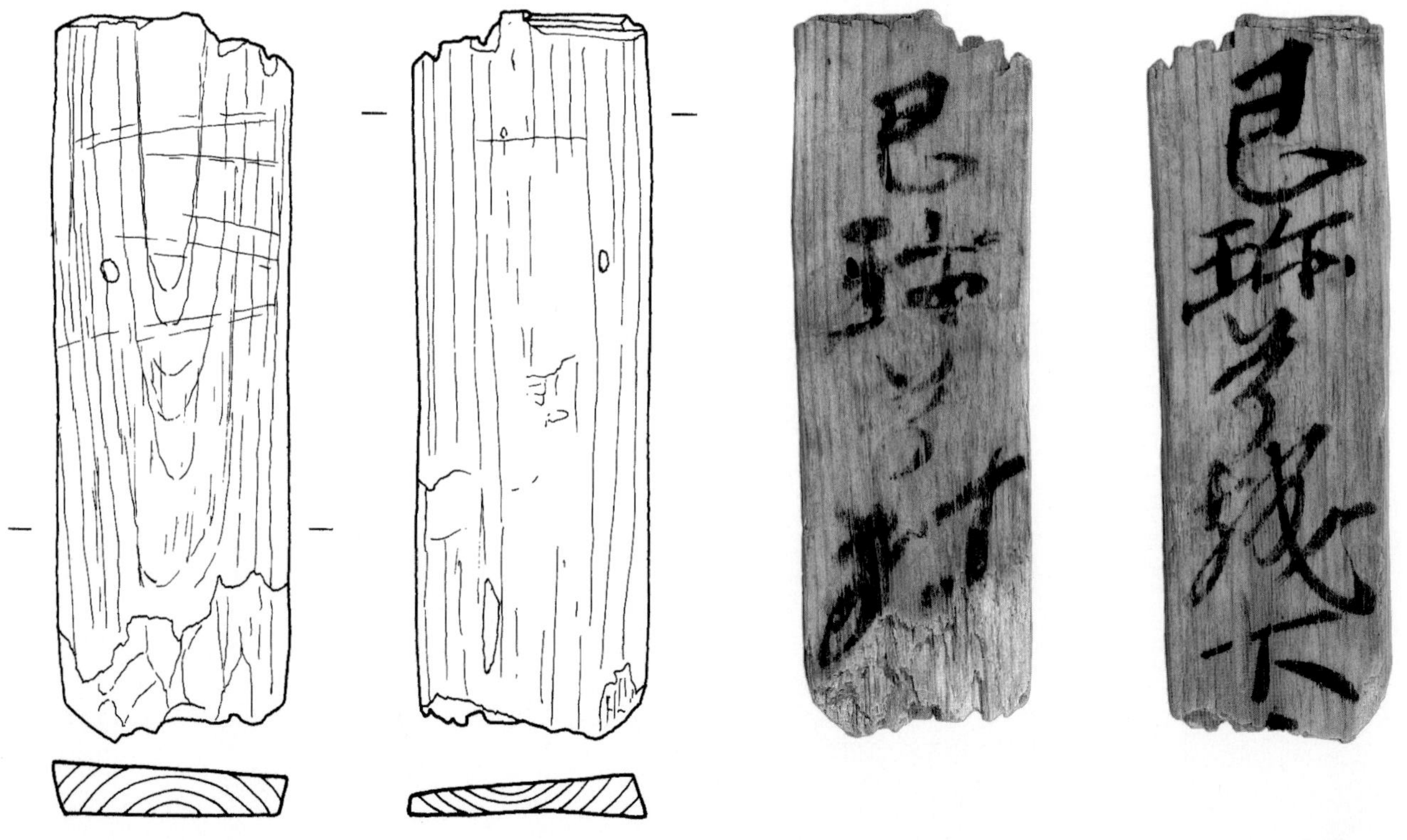

61号（75・90号と接合）

62号（66号と接合）

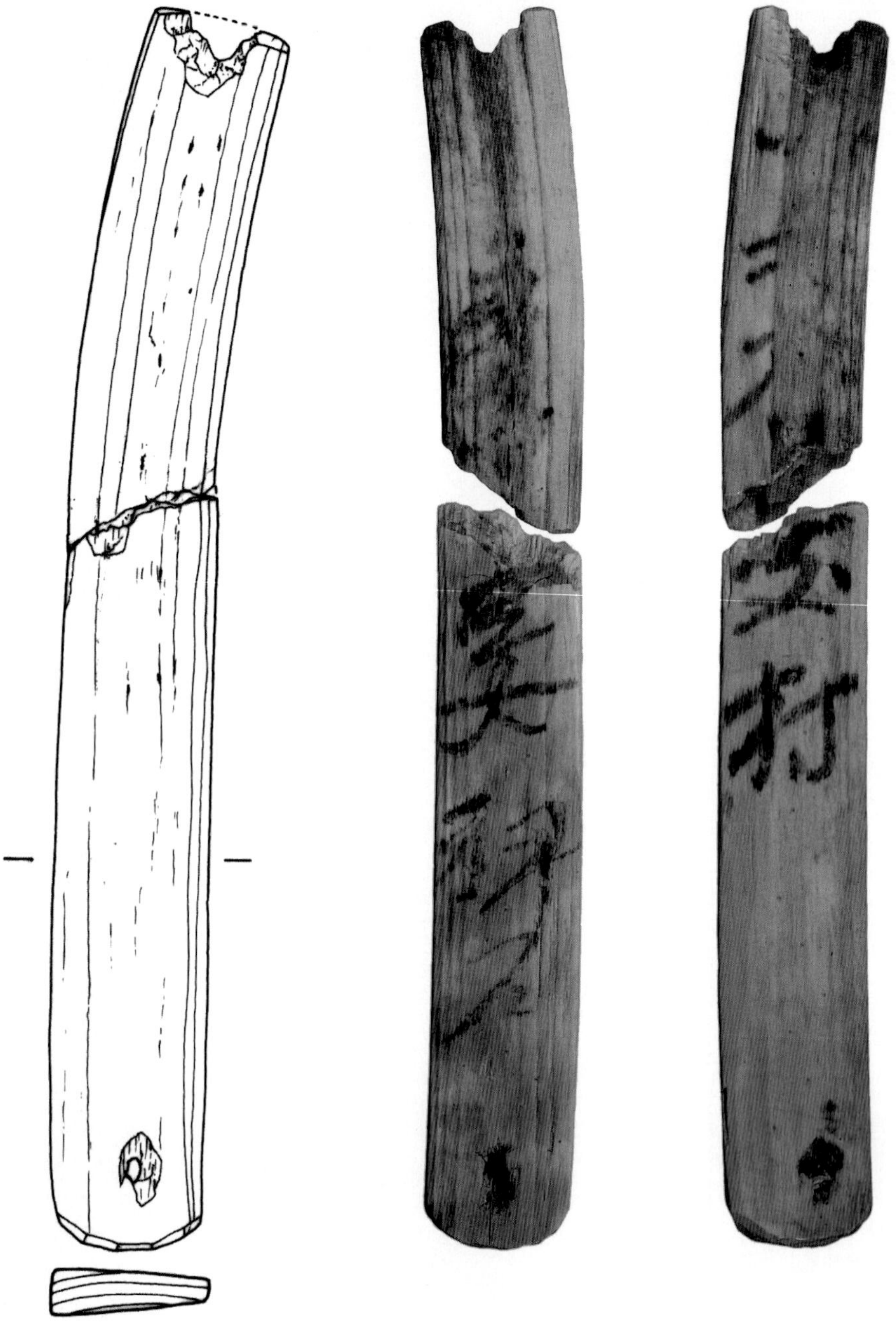

63号

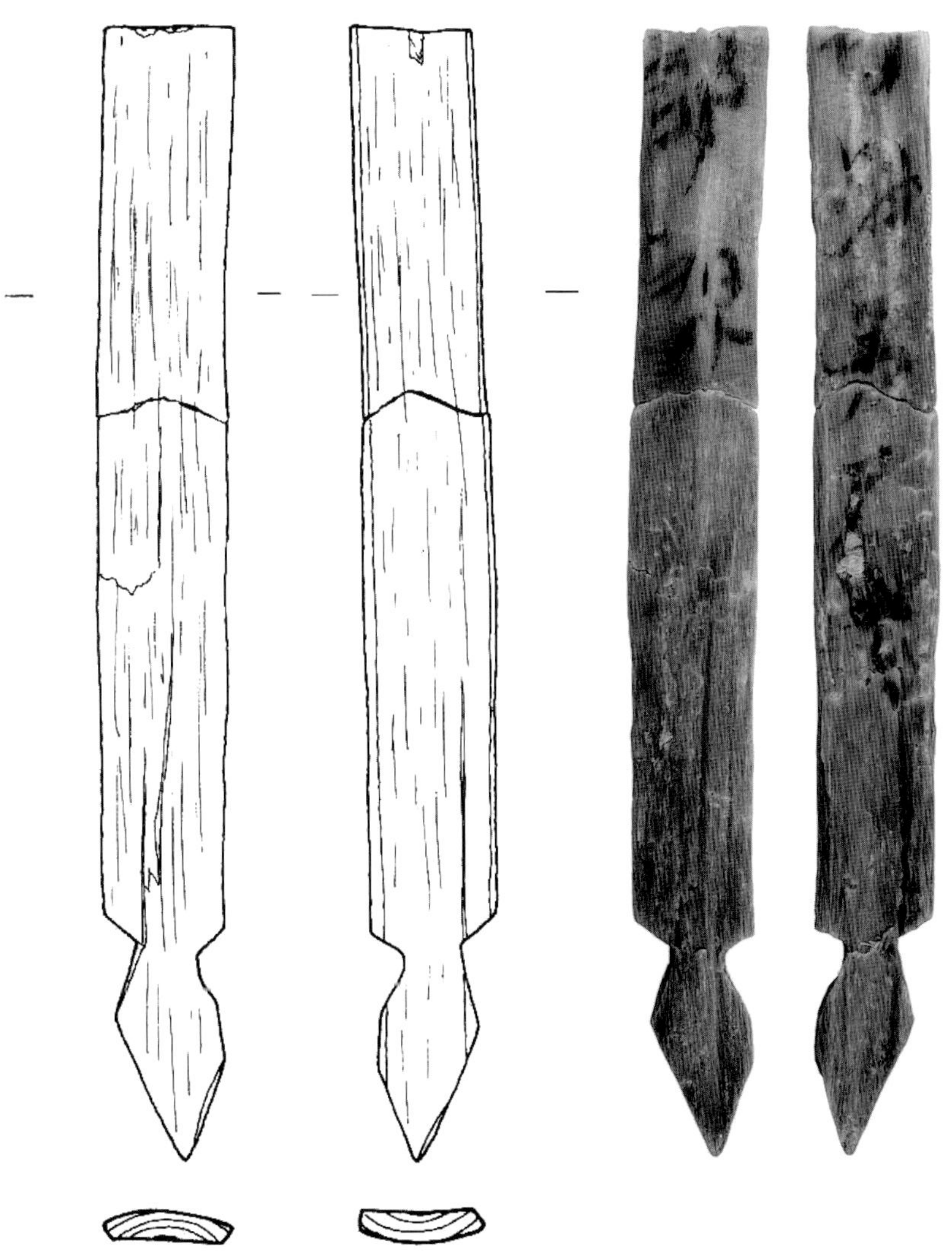

64号

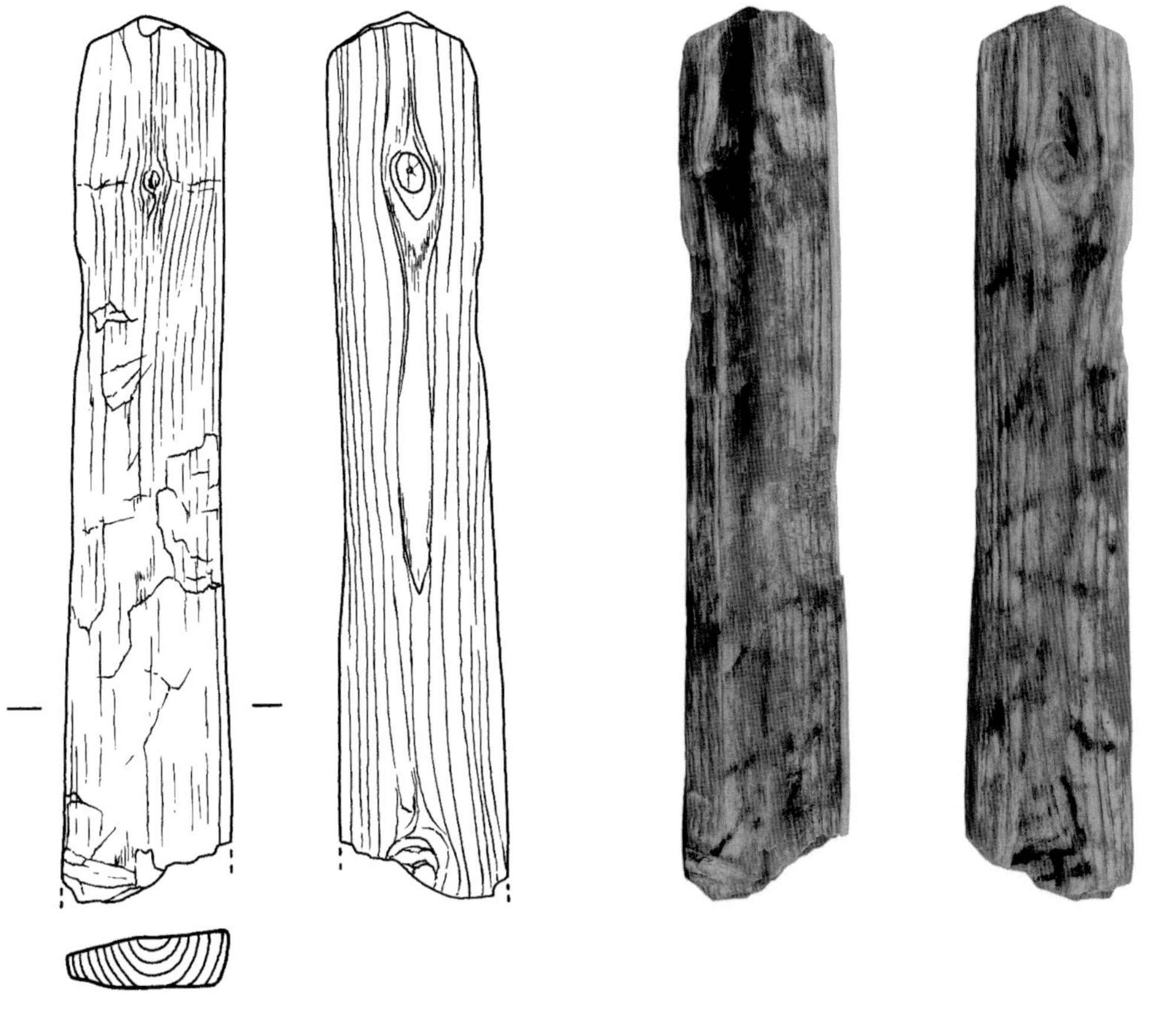

65号

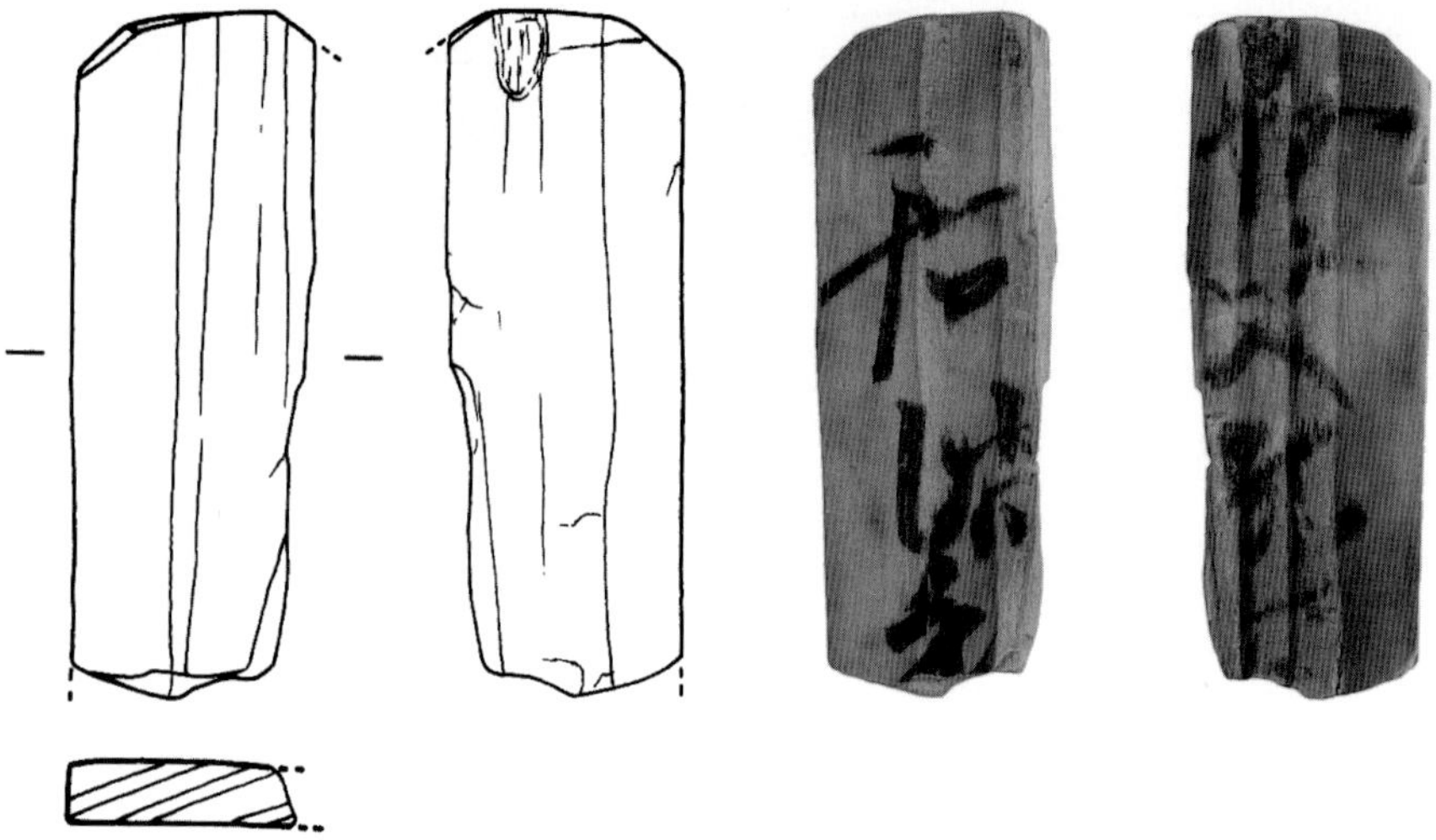

（66号 → 62号に接合）

68号

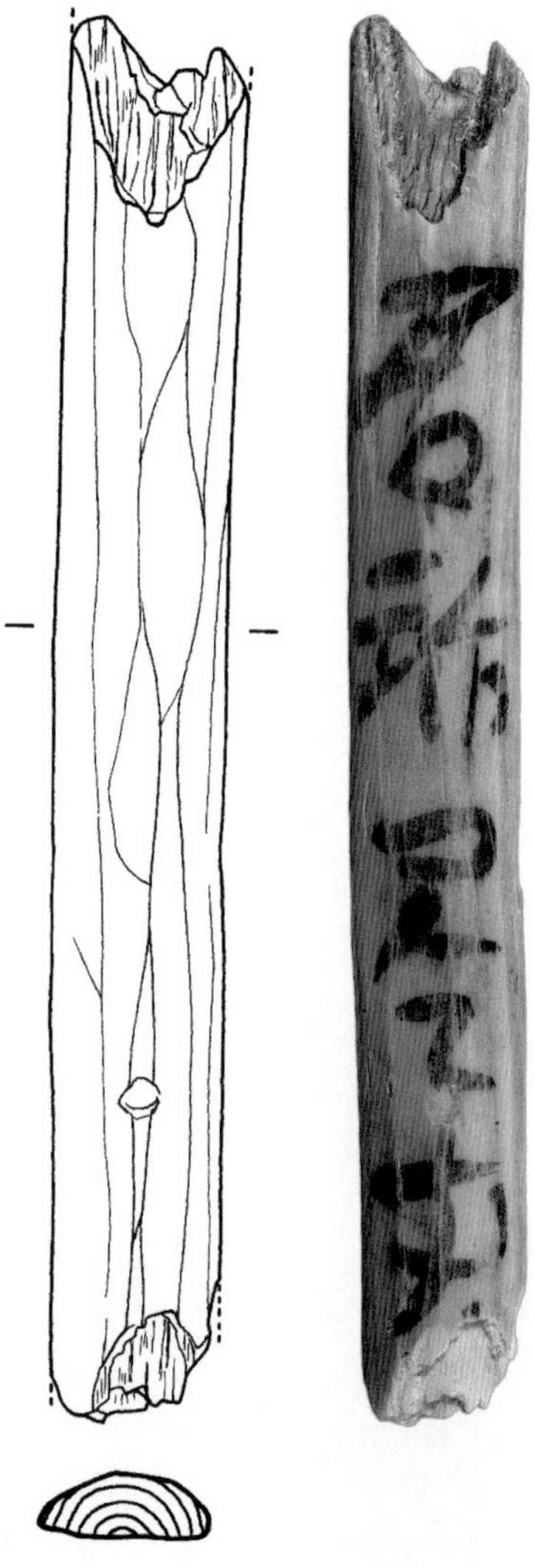

67号

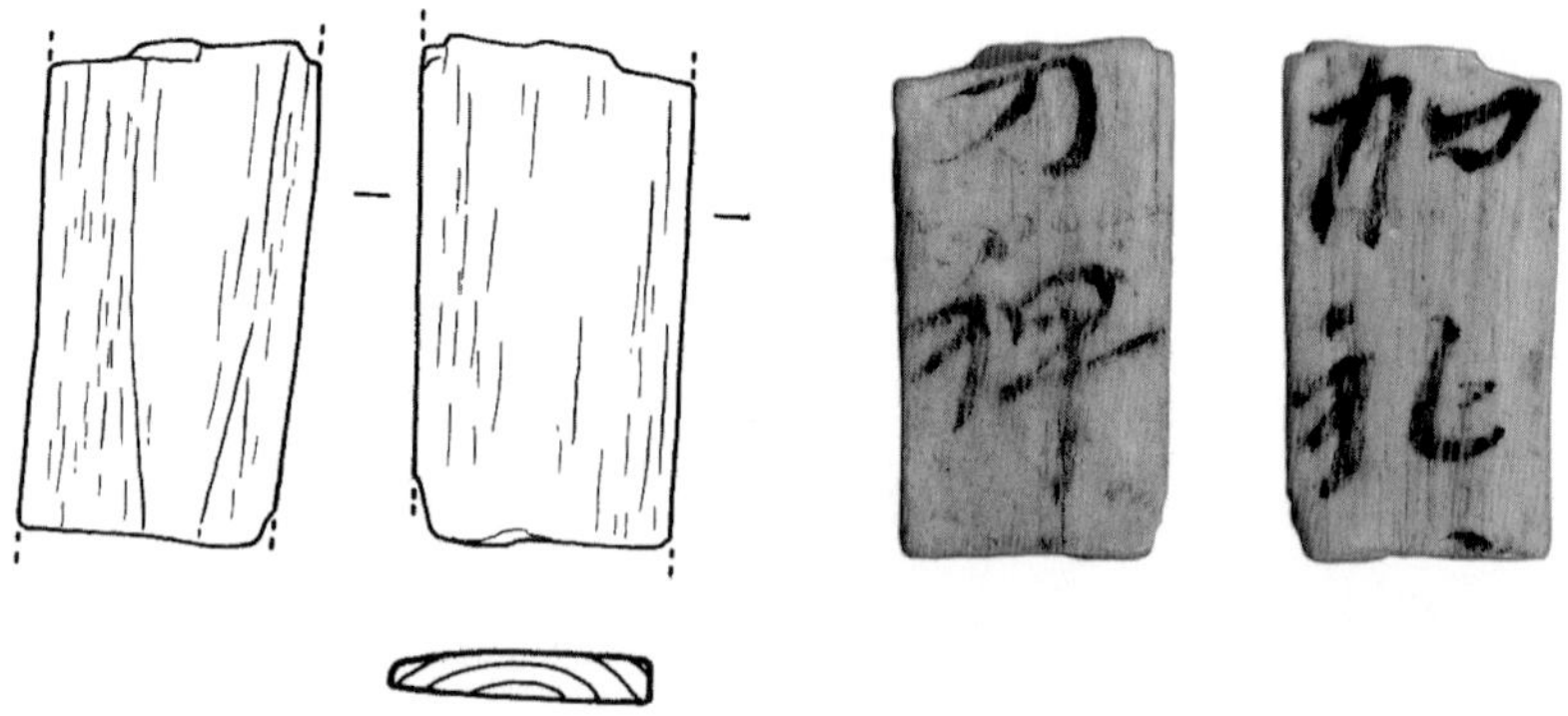

70号

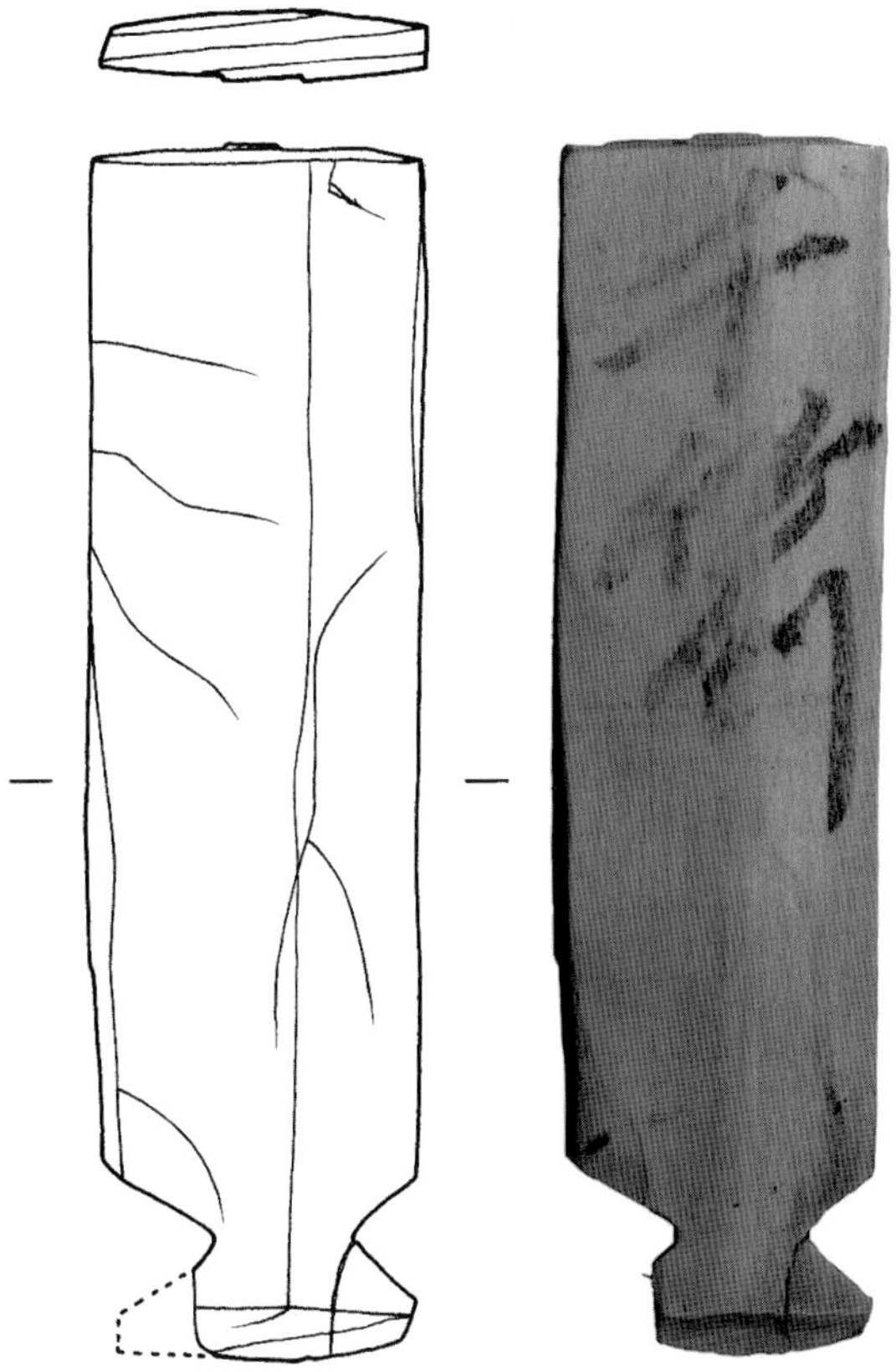

69号

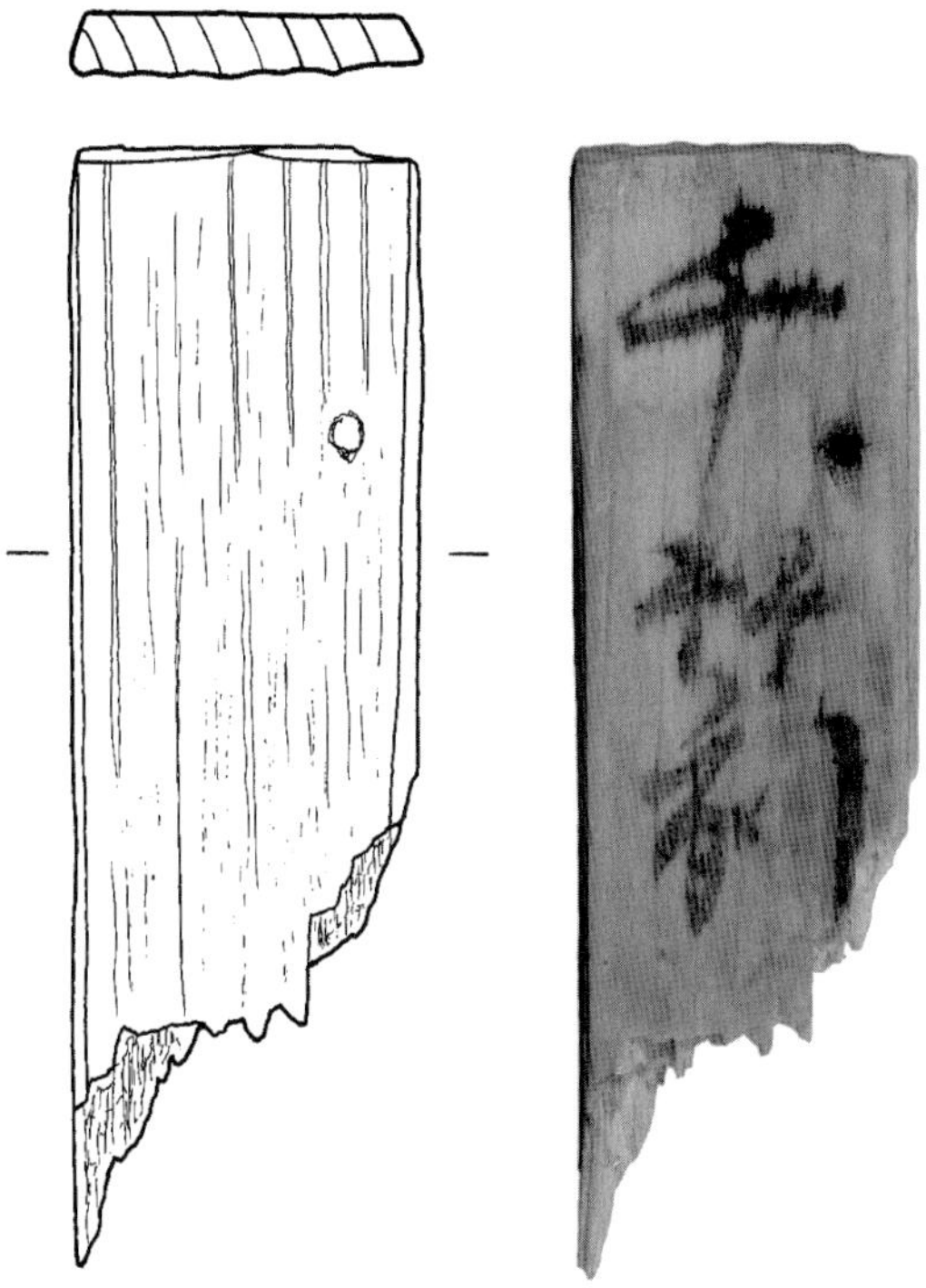

73号

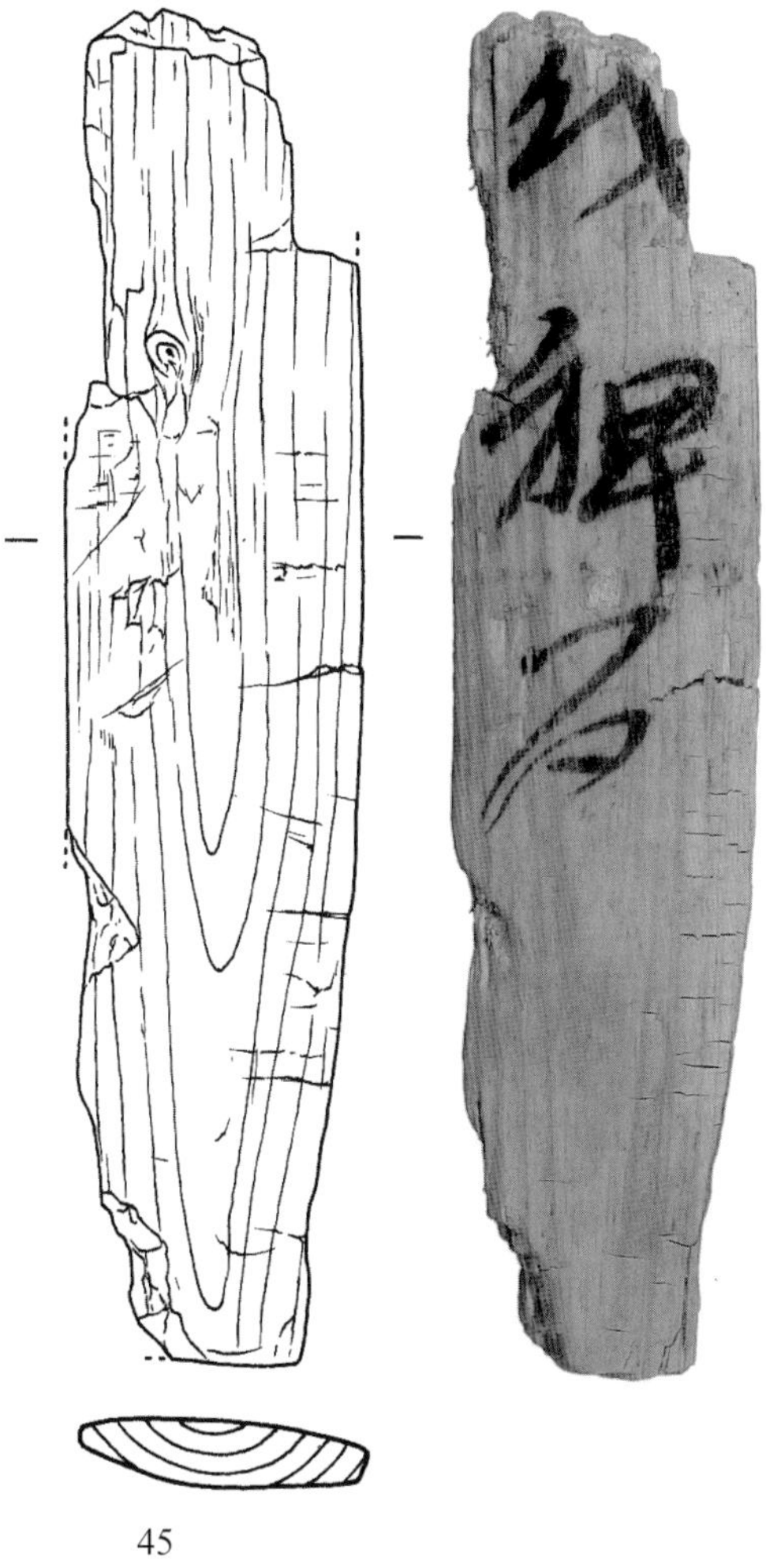

72号

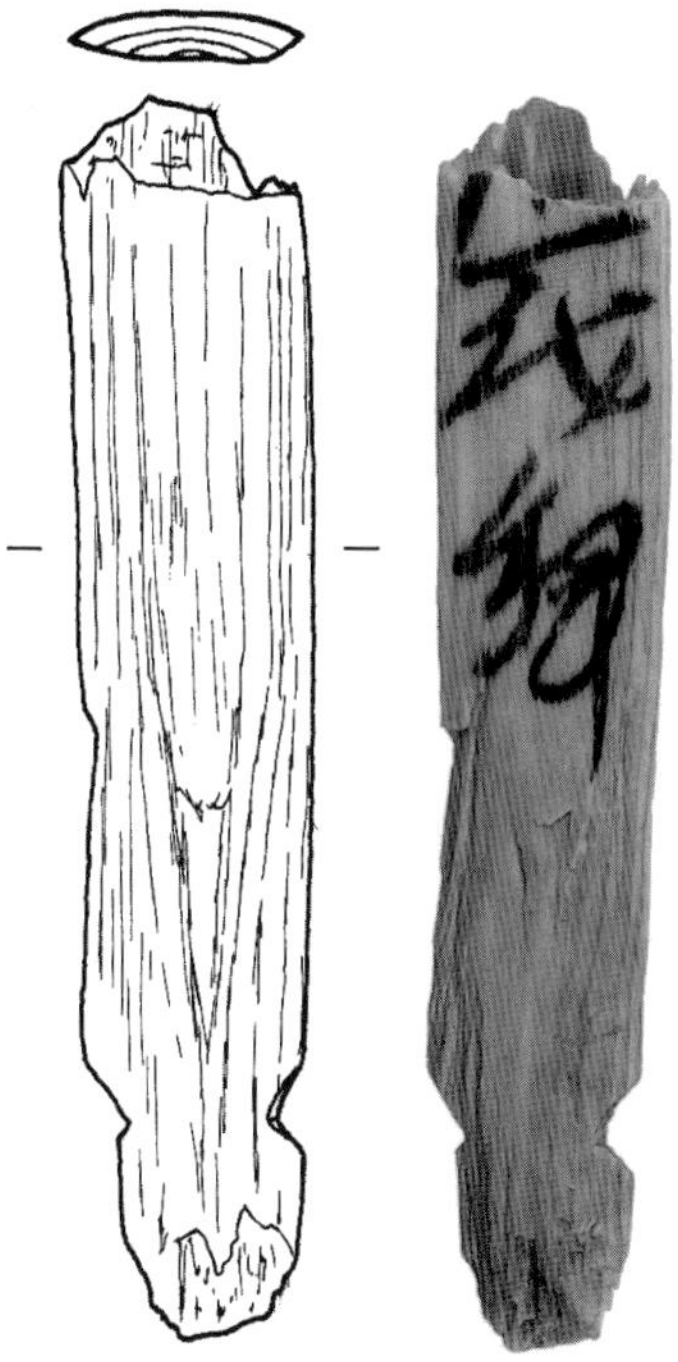

71号

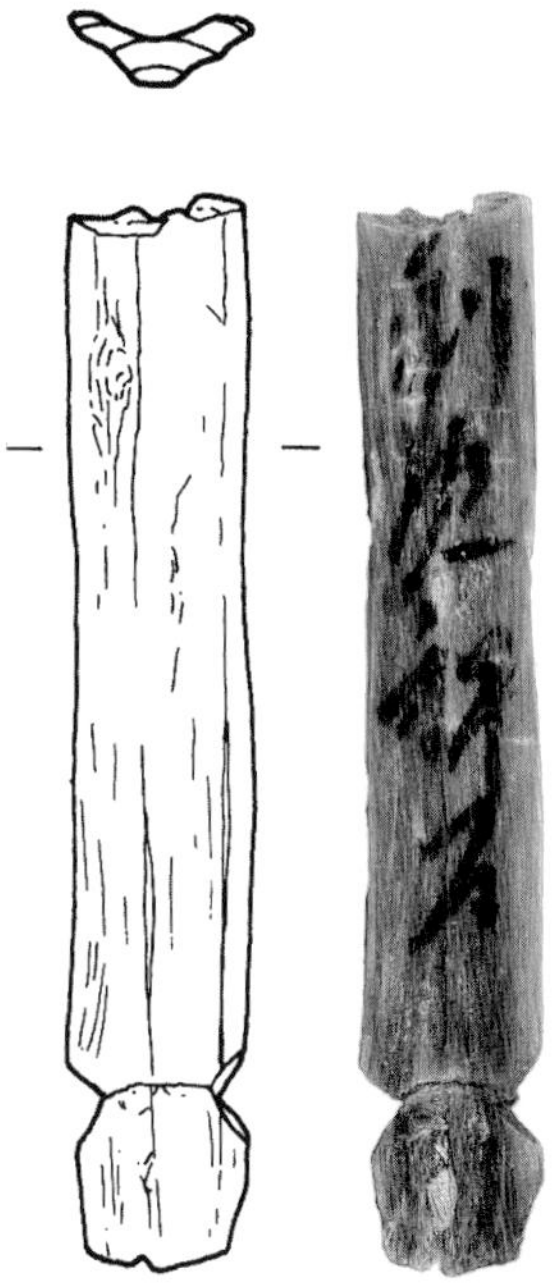

（75号 → 61・90号と接合）

76号

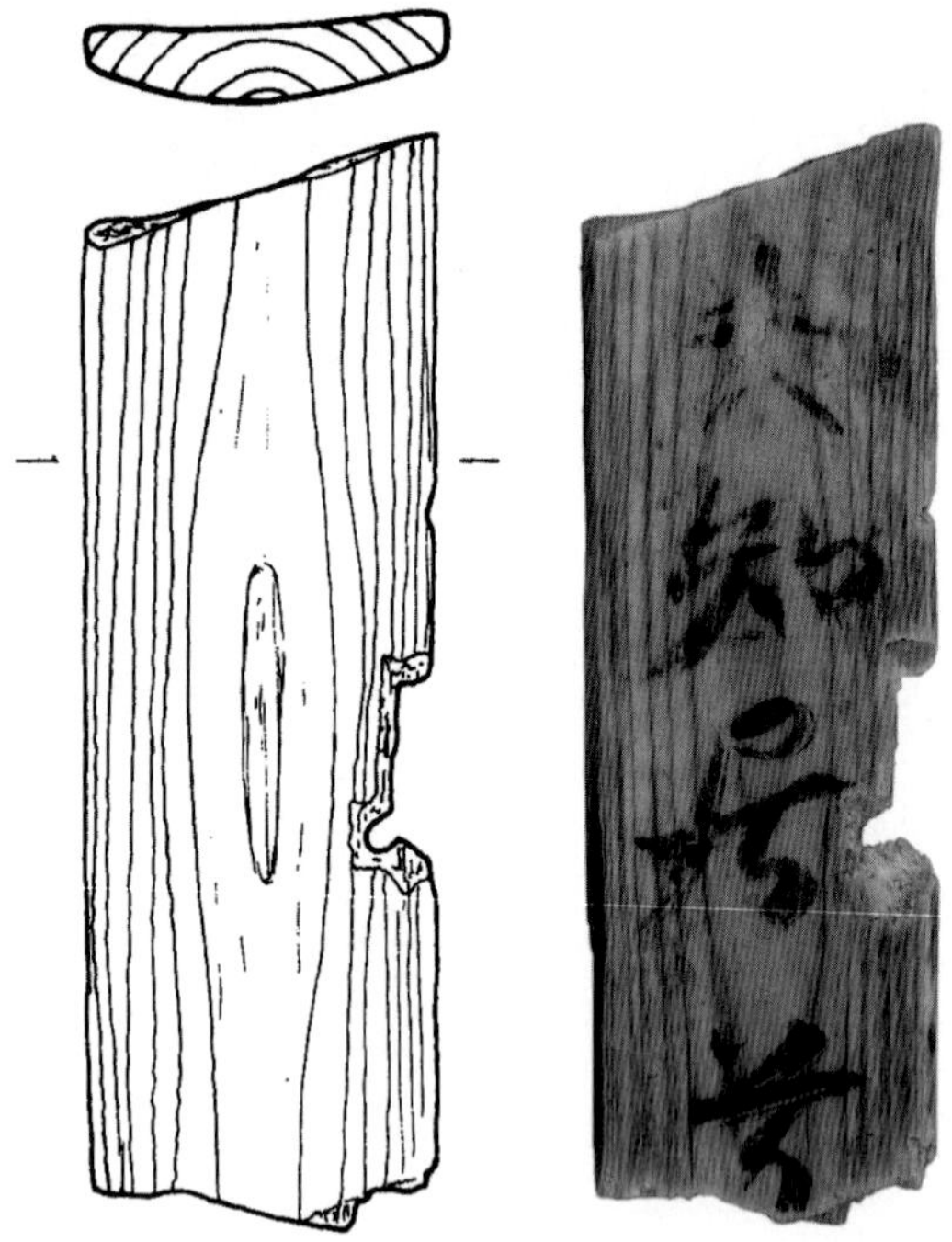

77号

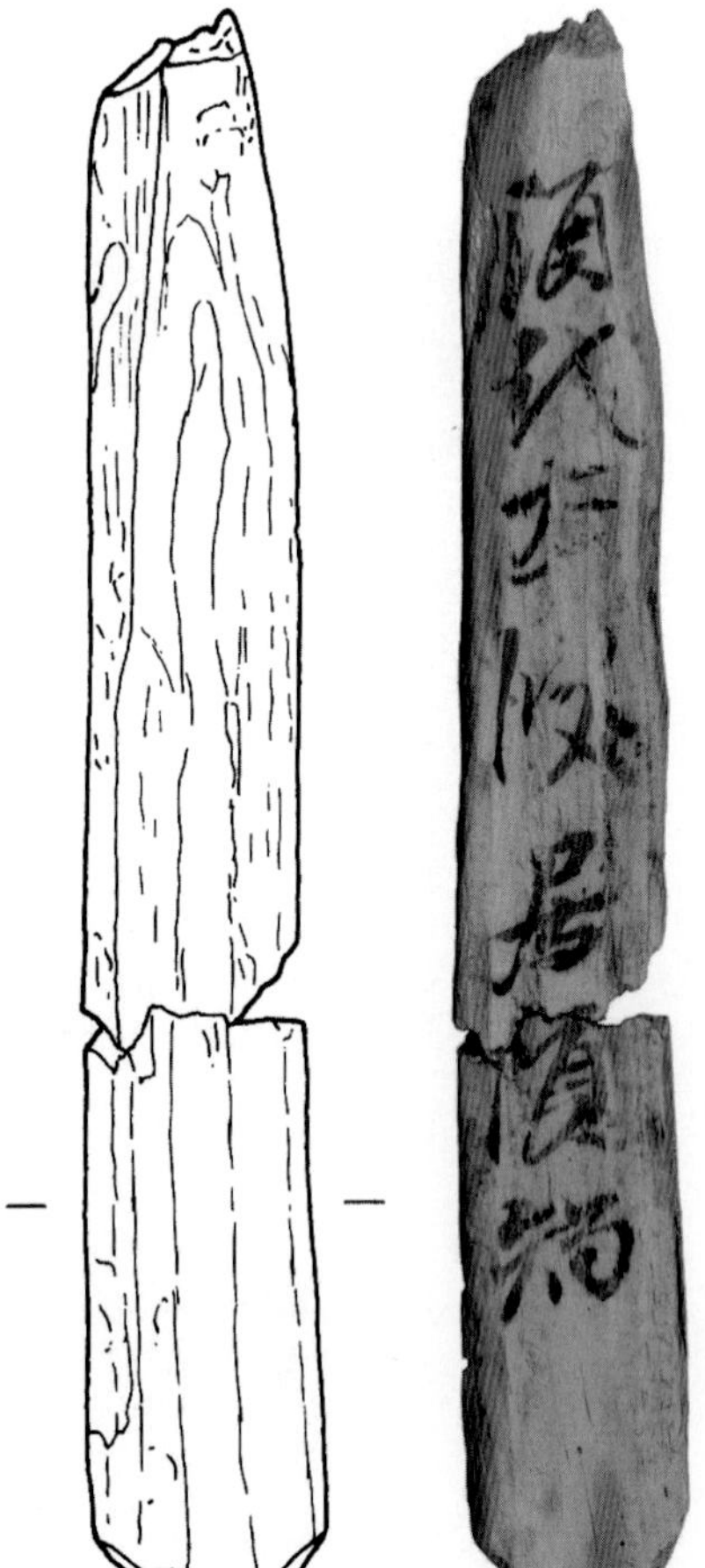

74号

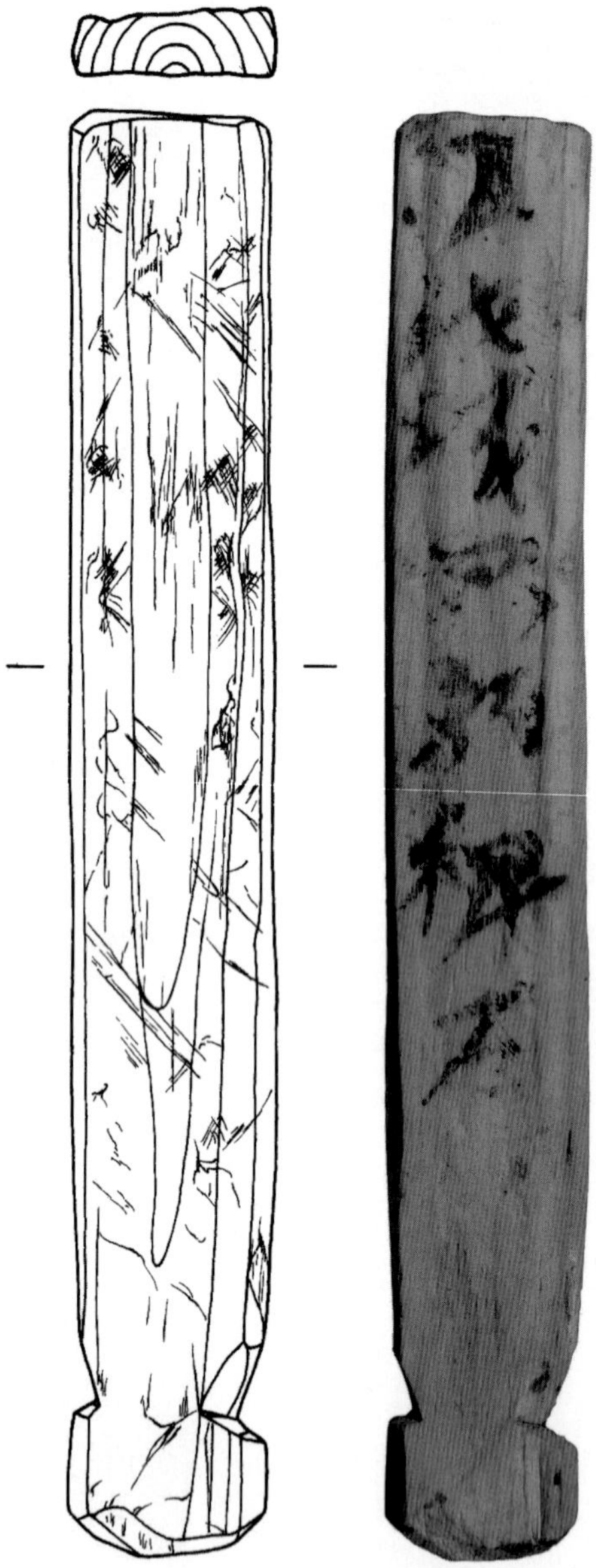

79号

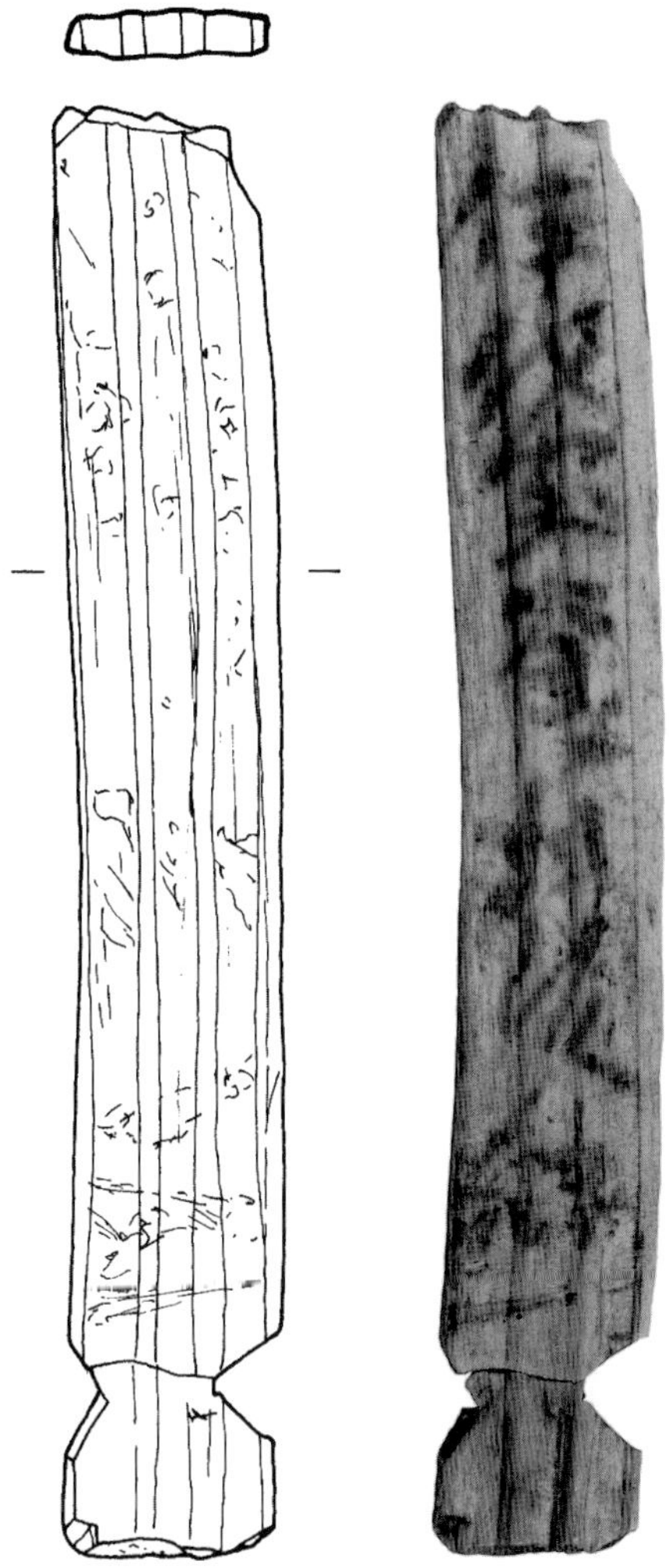

78号

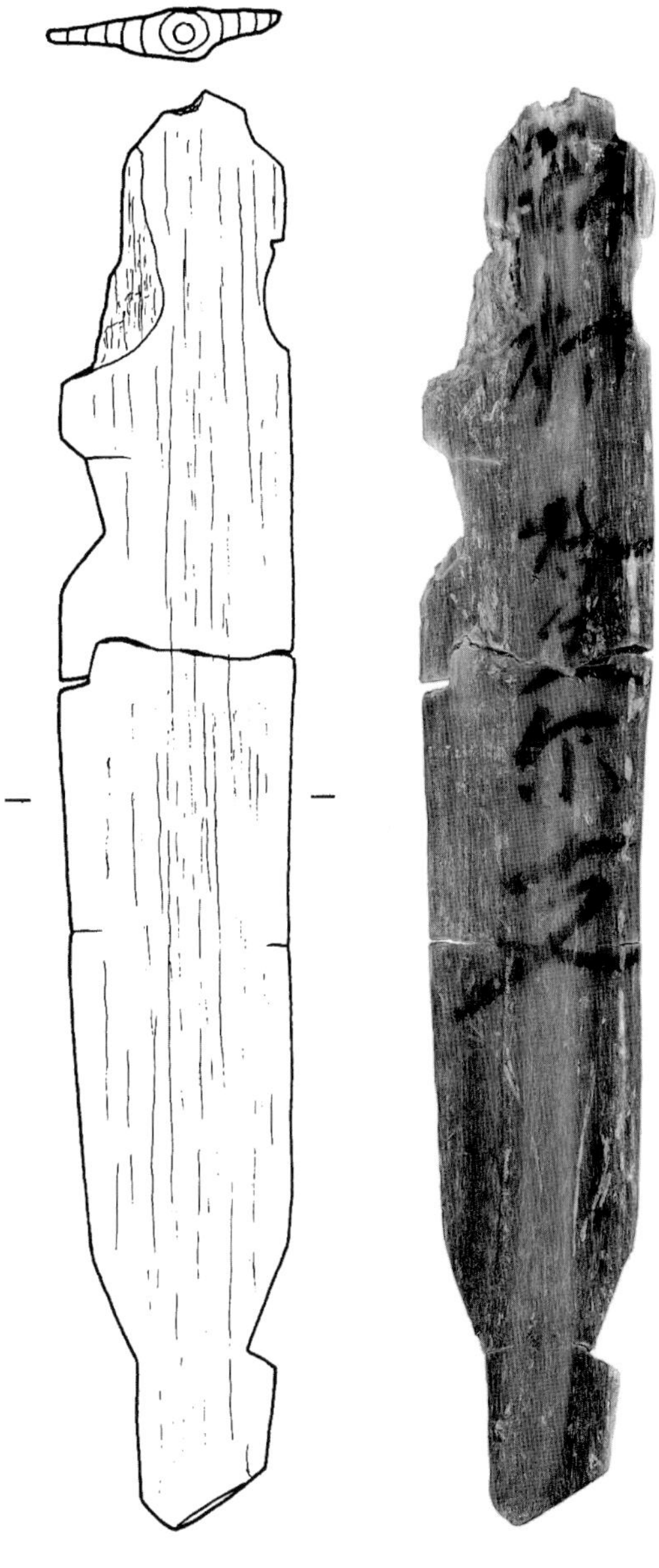

80 号

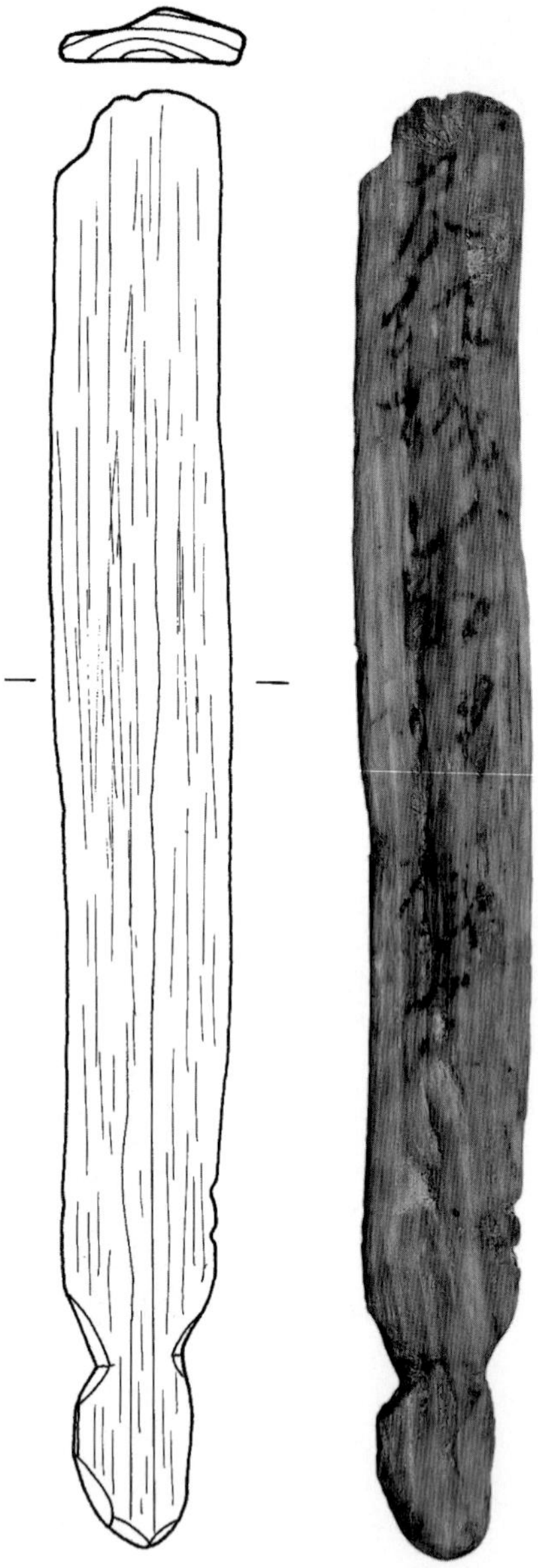

81 号

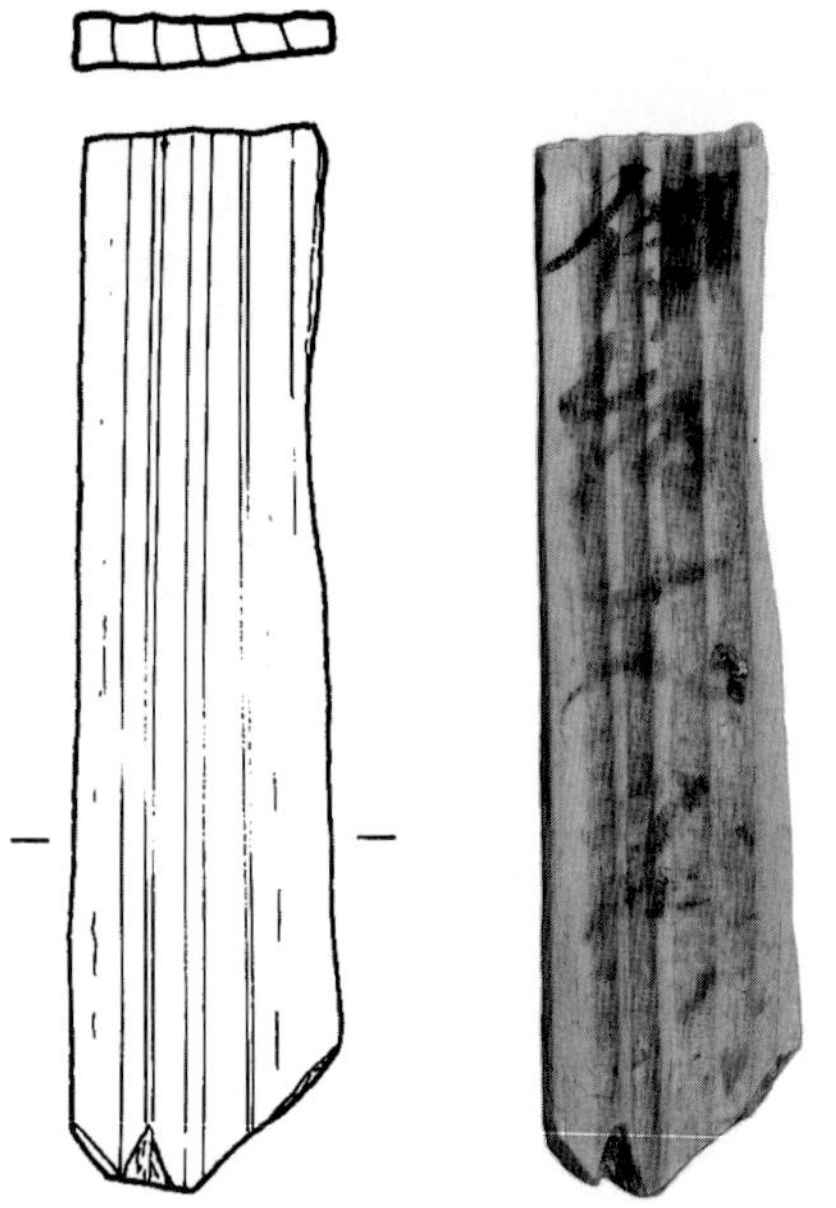

82 号

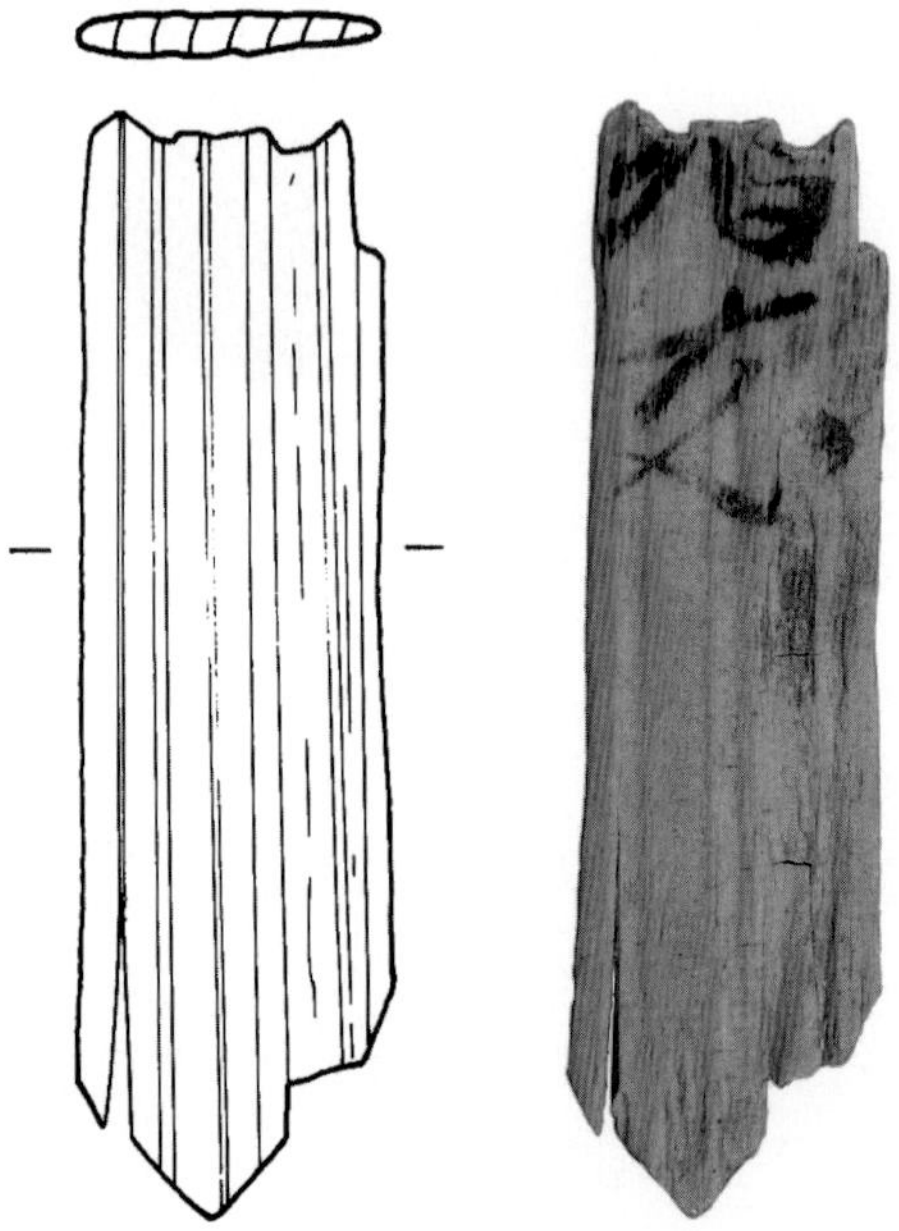

84号

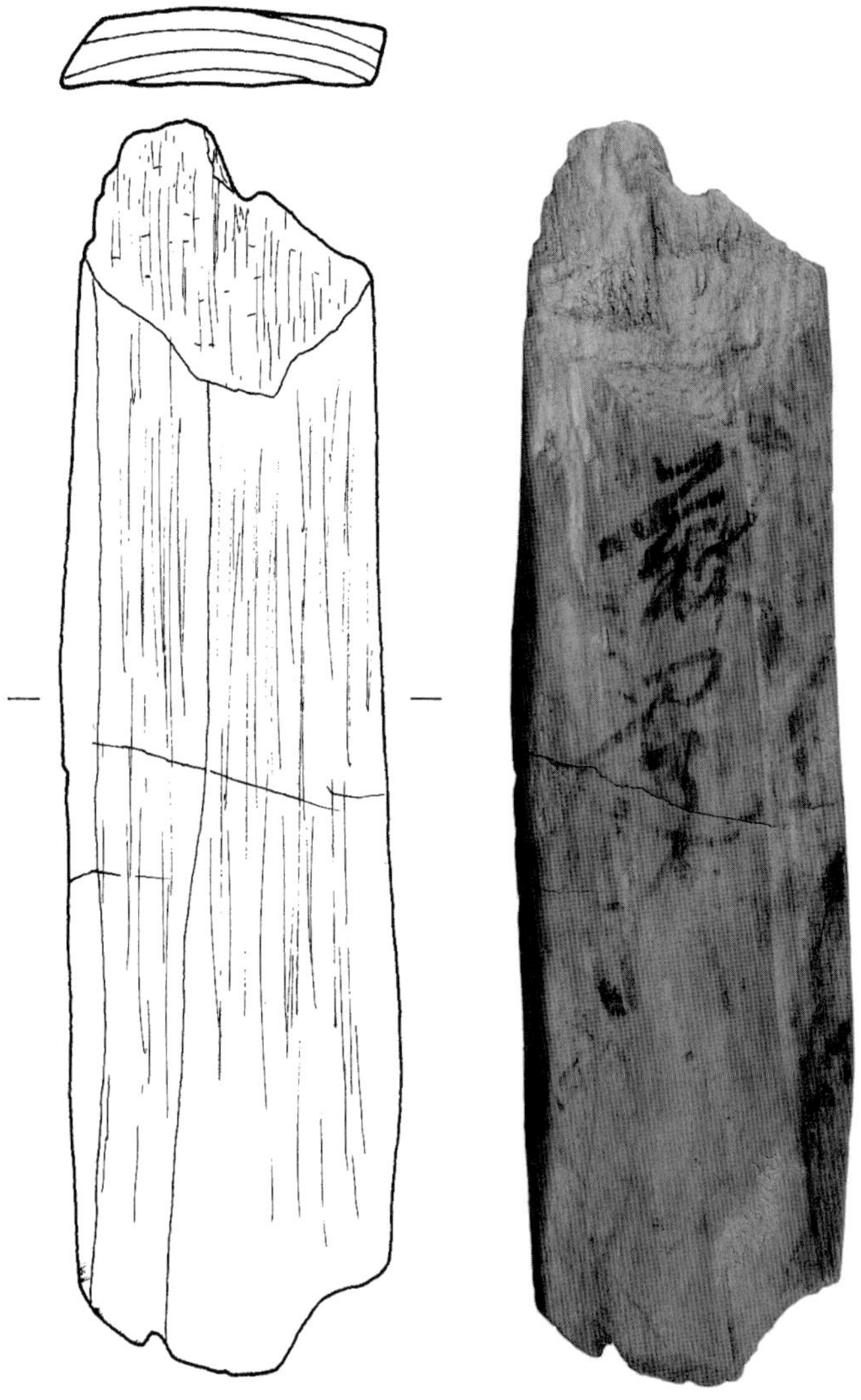

83号

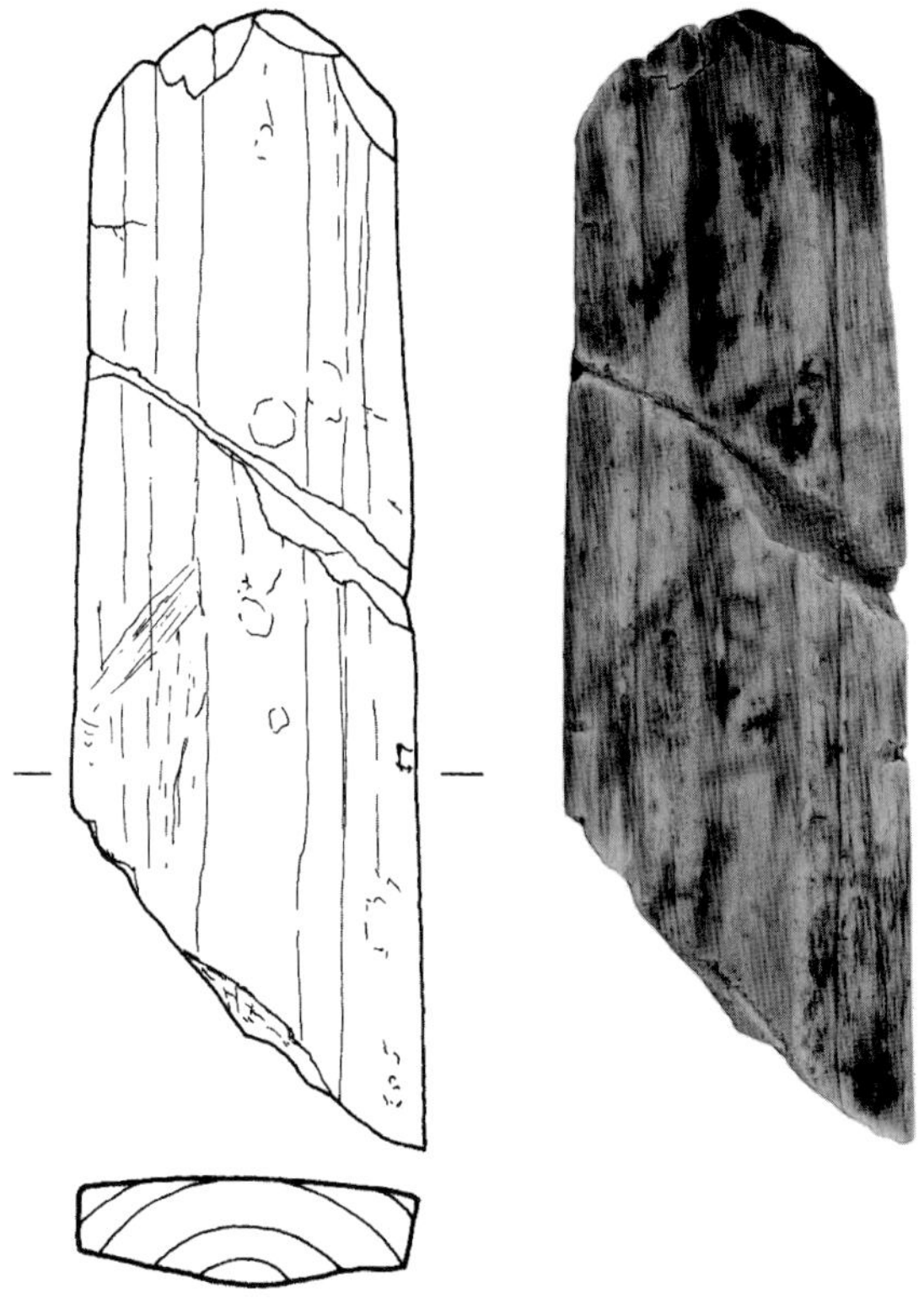

85号

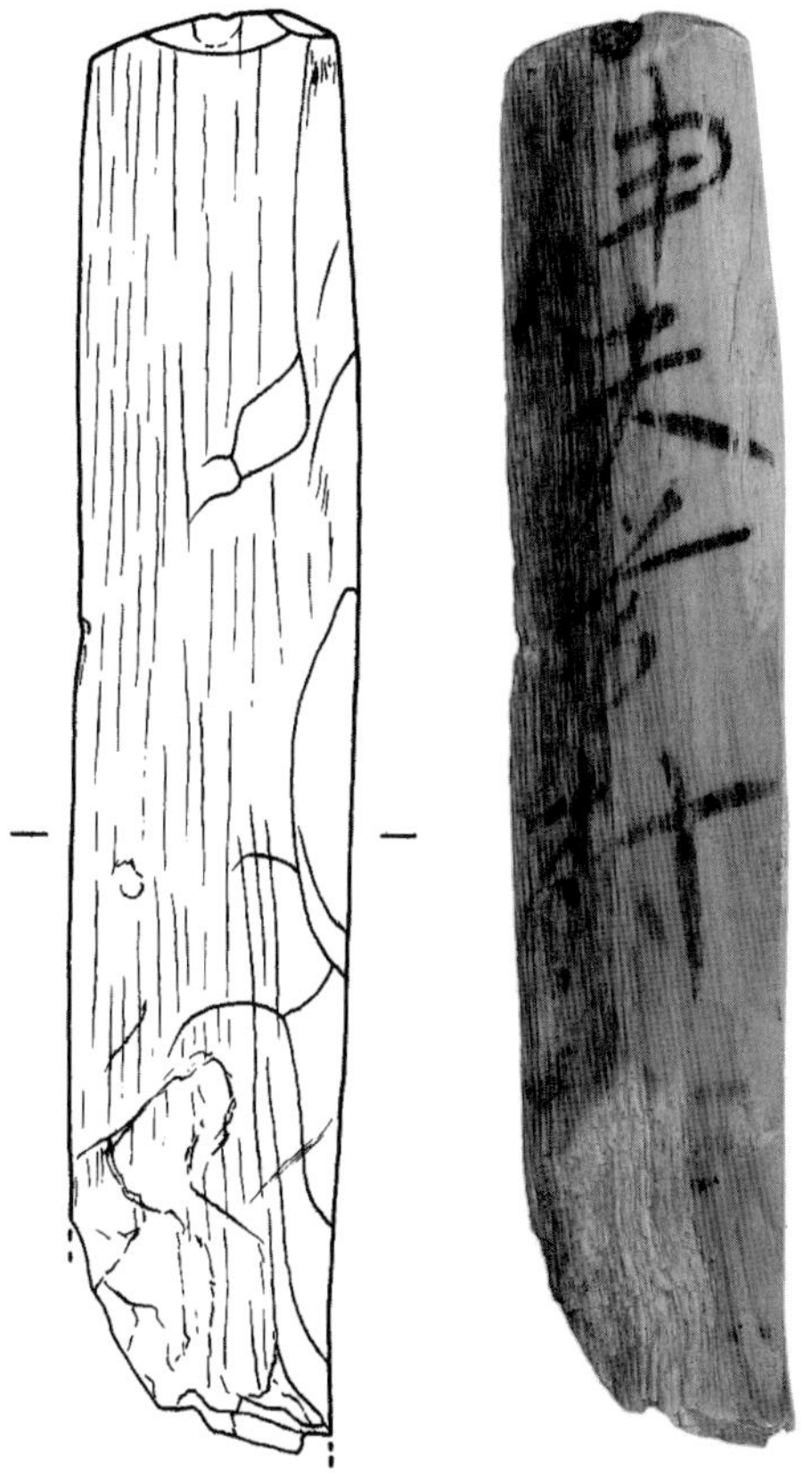

86号

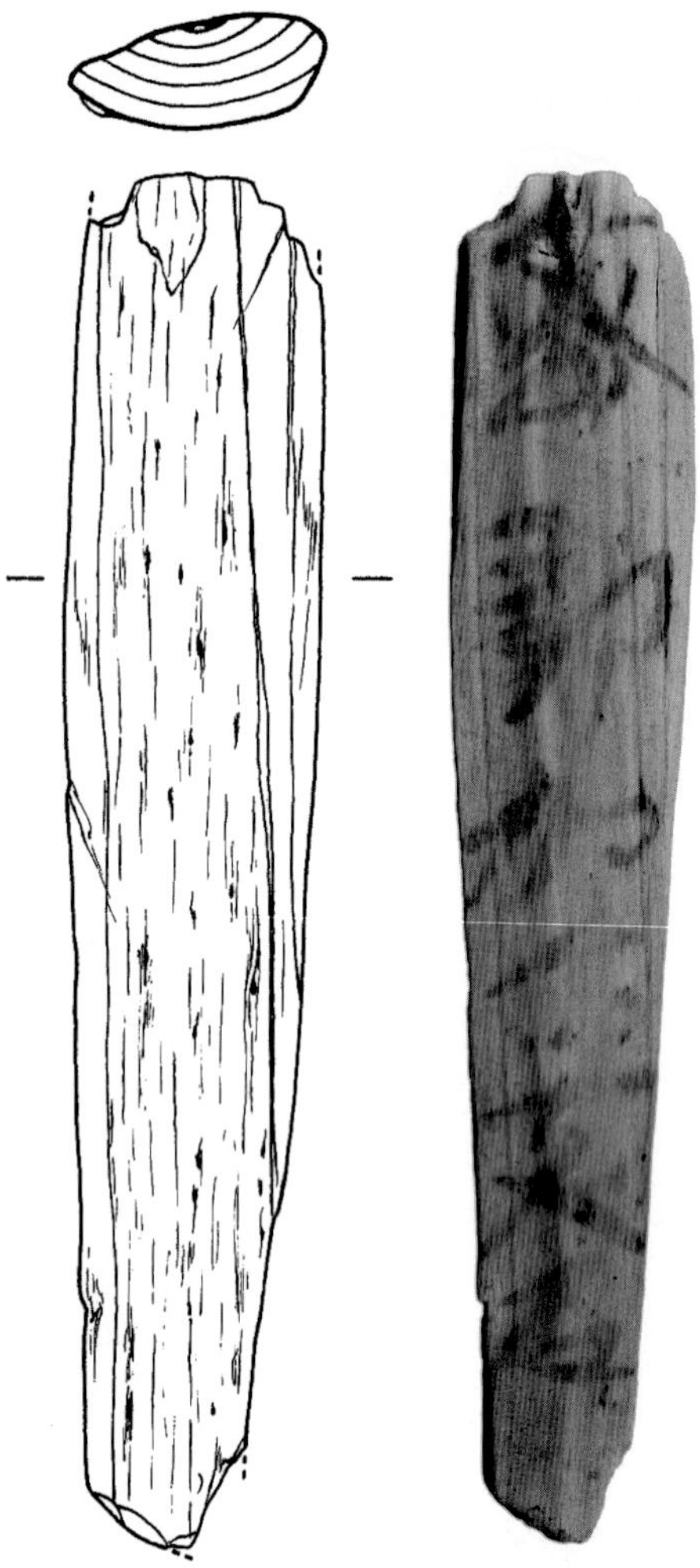

87号

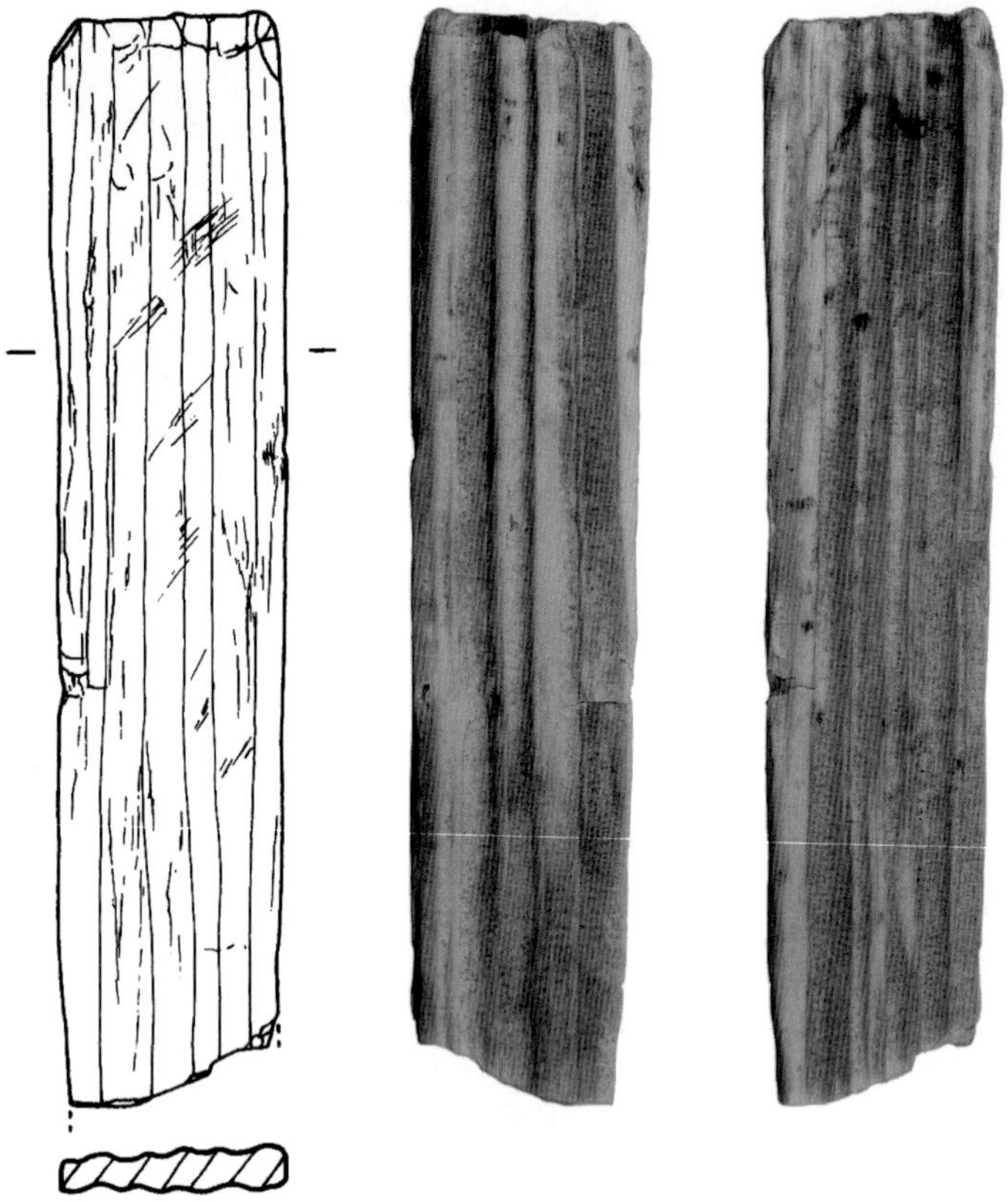

88号

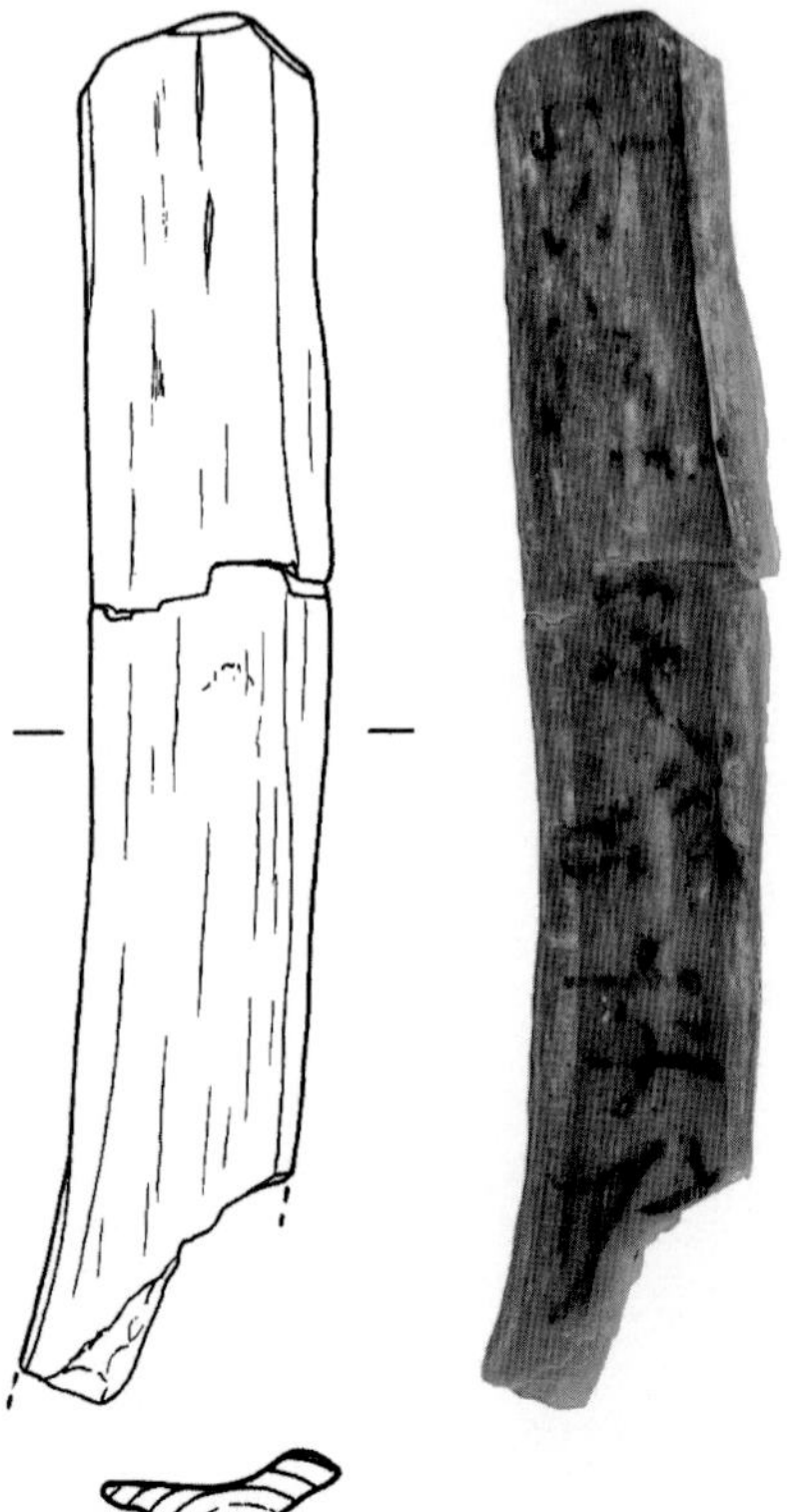

89号

(90号 → 61・75号と接合)

91 号

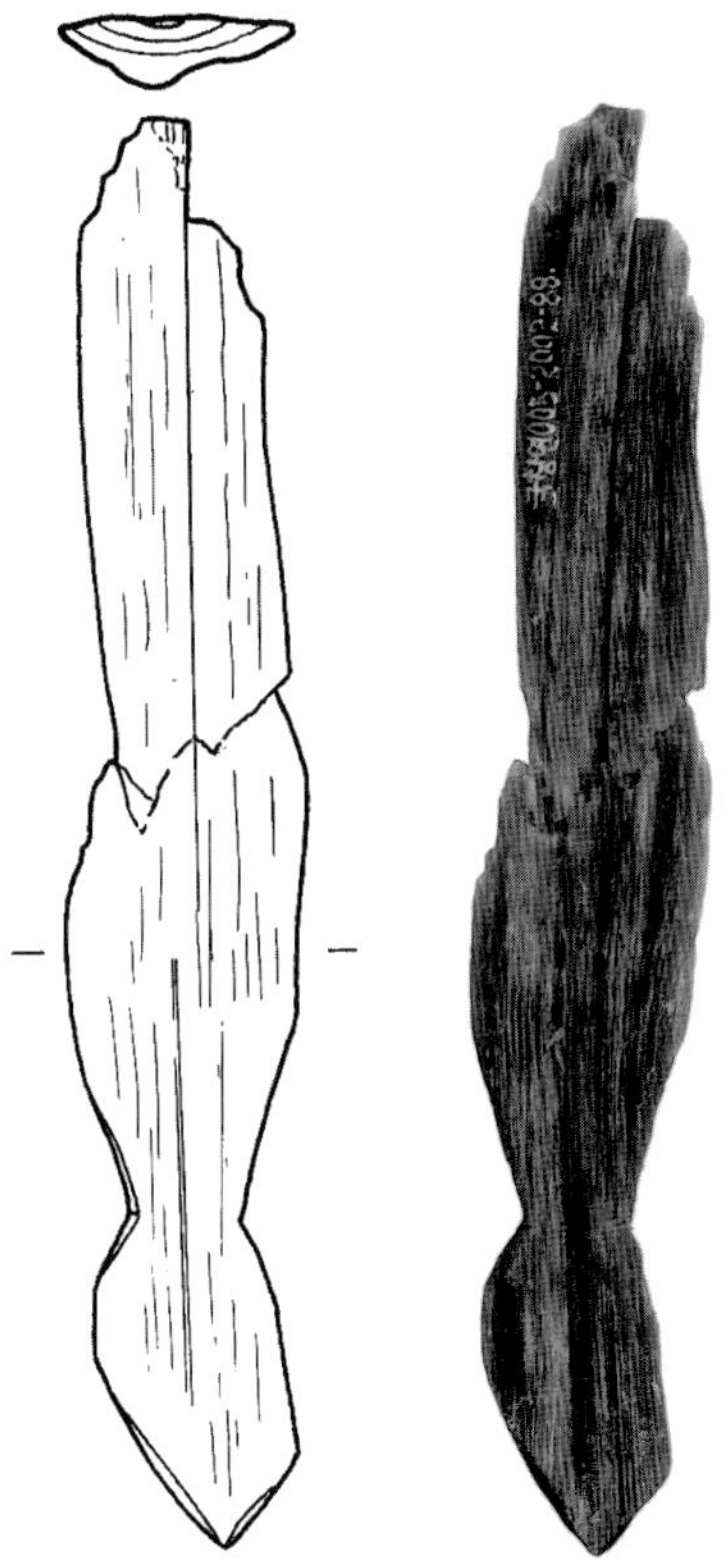

92 号

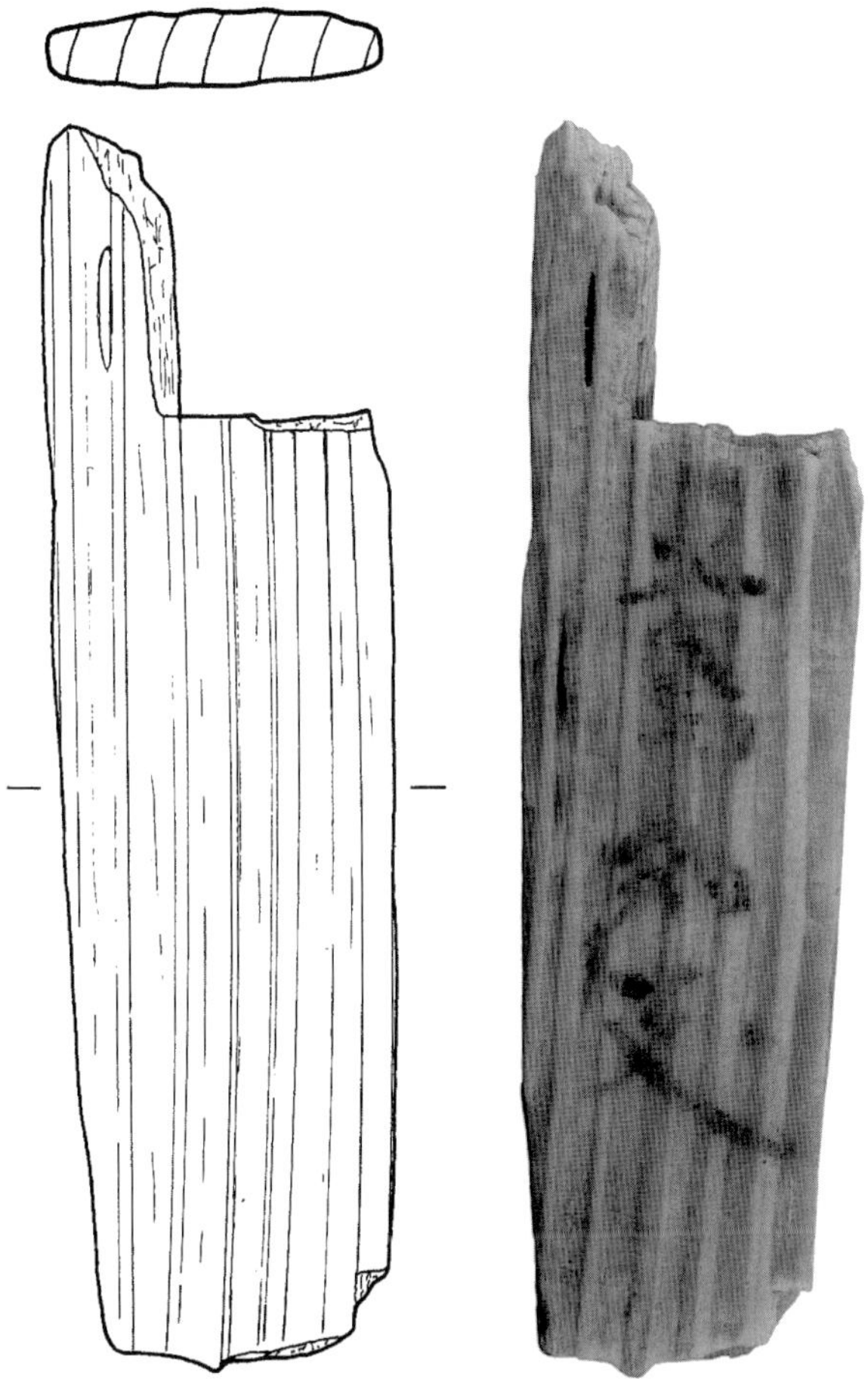

93 号

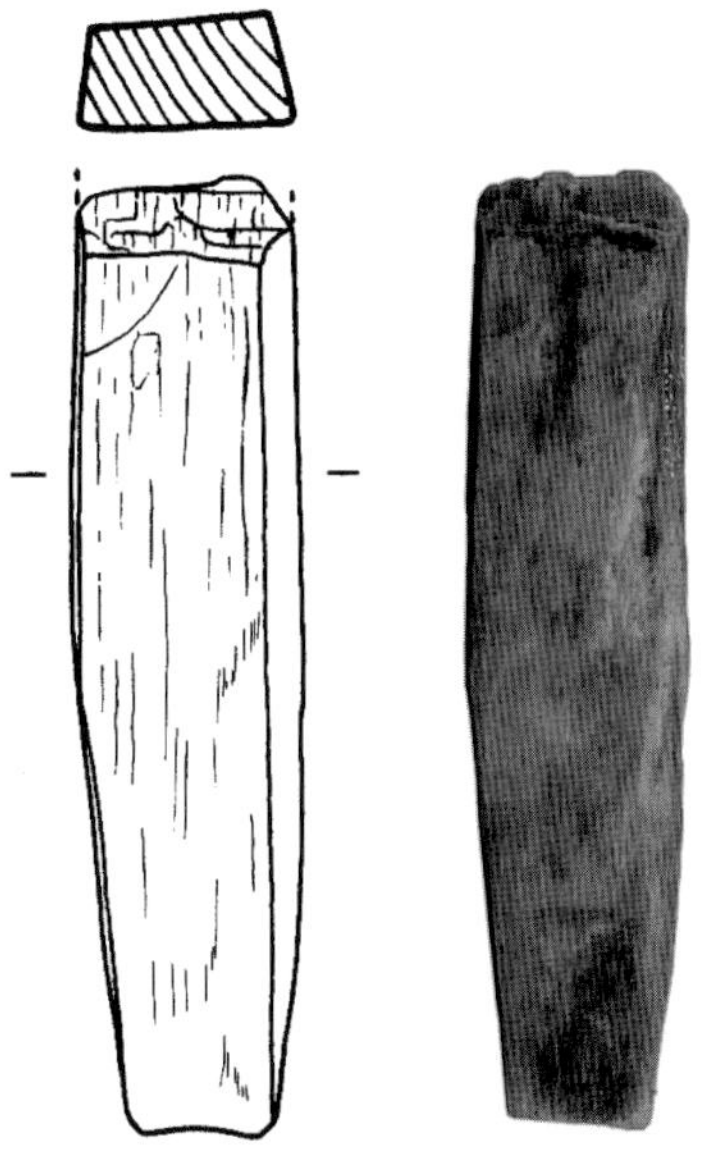

94 号

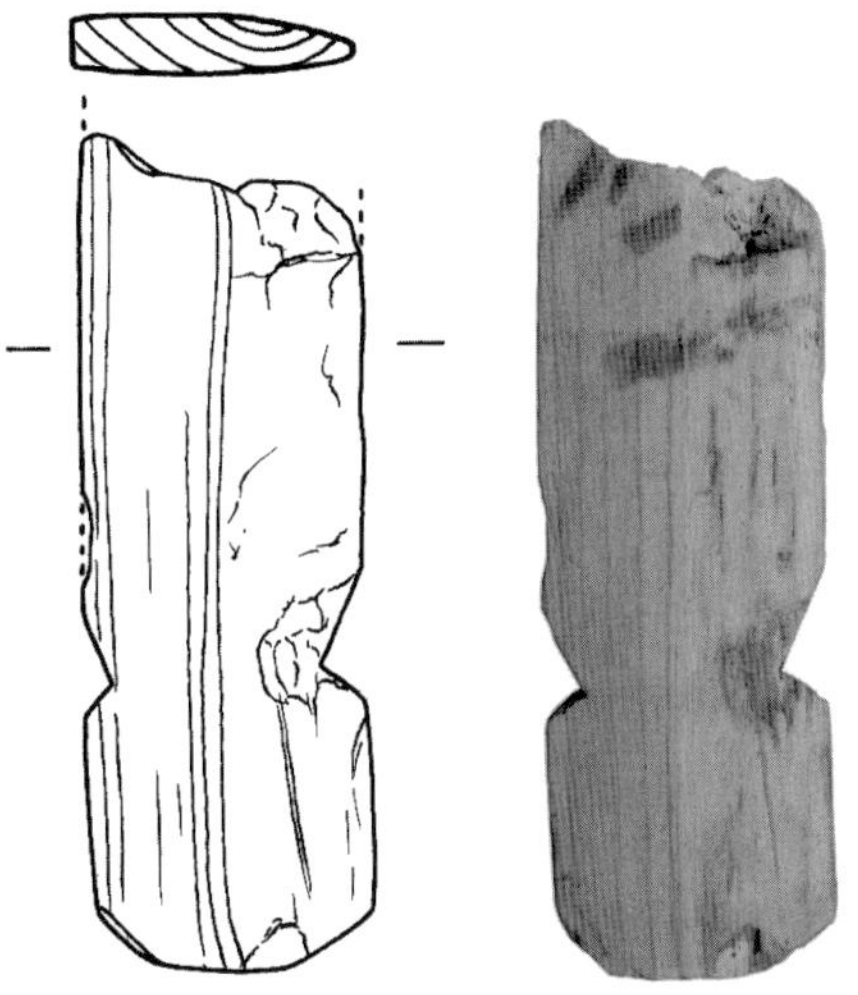

97号

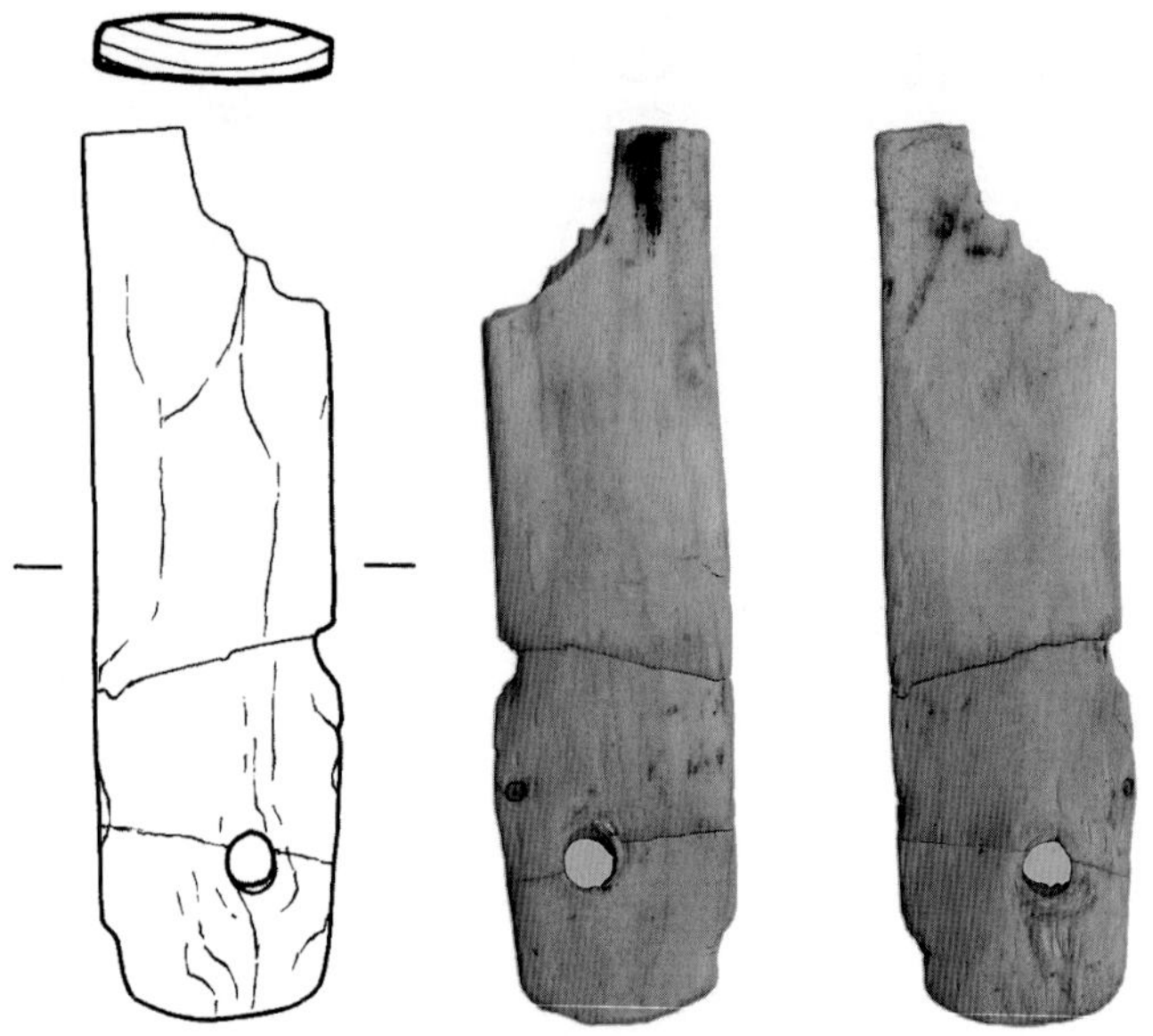

（95号 → 45号と接合）

96号

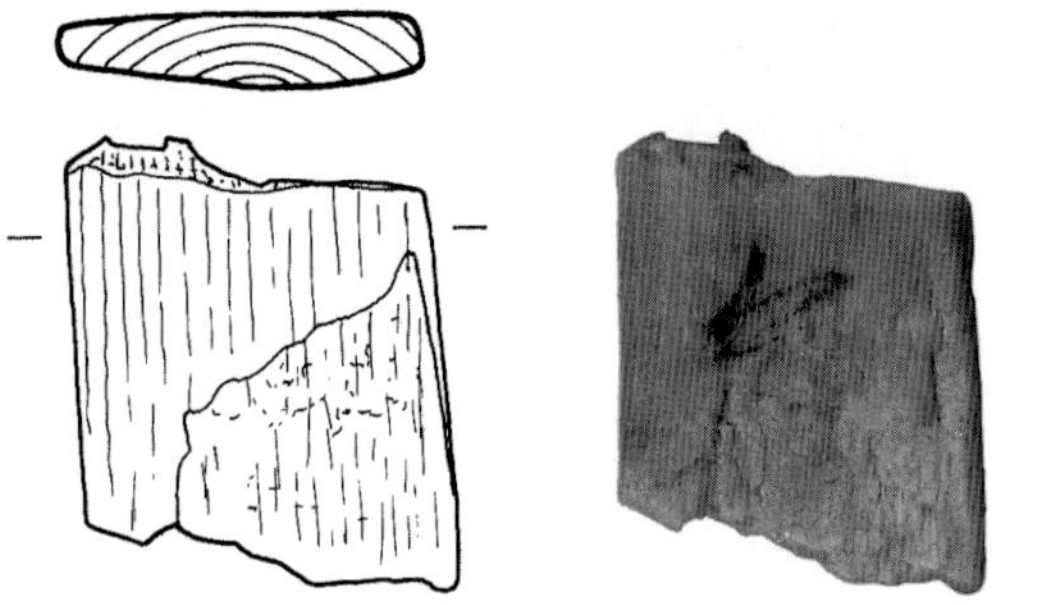

咸安・城山山城木簡

※一～二七号木簡（国立金海博物館蔵）は現物調査をおこなっておらず、コンテンツ株式会社が撮影したカラー写真と赤外線写真により検討した。二八号以降の木簡は、二〇〇六年八月二四～二五日と二〇〇七年九月六～七日の二度にわたり国立加耶文化財研究所において肉眼と赤外線カメラにより調査した。また、二〇〇七年二月五日、八月三日、二〇〇九年二月一九日に検討会を実施した。記載様式や内容等については、論考篇を参照されたい。

一号

・「仇利伐上彡者村

・「『乞利』

(237)×30×9　マツ

下端の切り込み部分で欠損。三四号の木簡と同じ形状と考えられる。

二号

・「甘文城下麦甘文本波王村　＜」

・「　新村 □利兮 負　＜」

197×20×6　マツ

三号

仇利伐上彡者村『波婁』

(236)×44×7　マツ

四号

「仇利伐　仇阤智一伐　尓利□支　＜」

228×38×9　マツ

五号

「仇利伐　□〔還カ〕徳知一伐 奴人 □×

(203)×31×6　マツ

六号

「王私烏多伊伐支□負支　＜」

200×28×6　マツ

七号

「仇伐干好女村卑尸稗一石○」

205×28×4　マツ

八号

「及伐城□刀巴稗　＜」

208×28×4　マツ

九号

「竹尸弥牟レ于支稗一　＜」

186×25×8　マツ

一〇号

「甘文本波□□〔村カ〕且利村伊竹伊

(227)×26×5　クリ

下端の切り込み部分で欠損。

一一号

「烏欣弥村卜兮稗一石　＜」

177×17×5　マツ

一二号

「上夢村居利支稗　＜」

175×16×5　マツ

一三号

「陳城巴兮支稗　＜」　159×22×7　マツ

一四号

「大村伊息智一伐　＜」　160×25×10　マツ

一五号

□家村□□□　＜」　(159)×18×9　マツ

一六号

×言斯只二石」　(179)×19×3　マツ

一七号

×□〔前カ〕谷村阿足只負　(167)×34×5　マツ

一八号

「呵蓋□□支稗　＜」　211×25×9　マツ

二〇〇七年出土木簡に「呵蓋」で記載のはじまるものが複数あることにより本木簡および五〇・五六号木簡の釈文を訂正した。なお呵は「口」の下に「可」の異体字である。

一九号

「□」　(160)×33×6　マツ

二〇号

・「古阤伊骨利阿那
・「仇酒支稗發

(126)×22×5　マツ

二〇〇六年に「・古阤伊骨村阿那・仇利酒支稗發」というほぼ同文の木簡が出土している。

二一号

・「屈仇□支村□□□
・「　　稗一石

(127)×26×5　マツ

二二号

「夷津支女那尓利知

(104)×20×4　マツ

二三号

×知上干支　＜」

(80)×25×5　マツ

二四号

×□尓□□　○」

(117)×36×5　マツ

二八号

・「古阤伊骨利村阿那奥智卜利古支○」
・「　稗發　　　　　　○」

240×25×7　マツ・板目

完形で、下端部に穿孔がある付札である。文字は孔を避けて記されている。文字面を平滑に調整し、裏面は断面がカマボコ形を呈する。裏面に枝の髄が確認される。

二九号

・「古阤新村智利知一尺那村」
・「豆兮利智稗一石　　　　」

209×19×8　マツ・板目

右下端部が一部欠損しているが、上端、下端とも原形をとどめている。オモテ面を平滑に調整している。右側面に枝の樹皮が残る。オモテ面に枝の髄が確認される。下端部右側面の裏側に、鼠の歯形と判断される痕跡が遺されている。

三〇号

・「夷津支阿那古刀羅只豆支　く」
・「　　稗　　　　　　　　　く」

187×22×10　マツ・板目

上端部を一部欠くが、上端、下端とも原形をとどめている。

三一号

・「古阤一古利村末那　く」
・「毛□〔羅カ〕次戸智稗一石　く」

212×29×5　マツ・板目

完形で、下端部に切り込みを入れた付札である。文字面は平滑に調整し、裏面は断面がカマボコ形を呈する。

三二号

・「上弗刀弥村　　く」
・「加万波□稗一石　く」

158×15×5　マツ・板目

完形で、下端部に切り込みを入れた付札である。両面を平滑に調整している。両側面に樹皮が残る。

三三号

「仇利伐　肪谷村　仇礼支　負　く」

293×35×7　マツ・板目

完形で、下端部に切り込みを入れた付札である。文字面を平滑に調整し、裏面は無調整である。裏面に枝の髄が確認される。

三四号

「仇利伐　上彡者村　波婁　く」

290×31×10　マツ・板目

完形で、下端部に切り込みを入れた付札である。文字面を平滑に調整し、裏面は断面がカマボコ形を呈する。表裏両面に枝の髄が確認される。三号木簡と同文である。

三五号

「内里知 奴人 居助支負　く」

276×33×6　マツ・板目

完形で、下端部に切り込みを入れた付札である。文字面を平滑に調整している。

三六号

「仇利伐　只即智奴　於非支負　く」

296×38×7　マツ・板目

完形で、下端部に切り込みを入れた付札である。文字面を平滑に調整するが、裏面は無調整である。

三七号

×内只次奴　須礼支負　∨」　（244）×35×8　マツ・板目

上端は欠損しているが、下端部は原形をとどめている。下端部に切り込みを入れた付札である。文字面は断面がカマボコ形を呈し、裏面は無調整である。裏面に枝の髄が確認される。

三八号

×比夕智奴
　尓先能支　負　（267）×47×7　マツ・板目

上下端欠損。文字面を平滑に調整するが、裏面は無調整である。

三九号

「鄒文比戸河村尓利牟利　∨」　172×24×5　マツ・柾目

完形で、下端部に切り込みを入れた付札である。文字面は平滑に調整するが、裏面は無調整である。

四〇号

「阿卜智村尓能及一　∨」　193×21×10　マツ・柾目

完形で、下端部に切り込みを入れた付札である。文字面を平滑に調整するが、裏面は無調整である。左右側面に樹皮が付着しており、枝の幅を利用して木簡に加工したことがわかる。

四一号

「陳城巳兮支稗　∨」　162×21×5　マツ・板目

完形で、下端部に切り込みを入れた付札である。文字面は無調整だが、裏面は平滑に調整している。また、文字面には枝の髄が確認される。本来は平滑な面に書くべき文字を、誤って未調整の面に書いたことを示すか。左右側面に樹皮が付着しており、枝の幅を利用して木簡に加工したことがわかる。一三号木簡と同文である。

四二号

「及伐城立□〔龍カ〕稗一石　∨」　181×26×7　マツ・板目

完形で、下端部に切り込みを入れた付札である。文字面を平滑に調整するが、裏面は断面がカマボコ形を呈する。右側面に樹皮が付着している。上端部の裏側に、鼠の歯形と判断される痕跡が遺されている。

四三号

「陽村文戸只　∨」　149×25×5　マツ・板目

完形で、下端部に切り込みを入れた付札である。上端部は、左右から刃を入れてから折っている。文字面は無調整だが、裏面は平滑に調整している。本来は平滑な面に書くべき文字を、誤って未調整の面に書いたことを示すか。左側面に樹皮が付着している。二〇〇六年出土木簡に「陽村文戸只稗」という記載のものがある。

四四号

「上夢村居利支稗　＜」　158 × 24 × 7　マツ・板目

上端部をやや欠くが、上端、下端とも原形をとどめている。文字面に小枝のつけ根が確認される。左側面に樹皮が付着している。裏面の上端部は、面が斜めに切り落とされ、調整されている。一二号木簡と同文である。

四五号（九五号と接続）

「夷津阿那休智稗　＜」　196 × 17 × 7　マツ・板目

完形で、下端部に切り込みが入る付札である。切り込みの部分に紐の痕跡が認められる。文字面を平滑に調整している。左右側面に樹皮が付着している。

四六号

「及□城鄒辶□支　＜」　161 × 22 × 3　ノグルミ・板目

上端、下端は原形をとどめているが、右側面の一部が欠損している。

四七号

「可初智□〔内カ〕須麥一石　＜」　192 × 16 × 6　マツ・板目

完形で、下端部に切り込みを入れた付札である。上端部は、文字面から刃を入れて折って成形している。文字面を平滑に調整している。左右側面に樹皮が付着している。

四八号

×□鐵十六　＜」　(160) × 28 × 13　マツ・板目

上端部は欠損しているが、下端部に切り込みを入れた付札である。上端部は、刃物により切断されている。文字面が平滑に調整されているが、裏面は未調整である。切り込み部分には、紐によると思われる圧痕が認められる。

四九号

「□〔三カ〕［（六～七字カ）］　＜」　196 × 29 × 8　クリ・板目

完形で、下端部に切り込みを入れた付札である。裏面の上端部は、面が斜めに切り落とされ、調整されている。裏面は平滑に調整されているが、文字面は粗く調整されている。

五〇号

「呵蓋□□支稗一石　＜」　155 × 17 × 7　マツ・板目

完形で、下端部に切り込みを入れた付札である。文字面は無調整だが、裏面は平滑に調整されている。左側面に樹皮が付着している。下端部の左側は、枝の丸みが残っている。

五一号

墨痕あり　203 × 31 × 13　ノグルミ

五二号

「仇伐阿那吉只稗一石」　(199)×27×5　マツ・柾目

上端は原形をとどめているが、下端部は欠損している。文字面を平滑に調整するが、裏面は無調整である。

五三号

「大村主舡夷」　181×25×6　モミ・板目

完形で、下端を尖らせている。文字面を平滑に調整しているが、裏面は一部無調整である。下端部の裏面は、面が斜めに切り落とされ、調整されている。下端部に虫損が残る。

五四号

「鄒文□□□村次□本一石」　193×21×4　マツ・板目

完形で、下端部を尖らせている。文字面を平滑に調整するが、裏面は無調整である。

五五号

「古陁□□□□〔村カ〕」　(153)×17×5　ヤナギ・板目

上端は原形をとどめているが、下端は欠損している。上端部は山形に成形されている。左右両側面に樹皮が付着している。裏面に枝の髄が確認される。

五六号

「呵蓋□〔行カ〕□〔尓カ〕□支稗　(164)×24×7　マツ・板目

上端は原形をとどめているが、下端は欠損している。下端部左側面に切り込みと思われる刃の跡があり、本来は下端に切り込みを持つ付札であった可能性がある。

五七号

「弘帝斐利　負」　278×17×6　マツ・板目

上、下端とも原形をとどめている。文字面を平滑に調整するが、裏面は無調整である。左右両側面に樹皮が付着している。上端部裏面は、面が斜めに切り落とされ、調整されている。

五八号

(文字なし)　184×25×9　ノグルミ

五九号

・「厄蜜□〔日カ〕智私　」
・「□〔勿カ〕利乃文茂支稗」　132×24×9　マツ・柾目

上、下端とも一部欠損しているが、原形をとどめている。両側面に樹皮が付着している。「勿」は「く」の付く異体字である。こうした異体字は迎日冷水碑等にも見られ、四三号木簡の「陽」も同様である。

六〇号

・「巴弥兮城下□×

・「巴弥兮村×

(87)×29×7　マツ・板目

上端は原形をとどめているが、下端は欠損している。オモテ面は平滑に調整されているが、裏面は粗く調整されている。

六一号（七五号、九〇号と接続）

・大節乇家□〔城カ〕夫鄒只□

・□〔書カ〕稗一石

(224)×27×3　マツ・柾目

上下端欠損。下端部は左右側面に斜めから刃物が入っており、もとは下端部に切り込みを持つ付札であったと考えられる。左右両側面に樹皮が付着する。

六二号（六六号と接続）

・「小□〔毛カ〕答支村　○」

・「□□妻稗一石　○」

147×19×7　マツ・板目

上端部は一部欠くが、ほぼ完形で、下端に穿孔のある付札である。オモテ面は平滑に調整するが、裏面は無調整である。下端部の孔は、裏面（無調整面）から加工が行われている。枝の曲がりに合わせて加工されている。

六三号

・×□〔尺カ〕叔予□〔戸カ〕支　＜」

・×鄒稗　＜」

(126)×15×4　ヤナギ・板目

上端部は欠損するが、下端は原形をとどめている。下端部に切り込みが入る付札である。

六四号

・「小伊伐支人□〔得カ〕×

・「□稗一石

(101)×20×6　マツ・板目

上端は原形をとどめるが下端部は欠損している。

六五号

・「甘文尓□×

・「阿□□×

(54)×(19)×6　マツ・板目

上端と右側面は原形をとどめるが、下端と左側面は欠損している。上端部オモテ面に、刃物を入れて（枝を縦に）割いた痕跡がみえる。

六六号（→六二号と接続）

六七号

・×加礼□×

・×刀稗

(35)×19×3　マツ・板目

上下端は欠損している。

六八号

居弥□〔尺カ只カ〕乙支

（127）×16×7　マツ・板目

上下端は欠損している。文字面は、断面がカマボコ形を呈する。左右両側面に樹皮が付着している。枝の樹皮をとり、表面を粗く調整して木簡に加工したものと思われる。

六九号

○
「千竹利

（83）×26×5　モミ・柾目

上端は原形をとどめるが、下端は欠損している。穿孔があり、裏面から穿たれている。

七〇号

「千竹利　∨」

97×27×5　モミ・板目

下端部を一部欠損するが、ほぼ完形である。下端部に切り込みが入る付札である。文字面を平滑に調整するが、裏面は無調整である。文字面の下端部は、面が斜めに切り落とされ、調整されている。六九号と同文である。

七一号

×利次稗一石　∨」

（72）×13×3　ヤナギ・板目

上端部は欠損するが、下端は原形をとどめている。下端部に切り込みが入る付札である。裏面には枝の髄が確認される。

七二号

×□一伐稗　∨」

（83）×16×5　マツ・板目

上端を欠損しているが、下端は原形をとどめている。下端部に切り込みが入る付札である。

七三号

×伐稗一石」

（115）×26×7　マツ・板目

上端は欠損しているが、下端は原形をとどめている。

七四号

「及伐城只智稗一石　∨」

145×21×6　マツ・板目

完形で、下端部に切り込みが入る付札である。文字面は平滑に調整しているが、裏面は無調整である。左右両側面に樹皮が付着している。裏面に枝の髄が確認される。

七五号（→六一号、九〇号と接続）

七六号

×未知居兮×

（79）×27×6　マツ・板目

上下端を欠損している。

七七号

須伐本波居須智」

（122）×18×9　マツ・板目

上端を欠損している。下端は原形をとどめている。下端部は、刃物を左右から入れて、折っている。裏面に枝の髄が確認される。

七八号

×□村登尓支　＜」

（145）×25×5　マツ・柾目

上端は欠損しているが、下端は原形をとどめている。

七九号

「伊伐支□利須稗　＜」

124×18×5　マツ・柾目

完形で、下端部に切り込みが入る付札である。上端部は左右から刃物を入れ、折っている。文字面は無調整。

八〇号

「及伐城□〔前カ〕伊稗一石　＜」

147×18×5　クリ・板目

完形で、下端部に切り込みが入る付札である。文字面を平滑に調整するが、裏面は無調整である。左右両側面に樹皮が付着している。

八一号

×伊伐支一石」

（71）×18×4　マツ・柾目

上端は欠損しているが、下端は原形をとどめている。

八二号

×智支　＜」

（74）×21×3　マツ・柾目

上端は欠損しているが、下端は原形をとどめている。文字面を平滑に調整しているが、裏面は無調整である。

八三号

「召□〔戸カ〕伐×

（89）×29×9　マツ・板目

上端は原形をとどめているが、下端は欠損している。

八四号

麻戸支」

（127）×35×9　マツ・板目

上端は欠損しているが、下端は原形をとどめている。文字面は断面がカマボコ状を呈するが、平滑に調整している。裏面は無調整。

八五号

「伊失兮村×

（107）×22×5　マツ・柾目

上端は原形をとどめているが、下端は欠損している。

八六号

密鄒加尓支一石」

（115）×22×8　マツ・板目

上端は欠損しているが、下端は原形をとどめている。左側面に樹皮が付着している。

八七号

□〔八カ〕×　(99)×22×4　マツ

八八号

「□□□〔道毛埆カ〕支□　(93)×17×4　ヤナギ・板目

上端部は原形をとどめているが、下端は欠損している。断面はV字形を呈しており、内側が文字面である。裏面には枝の髄が確認される。

八九号

×兮利沙□×　(55)×19×5　マツ・板目

上下端欠損。文字面を平滑に調整している。

九〇号（→六一号、七五号と接続）

九一号

墨痕あり　(96)×16×4　クリ

九二号

□〔兮カ〕知支　(110)×31×7　マツ・柾目

上下端欠損。

九三号

□［　］　(64)×16×8　ケヤキ

九四号

□〔稗カ〕一　＜」　(57)×20×4　マツ

九五号（→四五号に接続）

九六号

□　(31)×29×6　マツ

九七号

□〔戸カ〕　○」　(67)×19×4　マツ

論考篇

咸安城山山城木簡集中出土地の発掘調査成果
―発掘調査方法および遺跡の性格を中心に―

李晟準（呉吉煥 訳）

I．はじめに

咸安城山山城（史蹟第六七号）は韓国最大の木簡出土地であり、韓国内はもちろん日本でも注目されている遺跡である。ただ、国内最大の木簡出土地というタイトルは、非常に共時的な観点から見ているに過ぎない。考古学者として注目すべきことは、①なぜ木簡がこの遺跡から出土しているのか、②どのような過程を経て木簡関連遺跡が形成され廃棄されたか、③他の遺跡に比べて木簡出土の頻度が高いのは何故なのか、④そして、これらを明らかにするために、どのような考古学的方法論を通じて遺跡の発掘調査に接近するか、等々であろう。

よく知られているように、韓半島の古代史に関しては、これを直接的に反映している文字資料があまりにも不足している現実の中で、木簡の発見は考古学界と歴史学界のみならず、社会の多様な分野で注目されるに十分である。しかし、このような状況の中で社会的なスポットライトが木簡という遺物に集中すると、結局、学問的なポピュリズムに陥ってしまうのではないかとも憂慮される。遺跡を調査して研究する考古学者の立場からすると、木簡の出土が大きな意味を持っていることは確かであるが、一緒に出土している取るに足らない土器片や木器片、さらには動物の骨や植物の種などにも学問的な価値は十分ある。

このような意味から、層位学的調査に基盤を置いた遺跡の発掘調査とともに、生物学・土壌学などといった関連学問との体系的で効率的なコンソーシアムを構成しようとする試みは、地域学的な範囲を越えて、近年、世界の考古学の大きな流れである社会的なネットワークと景観の問題などに積極的に参加しうる契機になろう。

そこで本稿では、咸安城山山城における木簡集中出土地の形成を理解するため、層位学的調査をどのように実施したか、そして、これを通して明らかになった木簡集中出土地の機能と意味について説明しようと思う。それとともに今後の咸安城山山城の発掘調査にたいする学問的な解釈と理解に、どのような観点から接近すべきかについて大略的な見解を提示したい。

II．層位学的な調査方法

一．理論的背景

一七世紀イギリスの大主教であったJames Ussher（1581～1656）が、創世紀の記録に基づいてアダムとイブの創造が紀元前四〇〇四年一〇月二三日のことであったと宣言して以来、科学としての考古学の始まりにCharles Lyell（1797～1875）の『地質学原論（Principles of Geology）』（一八三三）とCharles Darwin（1809～1882）の『種の起源』（一八五九）という学史的な背景が大きい役割を果たしていたことは、あまりにもよく知られている事実である（Renfrew Bahn 2004、ソンチュンテク一九九七）。

特に、新地質学に代表されるLyellの「同一過程反復の法則（Uniformitarianism）」[1]と「共伴の法則（Law of Association）」[2]は、デンマークの考古学者Christian J. Thomsen（1788～1865）が樹立した仮説である「三時期法（Three-age System）」[3]を、一八四三年にJ.J.A.Worsaae（1821～1885）[4]が考古学的な層位発掘を通じて証明するための重要な理論的基礎となる。考古学の調査方法論において、この二つの法則の導入は、資料の時間的意味にたいする基準を確立したという側面から、考古学方法論の確立にもっとも大きい事件として評価されている（イソンボク一九八八）。

一七一〇年、イタリアのポンペイ遺跡の発見以後、地中に埋まっている「過去より残されたもの」にたいして多様な方法による接近が行なわれたが、初期の発掘調査は、ただ地中にある宝物または古物を掘り出すものに過ぎなかった。既に説明したように、一九世紀前半に登場した地質学的原理が導入されたことによって、初めて今日のような発掘調査の方法論が確立された。

考古学の発掘調査過程でもっとも重要なこととして考慮すべき事項は「この遺物がどこから出土したか」である。これを基本的で単純なことと思うかもしれないが、遺物の出土脈絡（context）は、結局、遺跡の時間性に直結する非常に重要な資料である。これを綿密に確認するために、層位発掘という概念が一九世紀前半に導入された。さらに、遺物の出土位置とその層序的関係を三次元的に再構成するために、二〇世紀前半 Sir Mortimer Wheeler（1890～1976）が格子法（box-grid）を考案し、現在は最新の測量技術とコンピューターを活用して多量の遺物の垂直的・平面的な出土位置を効果的に記録している（忠南大学校百済研究所二〇〇二・二〇〇七）。

二．層位学的の法則と Harris Matrix

では、層位学的調査方法が発掘調査過程でどのような意味を持っているのか、再度確認してみる必要がある。層位学的調査方法というのは、簡単に説明すると、我々が地面を掘り起こした際に土がどのように堆積しているかを基本的に確認するという概念である。では、なぜ土が堆積している様子を確認しなければならないのか。

これにたいする答えを提示する前に、Edward Harrisが『Principle of Archaeological Stratigraphy』（1979）で言及している考古学的層位学[5]の法則という概念を検討する必要がある（Harris 1989）。

① 地層累重の法則（Law of Superposition）

② 地層水平の法則（Law of Original Horizontality）

③ 地層連続の法則（Law of Original Continuity）

この法則によると、①土は垂直的に下から上に堆積し、②堆積の方向は以前堆積していた基盤と平行して進行し、③平面的には断絶せず連続的に堆積するということである。このような層位学的観点から遺跡の形成および関連する堆積の様子を総合的に検討すべきであるが、これに対する基準と方法は次のとおりである。

①用語の整理

ｉ．層位：個別的な堆積単位（土層）の垂直的位置[6]

ii．層序：定義された層位に基づいた堆積順序（層位の継起性）

②層位学的研究調査方法

ｉ．層位学の三つの法則に基づいて遺跡の全般的な堆積の様子を理解

ii．個別的な堆積単位（土層）の区分のために堆積因子の方向・種類・性質などを優先的に考慮[7]

iii．個別的な堆積単位を把握した後、機能的堆積単位を選定

iv．機能的堆積単位に基づいた遺跡の形成および後堆積過程解釈

以上のような基準と方法で各々の堆積単位が区分されたならば、堆積の時間性とともに遺跡の形成および後堆積過程での役割または機能を検討しなければならない。これを合理的に扱いうる方法論こそ、Harris Matrix[8]である。この興味深い方法は、層序（層位の継起性）を記録する三つのシステムを採用しているが、具体的には図一のとおりである。下の部分は実際に堆積した現象にたいする模式図で、上の部分はこれをMatrixで表現する方法である。

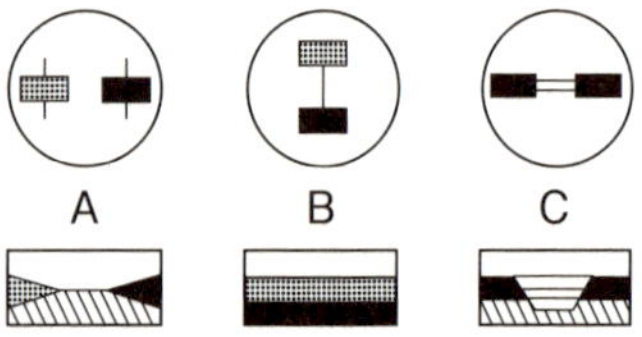

図一　Harris Matrix で層位を記録する三つのシステム（Harris 一九八九）

これによりハリスが提示したHarris Matrix作成モデルが図二である。

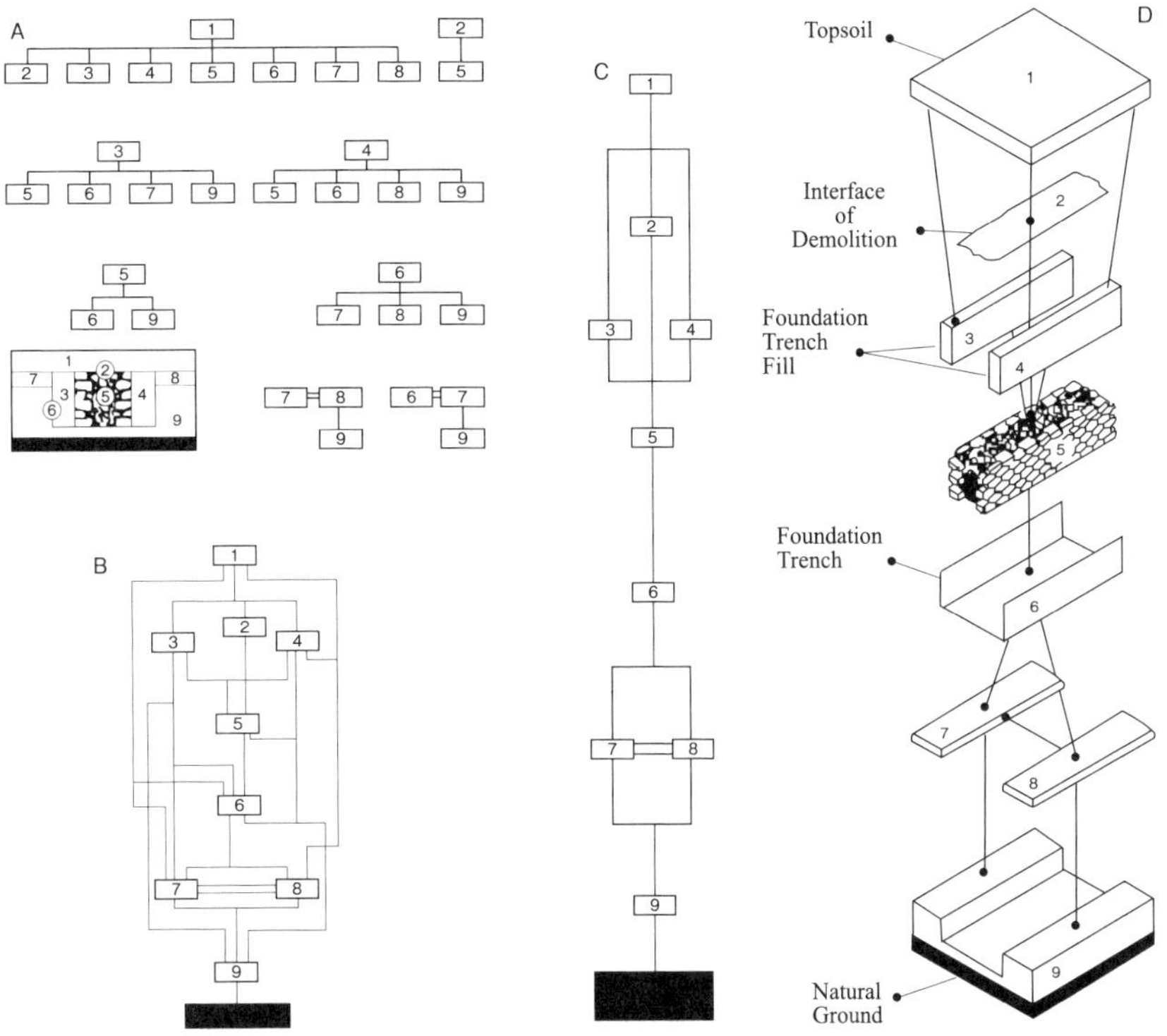

図二　Harris Matrix 作成法

（A）で左下の部分に提示されたのが堆積の様子にたいする模式図である。①黒色層の上に九番の層が堆積していて、②九番層の上に七番層と八番層が堆積していたが、後代の物理的作用によって層位的にはつながらず、互いの先後関係も把握できない。③七番と八番層の断絶部内部には、六番層が底または堆積の基盤土層として形成されていて、五番と定義された施設物の左右に三番と四番層が堆積している。④この施設物の廃棄後、二番層が上部に堆積して、⑤最後に一番層が全体を覆っている。

理解を助けるために筆者が全般的な層序に対する結論をあらかじめ提示したが、（A）のように初めは層序にたいする個別のMatrixを作成することになる。（B）は（A）で作成された個別的な層序関係を垂直的に連結したもので、（C）は全体的な層序関係を層位的連続性（Law of Stratigraphical Succession）に基づいて最終的に整理したものである。このようなHarris Matrixの作成方法を視覚的に単純化させるための補完とともに、層序関係から把握できる機能的堆積単位の表現方法などについて、筆者はすでに他の論文において代案を提示したことがある（李晟準二〇〇四）。

以上、ハリスが提示した考古学的層位学の法則とともに、層位と層序の概念、個別堆積単位を区分する方法、そして層位的継起性を表現するHarris Matrixの概念と事例などを概略的に検討してみた。では、再び初めに投げかけた質問にもどり、なぜ「土が堆積している様子」を発掘調査過程で確認しなければならないのかについて言及したい。

地層累重の法則によると、下に堆積した土は、上に堆積した土より先に形成されたものである。これを簡単に「下古上新の法則」ともいう。今日では一般人でも知っている常識になっているが、同一過程反復の法則に基づいた新地質学が初めて登場した一九世紀前半においても大きな反響を呼び起こすに十分であった知識である。この法則を考古学的に活用してみると、「下の堆積単位から出土した遺物が、上から出土した遺物より早い」と定義することができる。ところで、必ず考慮すべきことは、遺物のどのような性格が早いのかということである。時期的に明確な関係、例えば新石器時代の文化層と朝鮮時代の文化層が明確な垂直的上下関係で確認されたならば、下にある新石器時代の文化層から出土した遺物が、上の朝鮮時代文化層から出土した遺物より製作・活用された時点自体が早かったといえる。しかし、仮に我々が五五〇年から五六〇年までに形成された各々の堆積単位を同一地域で確認した場合には、五四〇年に製作された遺物が、五五〇年に製作された遺物より層序的に遅い堆積単位に存在し得るのである。

結局、地層累層の法則を通して、考古学者は遺物の製作および活用時点にたいする継起性を理解できるというよりは、堆積時点の差異を認識し得るのである。換言すれば、下層の堆積単位から出土した遺物は、上層から出土した遺物より先に地中に堆積したことを意味する。したがって、遅く製作され使用された遺物が層序的に下側から出土したとしても、断層や褶曲などによって地層自体が逆転していないかぎり、何の問題にならない。

このような概念から共伴の法則をみてみると、より容易に理解できる。同一の堆積単位から出土した遺物を分類する場合、もっとも遅い時期の遺物が、該当する堆積単位の形成と直接的に関連する。例えば、単一の堆積単位から青銅器時代・三国時代・高麗時代の遺物が一緒に出土したら、一次的に地層累重の法則に基づいてこれら遺物が同じ時期に堆積したもので、これら遺物のうち高麗時代の遺物がもっとも遅い時期に製作され使用されたものであるから、当該堆積単位の形成時点は高麗時代であったといえる。つまり、共伴の法則に基づき、同じ堆積単位から出土したすべての遺物は、その堆積単位が形成されるときに一緒に堆積したものであり、その遺物のなかでもっとも遅い時期の遺物を基準に堆積単位の形成時点を推測することができる。

もちろん伝来品など、遺物の性格を必ず考慮すべきであろう。しかし、同一過程反復の法則によって、地球が存在しているかぎり考古学的層位学の観点からは不変の法則であることは明らかである。したがって、明確な層位学的調査方法を通じて発掘調査を実施することが、遺跡の形成と後堆積過程はもちろん、遺物の堆積継起性と遺跡における意味などを科学的に理解するための基礎となる。

三　咸安城山山城木簡集中出土地に活用された層位学的調査方法

基本的に、先に言及したように層位学の法則を土台にしたHarris Matrixの作成、そして堆積単位の理解にたいする機能主義的接近を実施した。これとともに遺物の正確な出土脈絡を記録するため、GPSおよびtotal stationに基づいた測量システムとCADを用いた記録システムを活用した。

木簡集中出土地にたいする発掘調査が全面的に行なわれていなかったため、東城壁の内部と先行護岸石築の間、約一〇×一〇メートルの範囲にたいする全般的な状況把握を試みた。また、これまでに調査が完了している木簡集中出土地の北側付近を中心に一〇×五メートルの範囲を下降調査した。木簡集中出土地と直接的に関連のある土層は全四八層であり、多量の植物有機物を含む堆積単位と、粘土を含む堆積単位とに大きく区分することができる。木簡が出土する層は、すべて植物有機物を多量に包含している暗褐色または黒褐色層に限定される。

木簡集中出土地の北側では、植物有機物を多量に含んでいる層と、その上部の粘土層、城壁の築造および活用当時の旧地表面、城壁崩壊後の堆積の様相などを総合的に確認することができた。植物有機物の包含層は、内部構成物の堆積方向および種類などを比較的明確に確認できる条件を備えている。したがって個別的な堆積単位を区分する基準として、堆積因子の堆積方向、種類、部分的に確認される粘土の分布などを活用した。

これを土台として木簡集中出土地の層位にたいする個別的なHarris Matrixを作成し（図三）、これを総合して全般的な堆積の様相を確認することができた（図四）。また個別的な堆積単位が遺跡の形成と後堆積過程においてどのような役割を果たしたかについても類推することができた（図五）。まず個別的なHarris Matrixの作成以前に、互いに位置が異なる土層の壁面で同一の堆積単位を把握して層位連結を試みた。もしこの作業を実施しなければ、層位の継起性に基づく総合的なMatrix作成は不可能になる。

そして、それとともに遺物の出土脈絡にたいする資料を構築するために、遺物の出土位置および該当層位などを記録してデータベース化したが、total stationとCAD[9]で作成したUTM座標をBessel経緯度座標に変換した。遺物の出土脈絡と事後処理にたいする記録の事例は図六のとおりである。

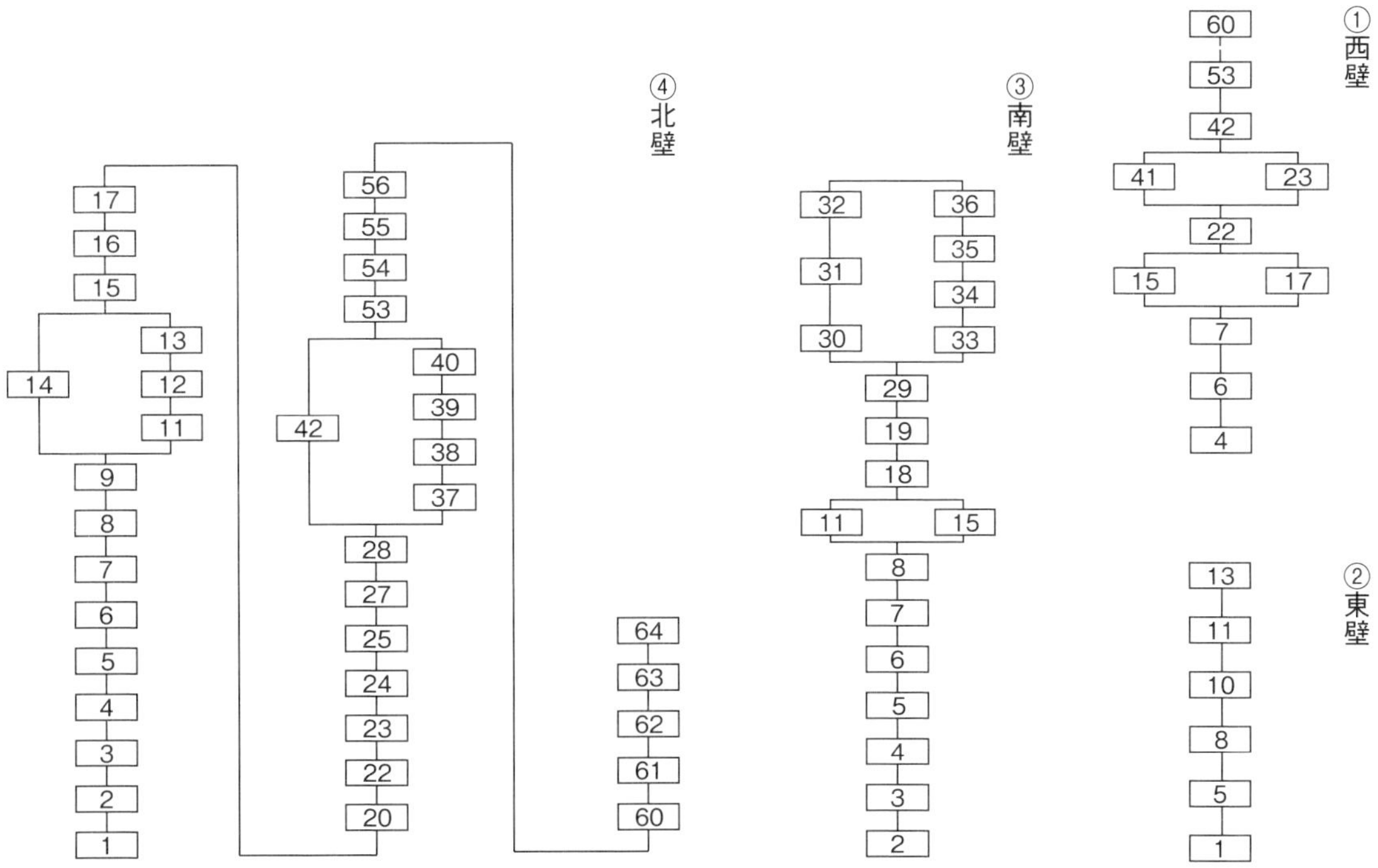

図三　木簡集中出土地関連の位置別堆積単位にたいする Harris Matrix

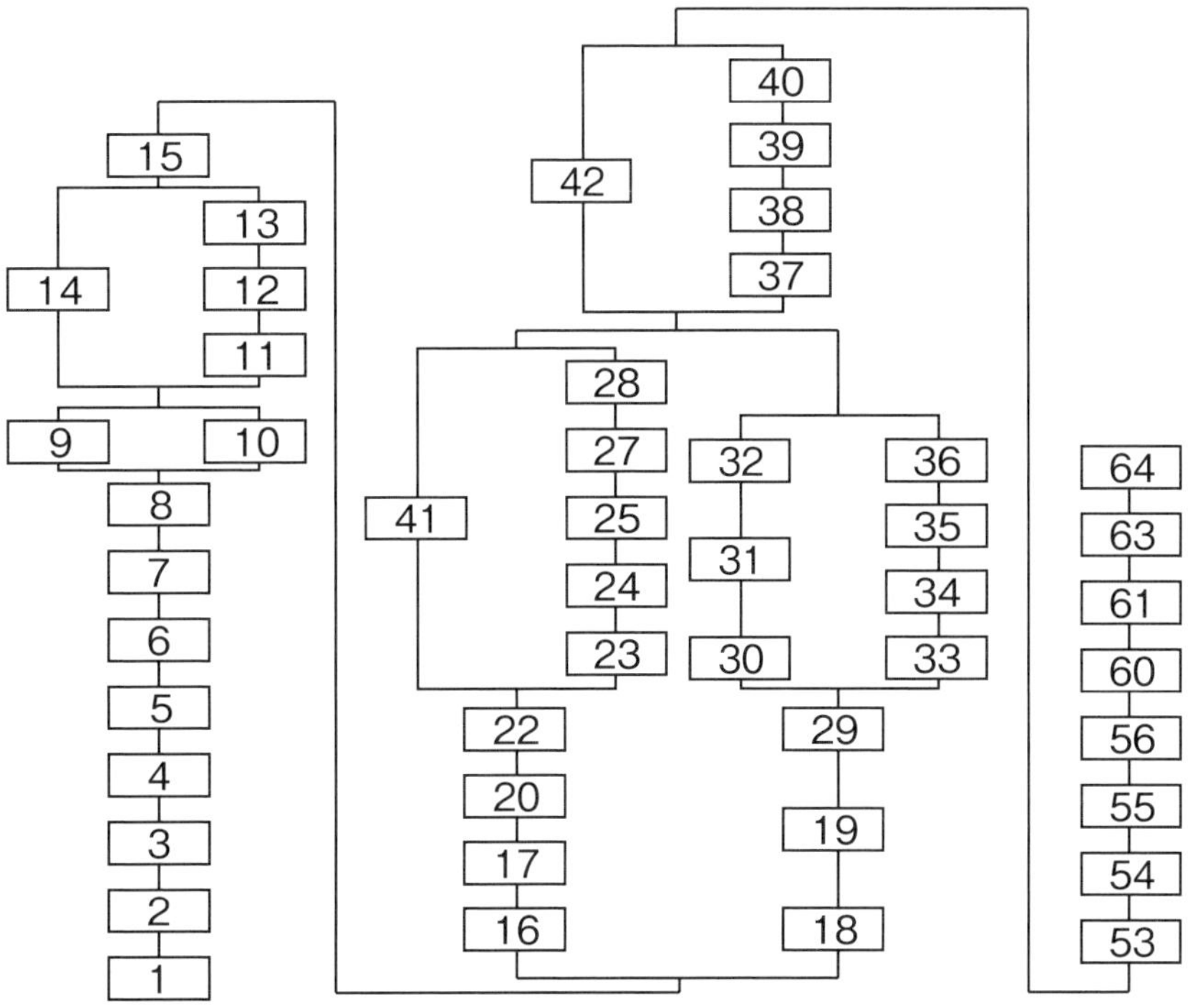

図四　木簡集中出土地全般にたいする堆積単位の Harris Matrix

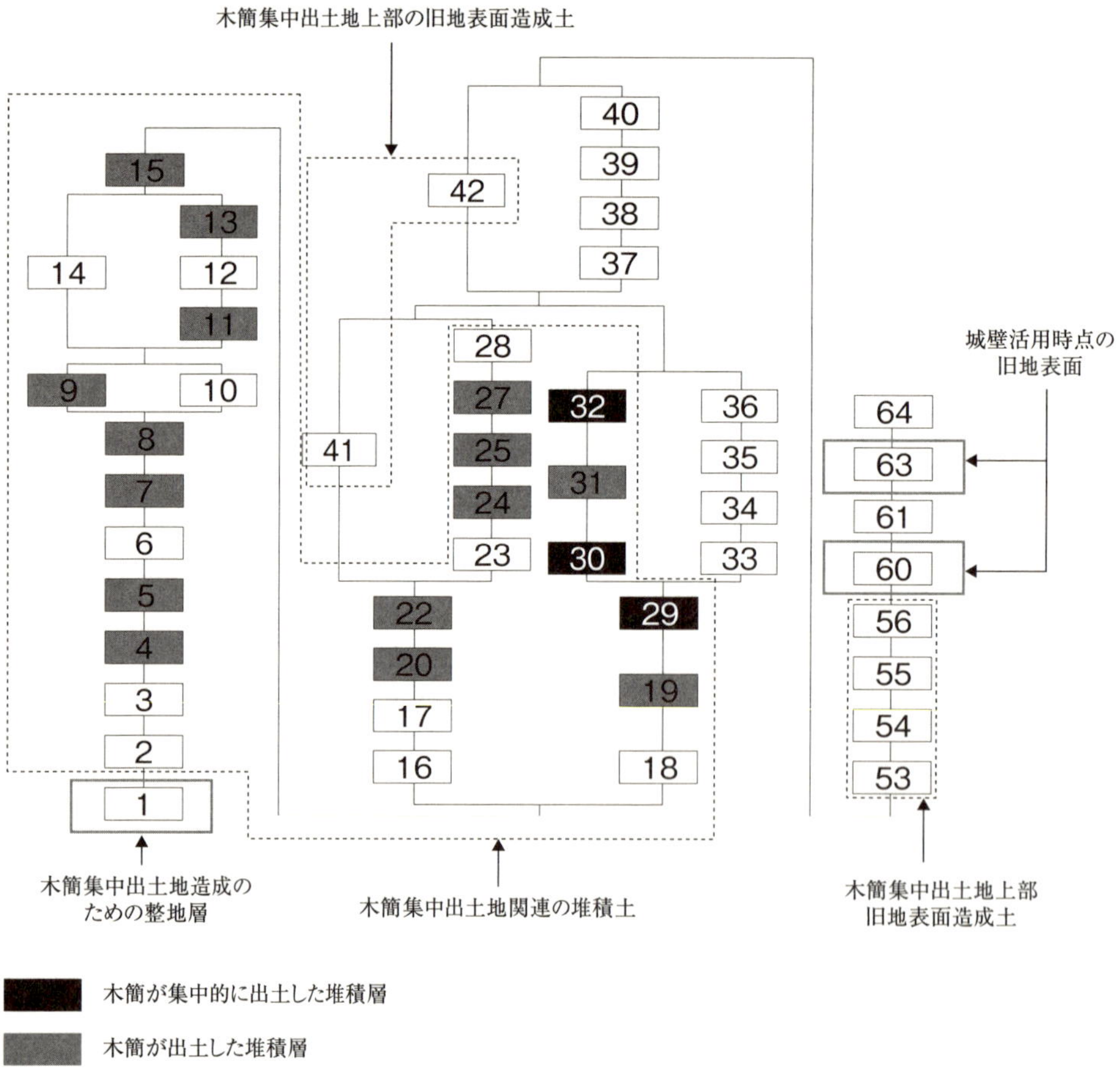

図五　木簡集中出土地関連の堆積単位の機能と様相を追加的に表現したHarris Matrix

NO.	유물번호	유물명	수량(점)	출토일	반입일	˙처리전 제원 (cm)	처리상태	기타	출토위치			
									위도（도분초）	경도（도분초）	해발고도	층위
1	W2	목간	1	06.10.26	06.10.26	19.1*2.5*1.3, 56g	E-al 5% 탈수	상부파손 목서없음	35°15'13.41416592"	128°24'57.44144448"".	100.098	31
2	W23	목간	1	06.12.08	06.12.11	8.4*2.0*0.4	E-al 5% 탈수		35°15'13.50772776"	128°24'57.34155168"	99.828	31
3	T5	방망이	1	06.10.24	06.10.26	16.7*3.5*1.1, 55g			35°15'13.49048664"	128°24'57.40010856"	99.913	31
4	T3	이형목제편	1	06.10.24	06.10.26	16.8*4.7*1.2, 48g			35°15'13.50850032"	128°24'57.3537312"	99.914	31
5	W24	목간	1	06.12.11	06.12.12	32.6*3.2*0.5	E-al 5% 탈수		35°15'13.50346032"	128°24'57.34486584"	99.693	30
6	W25	목간	1	06.12.11	06.12.12	23.8*4.1*0.8	E-al 5% 탈수		35°15'13.50997812"	128°24'57.35059524"	99.693	30
7	W26	목간	1	06.12.11	06.12.12	7.5*2.1*0.5	E-al 5% 탈수		35°15'13.52367036"	128°24'57.45774996"	99.417	30
8	W27	목간	1	06.12.11	06.12.12	18.5*4.0*0.7	E-al 5% 탈수		35°15'13.50701964"	128°24'57.35623428"	99.691	30
9	W37	목간	1	06.12.11	06.12.12	8.7*2.0*0.5	E-al 5% 탈수	T304 번으로 반입	35°15'13.51362024"	128°24'57.37232808"	99.609	30
10	T306	방망이류	1	06.12.11	06.12.12	27.1*6.0*4.2 287g	E-al 60% 탈수		35°15'13.52668068"	128°24'57.46959684"	99.347	30
11	T309	결구목제	1	06.12.11	06.12.12	24.8*6.0*1.9 202g	E-al 60% 탈수		35°15'13.51202076"	128°24'57.29641992"	99.68	30
12	T305	송곳류	1	06.12.11	06.12.12	22.9*1.7*0.8 22g	C-al 처리완료		35°15'13.52878524"	128°24'57.47531832"	99.283	30
13	T310	목간형	1	06.12.12	06.12.13	11.0*1.7*0.4 6g	C-al 처리완료	적외선촬영요	35°15'13.50595944"	128°24'57.32482968"	99.729	30
14	W1	목간	1	06.10.24	06.10.26	25.1*2.7*0.4, 35g	E-al 5% 탈수	완형 양면목서	35°15'13.45594392"	128°24'57.30299388"	99.978	29
15	T6	방망이	1	06.10.24	06.10.26	23.5*3.8*3.8, 168g			35°15'13.49171208"	128°24'57.30435936"	99.874	29
16	T317	방망이	1	06.12.12	06.12.13	181g	E-al 60% 탈수		35°15'13.5118746"	128°24'57.3602742"	99.455	29
17	T319	방망이	1	06.12.12	06.12.13	11.8*4.7*2.3 92g	E-al 60% 탈수	병부결실	35°15'13.50570744"	128°24'57.36672756"	99.469	29
18	T320	방망이	1	06.12.12	06.12.13	16.7*4.7*1.5 56g	E-al 60% 탈수		35°15'13.50854676"	128°24'57.30954012"	99.457	29
19	T314	봉형목제	1	06.12.12	06.12.13	8.8*2.9*2.4 43g	E-al 60% 탈수		35°15'13.5109242"	128°24'57.38524488"	99.412	29
20	T316	봉형목제	1	06.12.12	06.12.13	21.0*2.2*2.0 66g	C-al 처리완료		35°15'13.50837828"	128°24'57.38894244"	99.416	29
21	T329	방망이	1	06.12.14	06.12.14	23.0*6.0*3.5 218g			35°15'13.51072152"	128°24'57.34327104"	99.435	28
22	T333	방망이	1	06.12.14	06.12.14	29.0*7.8*5.5 438g			35°15'13.5099702"	128°24'57.55070016"	98.43	28
23	T330	조두형	1	06.12.14	06.12.14	17.0*2.3*1.7 54g		완형	35°15'13.5045648"	128°24'57.29809572"	99.411	28

図六　木簡集中出土地出土遺物にたいするDB作業事例

郵便はがき

料金受取人払郵便

麹町支店承認

8246

差出人有効期間
平成21年12月
09日まで

1028790

108

東京都千代田区富士見
二―六―九

株式会社 雄山閣
愛読者カード係 行

■ご購読ありがとうございました。　是非ご意見をお聞かせください。

――ご購入の書名をご記入下さい。――

書名

本書のご感想および小社の刊行物についてご意見をお聞かせください。

雄山閣購読申込書

◇お近くの書店にご注文下さい。

書　名	冊 数
	冊
	冊

ご指定書店名	取次店・番線印	（この欄は小社で記入致します。）

◇お近くに書店がない場合は、このはがきを小社刊行図書のご注文にご利用下さい。
郵便振込み用紙を同封させていただきます。
その際、送料380円ご負担となりますので、ご了承下さい。

ふりがな お名前		性別		生年月日 年　月　日
ご住所	〒 お電話番号　（　）			
ご職業 勤務先		所属研究 団体名		

■アンケートにご協力下さい。

○本書をどこでご購入されましたか？
1.書店 2.生協 3.古本屋 5.インターネット 7.弊社直接販売 8.その他（　）

○本書を何でお知りになりましたか？（複数回答可）
1.書店でみて 2.新聞・雑誌（　）の広告で 3.人にすすめられて
4.書評・紹介記事をみて 5.図書目録（内容見本等）をみて 6.その他（　）

○本書への感想をお聞かせ下さい。
内容1.満足 2.普通 3.不満（理由　）
分量1.満足 2.普通 3.不満（理由　）
価格1.満足 2.普通 3.不満（理由　）

○弊社図書目録を希望しますか？ ○新刊案内等の発送を希望しますか？
1.はい 2.いいえ　1.はい 2.いいえ

■ご記入いただきました個人情報は、弊社からの各種ご案内（刊行物の案内等）以外の目的には利用いたしません。

遺物はその性格によって木簡（W）、木製品（T）、植物有機体（H）、動物有機体（C）、土器（P）などに区分し、英文イニシャルの次の数字は出土した順序を意味する。出土日とともに実験室に搬入した日時、そして保存処理などの事後処理以前の法量と重量も表示した。また、保存処理が進行中または完了した遺物については、具体的な処理方法とともに出土時の特記事項も記録した。出土位置にたいする緯度・経度座標および海抜高度、そして該当層位を記録して、将来的に層位別出土遺物の様相を総合的に検討できるようにした。それとともにすべての遺物の出土状況もデジタル写真で記録して保存しており、今後の報告書刊行の際には「出土状況—保存処理および復元以前の状況—最終的状況」の順序で資料を提供する予定である。

このような作業を通じて、咸安城山山城の二〇〇六年と二〇〇七年の発掘調査で出土した木簡の出土脈絡を客観的に確認することができた。植物有機物が多量に含まれている二九層のうち木簡が出土した層は一八層で、全体堆積単位の六二％を占めている。この一八層の約一七％に該当する二九・三〇・三二番の三層から全体出土木簡九七点（二〇〇七年一一月七日現在）の五九％に当たる五八点が出土したことが分かる。

一九九一年から二〇〇五年までの計一〇回にわたる調査で出土した約一二〇余点の木簡の正確な出土脈絡について現在では確認することが難しいが、二〇〇六〜〇七年の調査結果に基づいて推定すると、木簡集中出土地の上部に形成された堆積単位から出土した可能性がかなり高い。したがって現在の二九・三〇・三二番の三層を中心に出土比率が顕著に増加しうると推測できる。

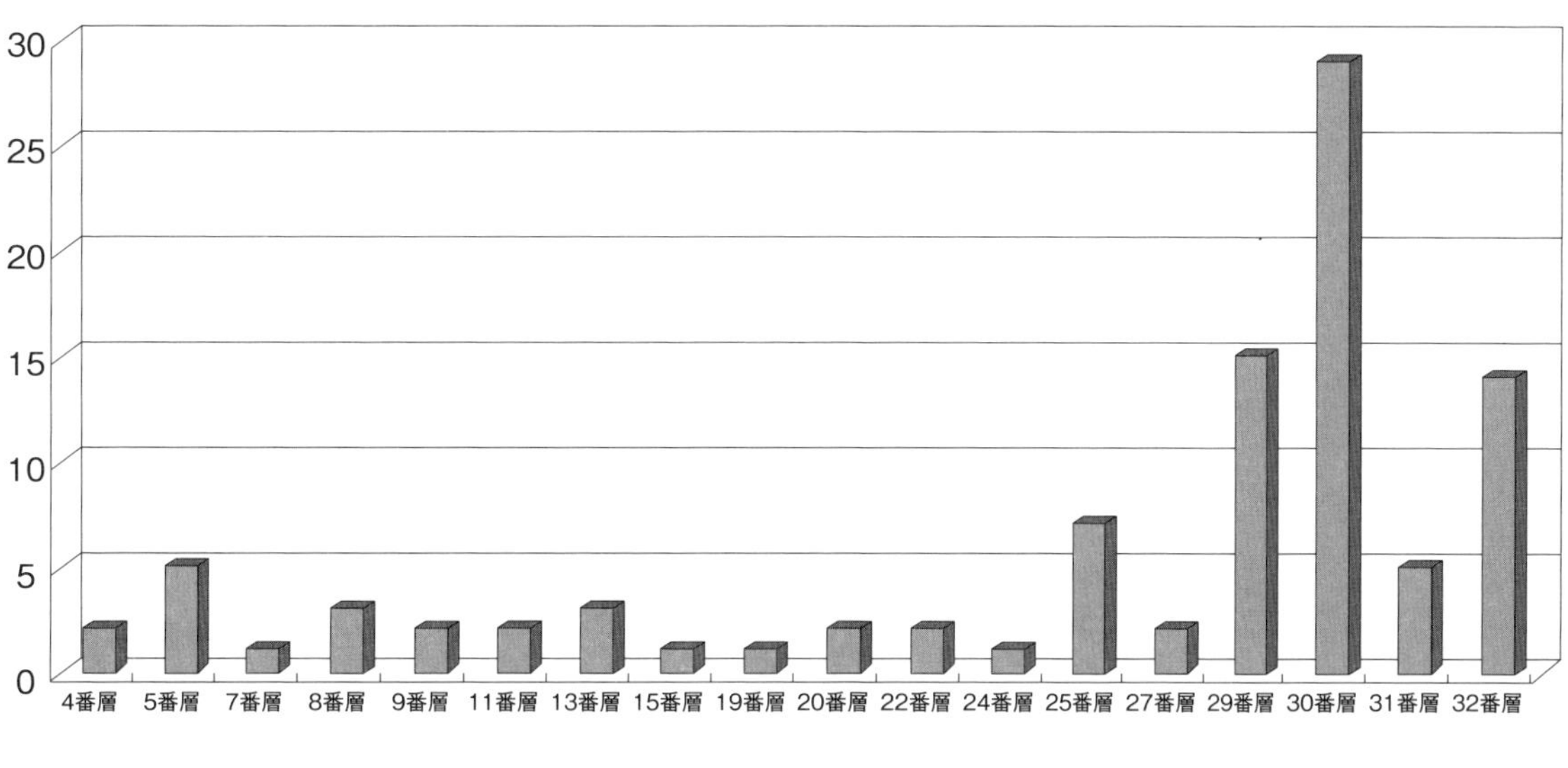

図七　木簡集中出土地における層位別出土木簡の数量

Ⅲ．木簡集中出土地の形成とその意味

これまで木簡集中出土地を層位学的な方法で調査した過程、出土遺物のデータベース化作業、そして木簡の出土脈絡に基づいた出土の様相などを説明した。これらによって咸安城山山城の木簡集中出土地の形成過程とその意味について検討したい。

まず、これまでの調査では低湿地と理解してきた現在の木簡集中出土地が、果たして低湿地であったか再検討する必要がある。結論からいえば、低湿地ではなく人為的に造成された堆積物の集合体であったと判断される。内部に堆積している多量の植物有機物、良好に保存されていた木製関連遺物、湿気の多い土壌学的な雰囲気などからは、我々がしばしば接することのできる低湿地ないしは貯水池内部の堆積環境と判断することができるものの、調査範囲を拡張して城壁との関係などを総合的に検討すると、低湿地または貯水池内部の沈殿物や堆積土である可能性は非常に低い。その具体的な内容は次のとおりである。

1．植物有機物で構成された全体堆積単位の上部中央が水平面になっておらず、誇張すると、まるで「∩」形のように盛り上がっている。また城の内壁側（東側）ほど傾斜が緩慢になる。そして内部堆積単位の堆積方向も水平になっていない。

2．個別堆積単位の内部には低湿地や貯水池の内部で確認できる多様な形態の堆積要因（砂・砂利・石など）がほとんど含まれておらず、堆積単位の間に粘土層が三～五センチの厚さで形成されている。この粘土層は、全面的には確認されていないが、平面的には一定の範囲を形成している。

3．内部の堆積粒子が一定の単位を形成する場合が多い。すなわち草本類、樹皮などが均一に堆積したのではなく、一定の垂直・平面的な範囲に集中的に堆積している。

4．東城壁が位置する場所は、地形的に城山山城が位置している鳥南山（海抜一三九メートル）でもっとも深い谷に当たる。層序的に東城壁の築造時点より木簡集中出土地の形成が先行したことは確かであるが、城壁がなかった当時、この地域は谷の中心部の開始地点（最上部）に該当したことになる。

5．木簡集中出土地の下には木柵施設が存在しているが（国立加耶文化財研究所、二〇〇六）、自然岩盤層を基準とした場合、すべてが傾斜面の反対側である西側に向かって倒れている。この木柵施設は層序的に木簡集中出土地の形成以前に機能したものと判断されるが、もし自然堆積によって変形したものであれば、堆積の方向に倒れるのが自然であろう。

すなわち、流れずに留まっている低湿地または貯水池の内部堆積土であれば、地層水平の法則による水平的な沈殿あるいは堆積の様相が発生すべきであるが、全般的な堆積の様相は水平をなしていない。また内部の堆積粒子（粘土・草本類・樹皮など）もやはり均質に分布しておらず、まるで一定量を人為的に移してきたように平面的に分布している。そして、地形的に渓谷の開始部分（最上部）に低湿地が存在するのは容易ではない。こうした現象を根拠に、木簡集中出土地は自然に形成された低湿地ではなく、貯水池内部の堆積の様相とも多くの相違点があることを確認できた。

自然に形成されたのではなく人為的に造成された植物有機物層の機能を検討するために、城壁との関係を確認してみる必要がある。先に言及したように、木簡集中出土地は、層序的に城壁の築造より前に造成されたものである。城壁の築造以前に独立的に造成されたと判断できるが、城壁がなかったとすると、地形的に渓谷の開始地点に該当するため傾斜方向へ向かう堆積の流れを遮断しなければ原形を保つことは非常に難しい。これは木簡集中出土地の造成において、外形が重要な要素として考慮されなかった点を意味することでもあるが、結局は特別な外部施設によってこの植物有機物の集積物が維持されざるを得なかったことを示唆する。

この木簡集中出土地は堆積粒子の空隙が一般の土壌より大きいため、水分が簡単に浸透する。実際、発掘調査中においても梅雨の期間に木簡集中出土地が露出した地域は水が溜まらなかった。空隙が大きい体積粒子の間に水が染み込み、自然岩盤層の傾斜に沿って城壁の石の隙間へと自然に排水されたのである。

渓谷の中心部を横切る城壁を構築した場合、優先的に考慮すべきことは、流水による施設物の崩壊であろう。このため、旧地表面から城壁の外側へ水を流す排水施設が必要であり、実際に城山山城の東城壁では北側と南側で排水施設が確認されている。しかし、排水施設の受容能力に限界があるとすれば、まるでダムのように渓谷を塞いでいる城壁は崩壊せざるをえない。このような地形的な脆弱点を克服するために、城壁の築造以前に多量の植物有機物を積み、その上部を粘土で固めて旧地表面を形成し、これを自然岩盤層まで断面L字形に掘り出した後、城壁を築造したと判断される。

したがって旧地表面上に造成された排水路と城壁の排水施設は、渓谷の中心部へ集中する流水を旧地表面の上でまとめて城壁の外へ流し出す役割をしている。地表面の下へ流入した相当量の水は、城壁の下側に造成した木簡集中出土地の植物有機物層で吸収され、地下に埋まっていた城壁下部の石の間から自然に流れ出たものと推定される。これは軟弱な地盤に建設される堤防や道路、ダムなどの基礎に、不等沈下の防止、早期圧密の促進、過剰空隙水の排水、超過水量による浸食の防止などのために、土木建築用の高分子繊維マットレスを設置する現在の工法と類似し、百済時代の低地帯を開発する際に活用された敷葉工法[10]と同一の概念であろう。

次に、このような目的によって造成された植物有機物層で木簡が出土する理由について検討する。前章で提示したように、全二九層のうち木簡出土層は全体の六二%に該当する一八層である。数値上、半分を超える層から木簡が出土していることになるが、二九・三〇・三二番の三層で全体出土木簡の五九%である五八点が出土している。この三層で出土した木簡の平均数量は一九・三個であるに対して、残りの一六層から出土した木簡の平均数量は二・六個で、相当な集中度を見せている。ここに既存の調査で確認された一二〇余点の出土脈絡を推定して考慮に入れると、木簡出土の層位別偏差は顕著に増加する可能性が非常に高い。つまり、木簡が層序的に平均して分布していないということであるが、現時点では最上部に集中すると言える。

木簡集中出土地が人為的に造成されたとする根拠の一つに、アシをはじめとする草本類、樹皮、種などの堆積粒子が平面的に一定の範囲内で集中的に現われる点を提示した。平面的に一定の範囲に集中していることは、堆積物を採取する際にこれを運搬する人が類似した性質のものを選択したことを意味する。木簡集中出土地を造成するために多くの人々が植物有機物を運搬してきた時、アシが多い地域で堆積物を採取してきた人の運搬物にはアシが多く含まれており、樹皮が多い地域で採取してきた運搬物には樹皮が相対的に多く含まれていたであろう。この運搬物をそのまま木簡集中出土地に堆積させたため、類似する堆積粒子が平面的に集中して分布するようになったのである。

このような現象は、造成する際に堆積物を均質化させたりする調整が行なわれなかったことを反映する。自然の植物有機体はもちろん、加工された木製品なども堆積物の一部として使用された。外形的に破壊された木製品が多く観察されたり、何かの付属品であったと推測されるが現在はその用途が明確でない異形の木製品が多かったりすることも、これを証明している。

我々は木簡という遺物にたいして非常に特別な意味を附与して注目している。しかし、城山山城で城壁を築造するための基盤施設として木簡集中出土地を短時間で人為的に造成しなければならなかった人々の立場からみれば、アシや樹皮あるいは破損した木製品と木簡とは、大きな違いが無かったかもしれない。単なる堆積物の一材料として認識したものと推測されよう。このように木簡集中出土地の造成の過程を考慮してみると、最上部から木簡が集中的に出土していることも、堆積物の運搬者らの取捨選択による結果と考えることができる。

木簡を重要視する立場からは、城壁を築造するための先行工法として木簡集中出土地が造成され、その最後の段階に一種のセレモニーとして木簡を多く埋納したのではないかと推定することもできる。しかし、城山山城の木簡集中出土地を発掘調査した結果、そのようなイデオロギー的な側面に関する考古学的な資料は、現在のところ存在しない。ただ、確かなことは、城壁が築造される以前からすでにこの地域に多量の木簡が存在していたということである。

最後に咸安城山山城の木簡集中出土地と関連して、他の遺跡より木簡の出土量がはるかに多い理由についても遺跡の形成過程を通じて理解できそうである。現在まで国内で確認された木簡の出土遺跡は、一九七五年に調査された雁鴨池をはじめとして、慶州・扶余・益山・金海など一四箇所をこえており、代表的遺跡として慶州雁鴨池・月城垓子、扶余官北里・宮南池・陵山里、益山弥勒寺址、金海鳳凰台、河南二聖山城などがある。これまで報告された調査結果によると、遺跡の性格は都城内部の低湿地と貯水池（井戸を含む）、山城に設置された貯水池などに限られており、大部分が低湿な環境と関連する遺跡といえる。すなわち咸安城山山城を除いた残りの遺跡で出土した木簡は、低湿な環境が造成されたり管理されたりしている過程で非意図的に、言い換えれば自然な堆積過程で流入したものである。

遺跡の形成と後堆積過程に焦点を合わせる筆者の立場からは、咸安城山山城の木簡集中出土地とその他の木簡の出土遺跡は、その形成過程自体が異なっていると判断する。つまり、遺跡の形成過程が異なるために、木簡の出土量と集中度に差異があるということである。先に言及したように、咸安城山山城の木簡集中出土地の場合、人為的に造成される過程で作業者の取捨選択によって流入したものであり、他の遺跡は自然な堆積過程で流入したものである。したがって、咸安城山山城の木簡集中出土地と、その他の木簡出土遺跡の形成過程における差異は、意図性と偶然性として整理できる。そのため、木簡の出土量に差異が生じたと推定される。

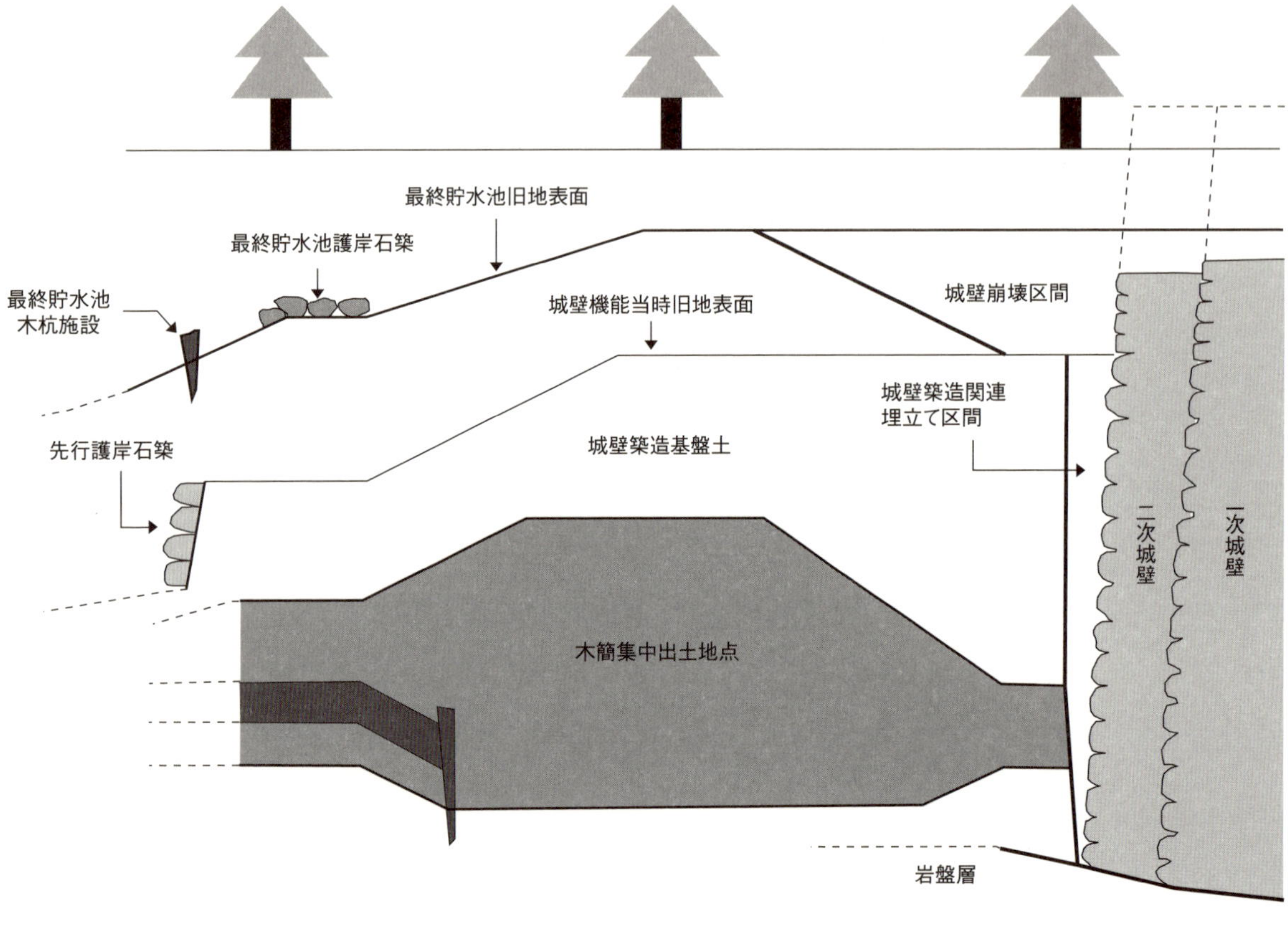

図八　遺跡形成と堆積過程の模式図

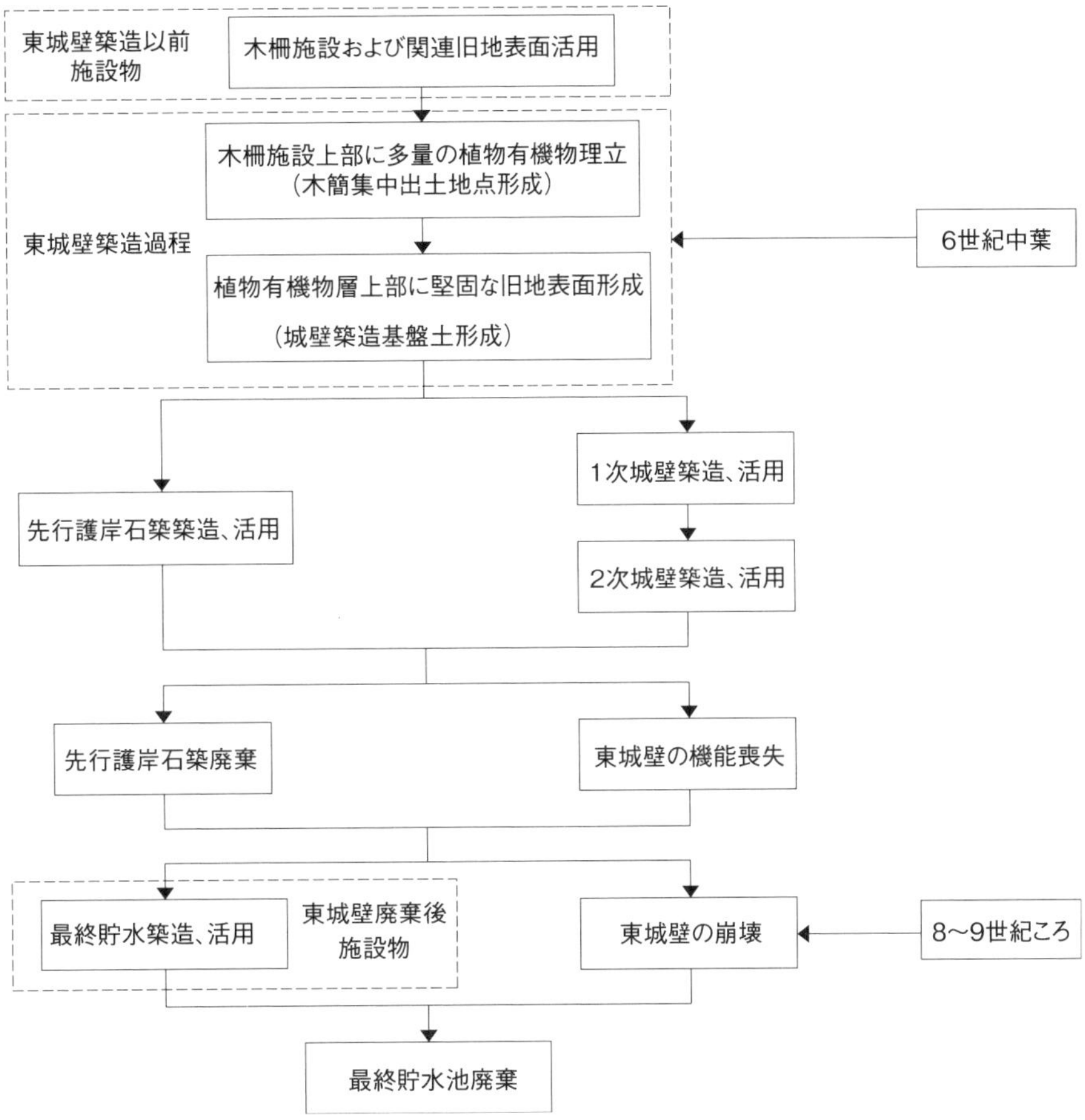

図九　東門跡付近の遺跡形成および活用過程の模式図

Ⅳ．おわりに

層位学的な発掘調査、体系的な全体遺物の出土脈絡の記録、機能主義的な観点による遺跡の形成と後堆積過程の解釈などを通じて咸安城山山城の木簡集中出土地を検討してみた。これまで考えられていた低湿地あるいは貯水池内部の堆積土ではなく人為的に造成されたものであることを様々な証拠から説明した。そして、木簡が出土する理由についても筆者なりの見解を提示した。

木簡を研究の重要な対象にしている研究者の立場からは、「咸安城山山城の出土木簡の意味をあまりにも貶めているのではないか」という考えを抱かれるかも知れない。しかしながら、考古学者の立場から、特に過程主義的な立場からこの遺跡を観るならば、木簡はただ人為的に造成された植物有機物層の堆積粒子の一つでもあるのだ。

したがって筆者は、これまで注目されてこなかった多様な種類の動植物資料および土壌資料などを総合的に検討して、城山山城が造られて利用されていた当時の自然景観と周辺の植生、人々の食物などについて研究する契機が整えられるべきであると思う。また、古代交通路の復元を試みて城山山城を中心とする社会的なネットワークおよび文化的交流の様相も研究してみる価値が十分あろう。このような総合的な研究が行なわれる時、初めて咸安城山山城の歴史的意味を正しく理解できよう。

実際に、筆者の観点からみると、層序的に東城壁の築造以前に木簡集中出土地が造成され、またそこに木簡が存在しているため、時期的には城壁の築造より木簡が使用され廃棄された時点が早いことは確かである。したがって「咸安城山山城出土木簡」と呼ぶことが、はたして遺跡を正しく理解しているものであるかという疑問が生じる。「咸安城山山城出土木簡」には、城山山城と木簡を共時的に観る視角が含まれるからである。このような意味から、城山山城が築造される以前にこの地域に多量の木簡が存在していたことがどのような意味を持つのか、活発な議論が行なわれることを期待する。

【参考文献】

国立昌原文化財研究所　二〇〇六a『韓国の古代木簡』藝脈出版社

国立昌原文化財研究所　二〇〇六b『咸安城山山城』第一一次発掘調査現場説明会資料

ソン・チュンテク訳　一九九七『考古学史―思想と理論』学研文化社

イ・ソンボク　一九八八『考古学概論』理論と実践

李晟準　二〇〇四「遺跡の形成と後堆積過程に対する基礎的研究」『韓国考古学報』五三

忠南大学校百済研究所　二〇〇四『扶余合松里遺跡』忠南大学校百済研究所学術研究叢書一〇

忠南大学校 百済研究所　二〇〇七『華城半月洞遺跡』忠南大学校百済研究所学術研究叢書一四

小山田宏一　二〇〇二「百済の土木技術」『古代東亜細亜と百済』忠南大学校百済研究所

Colin Renfrew・Paul Bahn 2004『Archaeology』Thames and Hudson

Edward C. Harris 1989『Principles of Archaeological Stratigraphy』Academic Press.

注

(1) 同一過程反復の法則（斉一性）とは、過去の地質変化は長期間に活動する同一の地質力によって発生し、ほとんど同じ比率で現在でも起きている内容であり、過去が現在とは断絶されていない長期間の時期であることも意味する。これは地質学に限られる法則ではあるが、その後、生物進化の可能性にたいする理論的な背景を提供した（ソン・チュンテク一九九七）。

(2) 共伴の法則とは、一つの地層内から発見される化石資料は同一の時期に堆積したことを意味する（イ・ソンボク一九八八）。

(3) 近代学問としての考古学成立の基礎になったと評価されている相対年代測定法（relative dating）である。簡単に説明すると、人間は時間の流れによって石・青銅・鉄を道具製作の原料として使用したため、これらの登場によって文化時期が区分できるという仮説である（イ・ソンボク一九八八）。ところで、ここで我々が注目すべきは、トムセンが単純に「石器・青銅器・鉄器」の順で遺物を時期的に分類することにとどまらなかった点である。すなわち、研究過程の中で石器が青銅器時代や鉄器時代にも作られたことが分かり、そうした石器をも分類するためにそれぞれの時期に作られた石器の相異を明らかにしようと試みた。このような過程で出土脈絡と共伴関係に注目するようになり、出土脈絡によって対象遺物の形式が体系的に変化したことが分かった（ソン・チュンテク一九九七）。このようなトムセンの仮説は、結局Worsaaeの層位発掘によって立証された。

(4) スカンディナビア考古学史で最初の専門の先史考古学者である。新地質学の理論を考古学発掘調査の方法論に導入し、層位発掘を通じて三時期法を立証することに大きな役割を果たした。また考古学と関係のある生物学、地質学など、様々な学問相互間の調査を発展させており、発掘調査の結果を科学的に証明するために初歩的な実験考古学を試みたりもした（ソン・チュンテク一九九七）。

(5) 西欧で出版された考古学分野の層位学または地質考古学の関連書籍を調べてみると、層位学をstratigraphyとして独立的に使用するよりは、archaeological stratigraphyと表現している。これは発掘調査で活用している層位学の概念が、地質学とは視角が異なるという点を反映すると判断される。地質学的時間のスケールに比べて考古学者が扱う時間的または空間的スケールは非常に制限されるからである。したがって地質的な原理に基づいた考古学的な細部基準を通じて遺跡の形成と後堆積過程などを理解するのが望ましいと理解される。

(6) 地層累重の法則（Law of Superposition）によると、個別的な堆積単位の垂直的位置は、まさに堆積の時間的前後関係を意味する。したがってこれに基づいて調査地域における堆積単位の時間的順序を検討しうる。

（7）発掘調査過程で土層の色を基準に堆積単位を区分する場合が多く、筆者もまた土層の色が場合によっては合理的な基準になり得ると思う。しかし、色が視覚の基本的な要素であることは間違いないが、光という電磁気的な振動（波状）の造成差を反映するため、堆積過程を反映する基準としうるかには懐疑的である。したがって堆積単位の色に差異があるということは、堆積過程が異なっていたことを反映するかもしれないが、単に内容物の光学的特性が異なる場合も発生することになる。すなわち同一の堆積過程で一定の堆積単位が形成された時、偶然にも光学的な特性が異なる堆積因子が片方に集中的に分布していたとすれば、我々はこれをもう一つの堆積単位として把握することになる。のみならず、堆積が行なわれた後、地下水や地表面で持続的に流入する水分によって化学的に反応して、堆積が行なわれた当時とは違う色調が堆積因子の特性によって多様に発生し得る。したがって堆積因子の全般的な堆積方向、種類および性質などを層位学の三つの法則に基づいて優先的に考慮する必要があると思われる。

（8）層位の継起性（層序）を把握するためにハリスが一九七三年考案したダイアグラムで、世界的に活用されている。現在 www.harrismatrix.com を通じて関連事項を詳細にサービスしており、ホームページに記載された drharris@iblbm または edward@harrismatrix.com のEメールを通じてハリスと直接意見を交換することができる。発掘調査の実務者として、読者のみなさんの積極的な活用を期待する。

（9）遺物の出土脈絡を正確に記録するために使用されたハードウェアおよびソフトウェアの具体的な事項は次のとおりである。

Sokkia set-3B（光波測距器）
HP IPAQ2700（PDA）
Survey Professional ver .2.6（電子野帳システム）
Civil Professional ver .2.7（CAD）

（10）日本でもっとも古いダム式貯水池である狭山池（六一六年頃）の堤防調査で、葉がついた木の枝がいくつも重なっている様子が確認された。土の中に密封された木の葉が鮮やかな緑色を保っていたため関係者らに強烈な印象を与えており、これを敷葉工法と命名することになった。この工法は東アジアでよく見られる軟弱な地盤のための築堤工法であり、中国にその起源を見出すことができ、朝鮮半島を経由して日本に伝わった。日本では二〇ヵ所以上の遺跡で確認されており、中国の安豊塘では「散草法」、日本の水城では「敷粗朶」ともいう（小山田宏一、二〇〇二）。

咸安城山山城出土木簡の樹種分析

孫秉花（呉吉煥 訳）

Ⅰ．はじめに

咸安城山山城における二〇〇六年度までの一一次にわたる学術発掘調査で、一六二点の木簡（題籤軸を含む）が出土し、貴重な歴史資料と評価されている。すでに慶北大学校の朴相珍教授が一次二七点、二次六五点にたいする樹種分析を実施し報告されている。その調査から漏れた木簡と二〇〇六年度の出土木簡（四〇点）などにたいする追加の樹種分析を実施し、咸安城山山城で出土した木簡の樹種を確認して、どのような種類の樹種が木簡の製作に使用されたかを検討したい。

Ⅱ．分析方法

木簡はすでに保存処理が完了した状態でAuto dry cabinetに保管中であり、二〇〇六年度出土の木簡は、保存処理のために薬品に入れられている状態であった。試片の採取が困難なため、実体顕微鏡で観察しながらhand sectionで非常に薄い薄片の試料を製作した。また、墨書のある木簡は、赤外線カメラ撮影の写真を参考にしながら、墨書部分を避けて試片を採取した。

木簡の破損を最小限にするために、肉眼でマツと判断される樹種の場合は放射断面と接線断面だけを採取し、クヌギの亜属と区分される樹種は横断面のみ採取した。

作成したプレパラートをNikon ECLIPSE 80iで観察し、該当樹種の木材材鑑プレパラートと対照して識別した。

Ⅲ．分析結果

出土木簡全一六二点のうち、マツ類が一〇八点、クヌギ類が九点、ノグルミ類五点、ヤマグワ類四点、クリ類九点、ケヤキ類二点、ハンノキ類二点、アカシデ類一点、オオヤマサクラ類七点、ヤナギ類七点、モミ類三点が識別された。五点は広葉樹灌木類と推定された。

一．マツ類

マツ類にはアカマツとクロマツが含まれ、二つの間に解剖学的な差異はない。アカマツは、朝鮮半島全域に分布する常緑針葉喬木で樹高三〇メートル、直径一・五メートルに達する。極陽樹で、乾燥地・痩せ地でもよく生長し寒さに強い。クロマツは、主に海辺にあり海松と呼ばれる。アカマツは樹皮が赤いためアカマツ（赤松）と呼ばれ、クロマツは樹皮が黒くて黒松と呼ばれていたが、黒松の朝鮮語読みが変化してコムソル（곰솔）となった。赤松とコムソルは針葉が二つずつ付いている二葉松で、木の性質が硬いことから硬松と呼ばれる。

用途…家具、彫刻、楽器、建築、土木、器具、船舶などの材料として広く使われており、様々な道具にいたるまで使用されていないところがない。

二．モミ類

朝鮮半島の全域に分布する常緑針葉喬木で、樹高二〇メートル、直径一メートルに達する。寒さに強く全国どこでも越冬が可能であり、土壌の湿度と大気の湿度が高い肥沃な土壌でよく生長する。木材は軽くて軟らかく、心材と辺材を区分することができない。木目はまっすぐになっており、樹皮は粗い。

用途…パルプ用材として優れており、建築用材、船舶材、彫刻材、玩具、器具材、楽器材、家具用材などに使用できる。

三．クヌギ類

平安道および咸鏡南道以南地域で自生する落葉喬木で、高さ三〇メートル、直径一メートルに達し、幹は直立する。クヌギ類にはクヌギとアベマキが含まれる。木材の性質は弾性が豊富で強い。組織は粗いが光沢がある。気乾比重は〇・八二で、硬くて耐久性があり朽ちにくい。

用途…家具、器具、船舶、車両、土工、枕木、坑木と椎茸のほだ木として使用する。

四．ノグルミ類

京畿道以南地域に分布する落葉広葉樹で、樹高一五メートル、直径六〇センチ程度で大きく生長しない。

清海鎮遺跡の木柵の一部、和順・大谷里古墳の大型木棺、莞島船の船体の一部でノグルミが確認されている。

用途…家具材、下駄、枕木などに使える。

五．ヤマグワ類

朝鮮半島全土に自生する。落葉喬木で高さ八〜一五メートル、直径一メートルに達する。木材の材質は硬く、心材は耐腐朽性と保存性が高く、切削と加工は容易ではない。気乾比重は心材で〇・五八である。

用途…建築用材、家具、器具、機械、楽器、車両、彫刻など広い用途に使われ、高級装飾用材として使われる。函、行李、鏡台をはじめ箪笥の化粧材として利用された。

六．クリ類

韓国では、平安南道と咸鏡南道以南地域でクリノキとシナグリが自生しており、二つの樹種間に解剖学的な差異はない。全国どこでも生長する落葉広葉樹の喬木で高さ一五〜二〇メートル、直径一メートルに達する。土深が肥沃な山麓や排水の良い場所を好む陽樹である。耐燥性と耐乾性は弱いが、大気汚染に耐える能力は普通で、萌芽力がよく樹勢が強健である。木材は心材と辺材の区分が明確であり、心材は褐色を帯びる。気乾比重は〇・六〇で硬くて強靭で、木材にタンニンの含有量が多く朽ちにくい。

用途…建築用材をはじめ箪笥、本棚、家具用材、器具用材、土木用材、船舶用材、車両用材、彫刻用材、製錬用の炭、椎茸のほだ木などに使われる。

七．ケヤキ類

平安南道および咸鏡南道以南の海抜五〇〇〜一二〇〇メートルに自生する。落葉広葉喬木で、樹高二五メートル、直径三メートルに達する。寿命が長く樹形が端正で樹冠の幅が広いため亭木や緑陰樹として優れており、公園や町に植えてもよい。木材は心材部位の内部朽性と保存性が高く、湿気にも強い。比重に比べて切削及び加工が容易な方で、割裂や乾燥も難しくなく、表面の仕上げも普通である。

用途…建築材をはじめ、各種の器具材、家具材、薄板、土木、船舶、機械、彫刻などに使われる。俗称で槐木または槻木ともいう。古文献にエンジュと同じ槐と記録されていることから、二つの木が混同されて呼ばれることもある。重くて硬く、パンダジ（上部だけに扉のあるタンス）や米櫃、茶箪笥など堅固さを要する収納家具ではこのケヤキ製品を最上級のものとする。

八．ハンノキ類

ハンノキ類にはハンノキ、ケヤマハンノキ、ヤマハンノキが属する。ハンノキは落葉喬木で高さ二〇メートル、直径七〇センチに達する。木材の材質は内部朽性及び保存性、切削及び加工性は普通であるが、材質が緻密で割裂が困難である。

用途…家の大黒柱など建築用材をはじめ、取っ手類、漆器類、マッチ材、鉛筆材などの器具材、家具、船舶などに広く使われている。

九．アカシデ類

朝鮮半島にアカシデ属は五種ある。オノオレカンバがもっとも広く分布しており、イヌシデは南部、イワシデは北部で生長し、コシデは京畿道以南の海辺、アカシデは中部以南で生長する。アカシデの木材の組織は緻密で硬く重い方である。割裂が難しく弾力がある特徴を持っており、気乾比重は〇・七三である。

用途…曲木細工、農具の持ち手、漆器木心、家具用材、彫刻用材などに使われる。

一〇．オオヤマサクラ類

朝鮮半島のサクラ属には二五種あり、解剖学的に属内の種間変移が激しい。自生種として広く分布するオオヤマサクラ類は全国的に自生する落葉喬木で、高さ一〇メートルに達する。木を切ってみると、真ん中の濃い赤褐色の心材部と色が薄い外側の辺材部が明確に区別される。組織が緻密で整った分布をしており、全体的にきれいな印象を与える。比重は〇・六程度で硬すぎも柔らかすぎもせず、朽ちにくく加工が容易で比較的に人家から遠くない所に分布する。

用途…建築材をはじめ、家具材、器具材、機械材、楽器材、彫刻材などに広く使われる。上部だけに扉がある箪笥、箪笥の門板、引き出しなどに化粧材として使われた。

一一．ヤナギ類

ヤナギ属は我が国に三二種が分布し、アカメヤナギ、ヤナギ、シダレヤナギが喬木で、コウライバッコヤナギ、コリヤナギ、ネコヤナギは小喬木か灌木である。ヤナギは全国に自生する落葉広葉喬木で、樹高二〇メートル、直径八〇センチに達する。低湿地でよく生長するため河辺の緑化や防水林として非常に適合している。

用途…家具材、下駄、まな板などに利用される。材質が柔らかく耐久性があって、細工材として使われる。

Ⅳ．考察

咸安城山山城の出土木簡にたいする樹種分析はすでに二回にわたって実施され、その結果が報告されている。その結果、木簡九二点のうち、マツ類が七七点（八四％）で優占種を占めており、その他にクリノキ類五点、ヤナギ類四点、モミ三点、ノグルミ一点、ケヤキ一点、広葉樹一点など六樹種と分析された（表一）。

今回の追加分析では、これまで出土した木簡のうち樹種が確認されていない木簡と題籤軸などを含む二九点と、二〇〇六年度の出土木簡四〇点の計六九点にたいする樹種分析を実施した。その結果、マツ類三四点、クヌギ類九点、オオヤマサクラ類七点、ノグルミ四点、ヤマグワ類四点、ハンノキ類二点、ヤナギ類三点、クリノキ類一点、ケヤキ一点、アカシデ類一点、その他の広葉樹五点が識別され、比較的多様な樹種が検出された。以前の分析ではみられなかった、材質が軟弱なハンノキ類・アカシデ類・ヤナギ類と、硬い木材であるクヌギ類・ヤマグワ類が識別されたことから、木簡を作る際に特別に決められていた樹種で作ったのではなく、周辺で容易に手に入るマツなどで製作したものとみられる。

以上、咸安城山山城の出土木簡（題籤軸を含む）の全体数量一六二点にたいする樹種分析の結果、表四でみられるように一一種の樹種が識別された。代表的な樹種はマツ（六七％）で、その他の広葉樹に分類された五点は周辺で容易に手に入る灌木類の枝であったと推定される。灌木とは、高さが二メートル以内で主幹が明らかではなく、根元や地中部分から幹がわかれて生長する木のことをいうが、木簡は大きいサイズの木材を必要としないので、このような灌木の幹を使用して製作したものと推定される。灌木類は解剖学的にすべての樹種が分類されておらず、広葉樹とのみ区分した。

表一　これまでに分析された木簡の樹種

番号	樹種
一	マツ類
二	マツ類
三	マツ類
四	マツ類
五	マツ類
六	マツ類
七	マツ類
八	マツ類
九	マツ類
一〇	クリ類
一一	マツ類
一二	マツ類
一三	マツ類
一四	マツ類
一五	マツ類
一六	マツ類
一七	マツ類
一八	マツ類
一九	マツ類
二〇	マツ類
二一	マツ類
二二	マツ類
二三	マツ類
二四	マツ類
二五	広葉樹?
二六	マツ類
二七	クリ類
二八	マツ類
二九	マツ類
三〇	マツ類
三一	マツ類
三二	マツ類
三三	マツ類
三四	マツ類
三五	マツ類
三六	マツ類
三七	マツ類
三八	マツ類
三九	マツ類
四〇	マツ類
四一	マツ類
四二	マツ類
四三	マツ類
四四	マツ類
四五	マツ類
四六	ノグルミ類
四七	マツ類
四八	マツ類
四九	クリ類
五〇	マツ類
五二	マツ類
五三	モミ類
五四	マツ類
五五	ヤナギ類
五七	マツ類
五九	マツ類
六〇	マツ類
六一	マツ類
六二	マツ類
六三	ヤナギ類
六四	マツ類
六五	マツ類
六六	マツ類
六七	マツ類
六八	マツ類
六九	モミ類
七〇	モミ類
七一	ヤナギ類
七二	マツ類
七三	マツ類
七四	マツ類
七五	マツ類
七六	マツ類
七七	マツ類
七八	マツ類
七九	マツ類
八〇	クリ類
八一	マツ類
八二	マツ類
八三	マツ類
八四	マツ類
八五	マツ類
八六	マツ類
八七	マツ類
八八	ヤナギ類
八九	マツ類
九〇	マツ類
九一	クリ類
九二	マツ類
九三	ケヤキ類
九四	マツ類
九六	マツ類

番号	樹種
一	マツ類
二	マツ類
三	マツ類
四	マツ類
五	マツ類
六	マツ類
七	マツ類
八	マツ類
九	マツ類
一〇	クリ類
一一	マツ類
一二	マツ類
一三	マツ類
一四	マツ類
一五	マツ類
一六	マツ類
一七	マツ類
一八	マツ類
一九	マツ類
二〇	マツ類
二一	マツ類
二二	マツ類
二三	マツ類
二四	マツ類
二五	広葉樹?
二六	マツ類
二七	クリ類
二八	マツ類
二九	マツ類
三〇	マツ類
三一	マツ類
三二	マツ類
三三	マツ類
三四	マツ類
三五	マツ類
三六	マツ類
三七	マツ類
三八	マツ類
三九	マツ類
四〇	マツ類
四一	マツ類
四二	マツ類
四三	マツ類
四四	マツ類
四五	マツ類
四六	ノグルミ類
四七	マツ類
四八	マツ類
四九	クリ類
五〇	マツ類
五一	ノグルミ類
五二	マツ類
五三	モミ類
五四	マツ類
五五	ヤナギ類
五六	マツ類
五七	マツ類
五八	ノグルミ類
五九	マツ類
六〇	マツ類
六一	マツ類
六二	マツ類
六三	ヤナギ類
六四	マツ類
六五	マツ類
六六	マツ類
六七	マツ類
六八	マツ類
六九	モミ類
七〇	モミ類
七一	ヤナギ類
七二	マツ類
七三	マツ類
七四	マツ類
七五	マツ類
七六	マツ類
七七	クリ類
七八	マツ類
七九	マツ類
八〇	クリ類
八一	マツ類
八二	マツ類
八三	マツ類
八四	マツ類
八五	マツ類
八六	マツ類
八七	マツ類
八八	ヤナギ類
八九	マツ類
九〇	マツ類
九一	クリ類
九二	マツ類
九三	ケヤキ類

番号	樹種
九四	マツ類
九五	マツ類
九六	マツ類
九七	マツ類
九八	ヤマグワ類
九九	クリ類
一〇〇	広葉樹
一〇一	広葉樹
一〇二	ノグルミ類
一〇三	クヌギ類
一〇四	クヌギ類
一〇五	ケヤキ類
一〇六	ノグルミ類
一〇七	クヌギ類
一〇八	ハンノキ類
一〇九	マツ類
一一〇	マツ類
一一一	マツ類
一一二	アカシデ類
一一三	クヌギ類
一一四	クヌギ類
一一五	オオヤマサクラ類
一一六	オオヤマサクラ類
図面七三-七	クリ類
図面一一三-一	マツ類
図面一一三-二	広葉樹
図面一一六-一	クリ類
図面一一六-二	クリ類
図面一一六-三	オオヤマサクラ類
A	オオヤマサクラ類
B	マツ類
C	マツ類
D	マツ類
E	マツ類
F	ヤナギ類

表三　咸安城山山城二〇〇六年度出土木簡の樹種分析（全四〇点）

番号	樹種
一	マツ類
二	クヌギ類
三	マツ類
四	マツ類
五	マツ類
六	マツ類
七	マツ類
八	マツ類
九	マツ類
一〇	ヤナギ類
一一	マツ類
一二	マツ類
一三	ハンノキ類
一四	クヌギ類
一五	マツ類
一六	マツ類
一七	マツ類
一八	クヌギ類
一九	マツ類
二〇	ヤマグワ類
二一	オオヤマサクラ類
二二	広葉樹
二三	クヌギ類
二四	マツ類
二五	マツ類
二六	ヤナギ類
二七	マツ類
二八	マツ類
二九	ヤマグワ類
三〇	マツ類
三一	オオヤマサクラ類
三二	マツ類
三三	オオヤマサクラ類
三四	マツ類
三五	マツ類
三六	マツ類
三七	マツ類
三八	広葉樹
三九	ヤマグワ類
四〇	マツ類

表四　咸安城山山城出土木簡の樹種別数量（全一六二点）

樹種	点数
マツ	一〇八
クヌギ	九
クリ	九
オオヤマサクラ	七
ヤナギ	七
ノグルミ	五
ヤマグワ	四
モミ	三
ケヤキ	二
ハンノキ	二
アカシデ	一
広葉樹	五

咸安城山山城出土木簡の製作技法観察

梁碩眞（朴珉慶 訳）

一号：上下部の側面に切り込みを入れて切断し、その面をおおまかに整えて仕上げた形態であり、下部には切り込みの痕跡がある。「仇利伐」と記された面が心材の方であり、小枝を使用して制作したとみられる。墨書が始まる部分が木の上部であり、面を整えるとき、木簡の下から上に向かって刃物を入れた。中間の少し下に節がある。（金海一二七五）

二号：上部に切断痕があり、刃子で整えた痕跡が観察できた。下部に切り込みが入れられており、下端の一部は破損している。「甘文」の墨書のあるオモテ面が辺材の方に該当し、刃子で整えている。裏面は木を割ってそのまま使用したと思われ、小枝を使用して製作したとみられる。（金海一二七九）

三号：完形のように見えるが、上部は破損と考えられる。上部の右側と下部に刃子痕がある。放射断面で製作された柾目材を用いた大木の一部だと思われる。圧着のせいで面が平らでない。（金海一二六二）

四号：上・下端部分は刃子で切断して整え、オモテ面に調整した痕跡がある。墨書のある面が辺材であり、下部に切り込みが入れられている。大木の板目材で作ったとみられる。木の下から上部に向かって刃物を入れ、墨書が始まる部分が枝の上部である。（金海一二八七）

五号：表裏両面に刃子痕があり、板目材を用いて作った。上部は刃子を利用して圭頭に整えており、下部は破損している。墨書が記されている面が心材の方である。木簡の下部から上部に向かって刃物を入れ、墨書が始まる圭頭の部分が木の下部に該当する。（金海一二八八）

六号：上部に切断痕があり、切断後、面を刃物で整えずに文字を書いたとみられる。下部に切り込みがあり、下端には刃物を入れてから切断した痕跡が見られる。墨書のある面が心材の方である。木簡の上から下に向かって刃物を入れた。大枝の板目材で作った。（金海一二六九）

七号：上部に切断痕があり、下部には刃子で整えた痕跡がある。下部に穴があり、小枝を用いて作ったとみられる。穴は裏面から穿った痕跡がある。墨書の記された面が辺材の方であり、板目材を使用した。（金海一二七二）

八号：オモテ面上部に刃子で整えた痕跡があり、裏面には刃物を入れてから切断した痕跡が観察され、下部に切り込みがある。木簡の下部から上に向かって刃物を入れ、墨書のある面が辺材の方である。小枝の板目材を使用して作った。墨書の始まる部分が枝の上部である。（金海一二七三）

九号：上部に刃物を入れてから切断した痕跡があり、両端を刃物で整える。上部の中央部分は磨いて仕上げた。下部には切り込みが入れられている。両側面と上下端を刃子で整えており、大木の板目材を使用した。墨書のある面が辺材の方である。（金海一二七六）

一〇号：下部に切り込みの痕跡があり、一部は破損している。上部には刃子で整えた痕跡がある。オモテ面に虫害痕がある。大木の柾目材を使用して製作した。（金海一二六八）

一一号：裏面の上部に刃物を入れて切断した痕跡がある。六九号木簡と同じ形式である。その後、上部を刃子で整えて作ったと推定される。樹皮の痕跡が観察され、小枝の板目材を使用している。下部には切り込みがあり、先端には切断した痕跡が見える。墨書の記された面が辺材の方である。（金海一二七〇）

一二号：裏面に樹皮の痕跡があり、墨書が記された面が心材の方で、墨書の始まる部分が枝の上部である。上下端を刃子で整えており、下部に切り込みがある。小枝の板目材を使用している。（金海一二七一）

一三号：樹皮が両側面に見え、小枝の板目材で作った。墨書の記された面が辺材の方であり、墨書の始まる部分が枝の上部である。表裏両面を刃子で整えており、オモテ面には磨いた痕跡がある。下部には切り込みがあり、先端の裏面から切断痕が観察された。（金海一二八二）

一四号：上部は刃子で整えた痕跡があり、下部には切り込みがあって先端に切断痕がある。表裏両面を刃子で整えており、木簡の下部から上に向かって刃物を入れた。裏面に虫害痕が発見された。墨書のある面が小枝の辺材の方であり、板目材を使用して作った。（金海一二八六）

一五号：上部が破損しており、下部には刃子で整えた痕跡が確認される。裏面に髄が観察され、小枝の板目材を使用して作ったとみられる。墨書の始まる部分が枝の上部であり、切り込みのある部分が下部である。側面に虫害痕がある。表裏両面を刃子で整えた痕跡が確認できる。「觚」の形式の木簡である。（金海一二八五）

一六号：大枝の柾目材を使用して作ったとみられる木簡である。表裏両面を割って製作したと判断される。木簡の上部裏面に斜め方向の切断面があり、下部は圭頭に整えた。（金海一二八〇）

一七号：大木の板目材を使用して製作した木簡で、上部は破損しており、下部の側面から切り込みの刃子痕が発見された。墨書の記された面は木の辺材の方であり、下部からは齧歯類が齧った痕跡が確認された。墨書の始まる部分が木の上部である。表裏両面に刃子で整えた痕跡がある。（金海一二七七）

一八号：上部に刃物を入れてから切断した痕跡がみられる。また、木簡を調整する際の痕跡が確認される。木簡の下から上へ刃物を入れており、木簡のあちこちで髄が確認された。墨書は、髄のある心材部分に記されている。小枝の板目材で作ったと思われる。下部に切り込みがあり、先端には刃物を入れてから切断した痕跡が観察された。（金海一二七四）

一九号：オモテ面に髄が観察され、小枝の板目材を使用したと推定される。表裏両面を刃子で整えており、裏面には刃物を入れてから整えた痕跡が見られる。墨書は心材の方に記されている。（金海一二七八）

二〇号：小枝の板目材で製作した木簡で、上下の両端は刃子で削った後、切断した痕跡がある。「稗」の墨書のある裏面が心材の方であり、「村」の墨書のあるオモテ面が辺材の方である。木簡の上部に切り込みの痕跡が残っている。裏面には刃物を入れてから整えた痕跡があり、墨書の始まる部分が枝の上部である。（金海一二八三）

二一号：大木の一部を放射方向に割って、柾目材を使って作ったとみられる。両側面と上部の側面は刃子で整えており、上部の先端は磨いた痕跡がある。下部は破損している。（金海一二八九）

二二号：小枝の板目材で製作した木簡で、上部は刃子を入れて切断した痕跡があり、再び刃子で整えたとみられる。下部には切断した痕跡が残っている。オモテ面には髄がみられ、墨書が記されている。墨書の記された面が心材の方である。（金海一二八四）

二三号：小枝の板目材を使用して作った木簡である。墨書の始まる部分が枝の上部であり、表裏両面と下部を刃子で整えた痕跡がある。下部には切り込みがある。墨書は心材の方に記されている。（金海一二六五）

二四号：木簡全体が火で焼けたとみられる。下部には整えた刃子痕が残っており、墨書の記された面が辺材の方である。下部に穴が空いている。大木の板目材で作った。（金海一二六四）

二五号：小枝の板目材で製作した。上部は破損しており、下部に切り込みがある。（金海一二八一）

二六号：大きい木材の一部である板目材で製作した。丸い穴が空いている。（金海一二六七）

二七号：小枝の板目材で製作して、木簡というより棒という印象が強い。（金海一二六六）

以上の二七点は、一九九二～一九九四年までの出土遺物であり、現在、国立金海博物館に所蔵されている。

二八号：小枝を利用して、枝の中央部に刀痕をつけ両分した後、木簡の下部を作るために刀痕をつけ切断して作った板目材を使用した。心材の方に「稗」の墨書が書いてあり、中央部分には髄の痕跡が見える。辺材の方には「古阤」などの墨書がある。墨書の多い木材の辺材部分は、元々半円形であったろうが、墨書するために刃子で整えた痕跡がみられる。木簡の上部を圭頭に整えている。木簡の下部から上部に向かって刃物を入れて整えた痕跡がみられ、下部には穴を空けている。

二九号：板目材で製作した木簡で、辺材の方から樹皮が観察され、小枝を利用している。二八号の木簡と違って、「古阤」の墨書のある部分が心材の方であり、髄が観察される。辺材の方には「稗石」の墨書が確認される。木簡の下端部に齧歯類が齧った痕跡がみられた。「古阤」の墨書のある心材部分では、木簡を製作するために木材を割った後、面を整えた痕跡が観察される。その後、表裏両面を刃子で整え、墨書するために平滑にしたと思われる。木簡の上部は刃物を入れてから切断した痕跡が見え、その後刃子で整えたとみられる。

三〇号：板目材で作った、下部に節のある木簡で、文字の多い面が辺材の方である。心材の方には「稗」の字が見える。下部の切り込みのあるところには、何かを結んだ痕跡があり、木簡の下部から上部に向かって刃物を入れた。下部には切断した痕跡がある。

三一号：大木の板目材で製作した木簡で、上下部のみならず表裏両面を刃子で整えて作ったとみられる。他の木簡と違って大木の一部を使って薄く製作した。木簡の下部から上部に向かって刃物を入れており、上部と下部は圭頭に整えている。下部の切り込みは、まず上から下へ整えてから、下から上へ削って仕上げた。

三二号：板目材の木簡で上下・表裏両面を刃子で整えており、オモテ面には刃子痕がはっきりとみられる。下部には切り込みが入れられており、小枝を使い樹皮が両側に残っている木簡である。

三三号：大木の板目材で製作した木簡で、上段はやや丸く整えており、下部には切り込みと圭頭が作られている。裏面の下端には刃子で整えた痕跡があり、下から上に向かって刃物を入れた。裏面には全体的に磨いた痕跡がみられる。裏面の中央には髄がみられ、「仇利伐」は辺材の方に書いてある。

三四号：板目材の木簡で、上下部が刃子で整えており、表裏両面に髄がみられる。中央部分に髄があることからみて、樹皮の痕跡はないが、この大きさが元々の直径であると考えられる。下部に切り込みがある。表裏両面に髄があることから、木の中央から斜線方向で製作したとみられる。

三五号：板目材の木簡で、上下部を刃子で整えており、大木の一部を使用して作ったとみられる。全体を刃子で整えており、磨いた痕跡や樹皮の痕跡は見あたらない。下部に切り込みがある。墨書のある面が辺材である。

三六号：板目材の木簡で、下部に切断した痕跡があり、全体を刃子で整えた。心材の方に墨書がある。小枝を使用して作っており、下部に切り込みがある。木簡の下部が木の上部に該当する。

三七号：上部は破損しており、下部は刃子で整えている。裏面に髄がみられ、裏面の上段とオモテ面の下段に磨いた痕跡が見える。辺材の方に墨書があり、小枝を使用して作ったと思われる。木簡の上部から下部に向かって刃物を入れた。下部に切り込みがある。板目材を使用して作った。

三八号：上部は破損しており、下部に切り込みを作った痕跡がみられる。大木の板目材を使って作られており、墨書は辺材の方にある。

三九号：下部に刃物を入れてから切断した痕跡があり、その痕跡を調整した様子が見える。下部に切り込みがあり、大枝の柾目材を使って作ったと思われる。

四〇号：下部に刃物を入れてから切断した痕跡があり、下部に切り込みがある。両側に樹皮が残っていることからみて、小枝で作ったとみられる。断面の中央に髄があることから、墨書は辺材に記されたと思われる。墨書の始まる部分が枝の上部であり、板目材で作った。

四一号：板目材の木簡で、上部に調整した痕跡があり、墨書は心材の方にある。墨書の始まる部分が枝の上部であり、上下部に樹皮の痕跡があることからみて、小枝を使って作ったとみられる。下部に切り込みがある。上下両方に刃物を入れており、オモテ面に木材の髄が観察される。

四二号：板目材の木簡で、裏面の上端に齧歯類が齧った痕跡がみられる。樹皮が確認されることから小枝を使ったことがわかる。下部は刃物を入れてから切断した痕跡がある。下部に切り込みがある。墨書の始まる部分が枝の上部であり、表裏両面に調整した痕跡がみられる。

四三号：板目材の木簡で、上下端に刃子で刀痕をつけてから切断した痕跡がみられる。オモテ面の中央に髄が確認され、心材に墨書が記されている。また、樹皮が残っており、小枝から作ったことがわかる。下部に切り込みがある。下から上に向かって刃物を入れており、オモテ面の下部から磨研した痕跡がみられる。

四四号：板目材の木簡で、上下に刃物を入れてから切断した痕跡があり、木材の辺材の方に墨書があり、墨書の始まる部分が上部である。下部に切り込みがある。墨書のあるオモテ面の中央の下に節がある。墨書のない裏面に磨研した痕跡があり、小枝を使って作ったと思われる。

四五＋九五号：板目材の木簡で、上下部にいずれも刃物を入れてから切断した痕跡がある。樹皮が確認されることから小枝で作ったことがわかる。下部に小さな切り込みがある。墨書は辺材の方にあり、下部から上部に向かって刃物を入れた。

四六号：薄い木簡である。大木の柾目材を加工したと考えられ、上下に刃物を入れた痕跡がみられる。下部に切り込みがある。

四七号：板目材の木簡で、上部に刃物を入れてから切断した痕跡があることからみて、使用後、故意に廃棄した可能性のある木簡である。下部にも刃子痕があり、オモテ面の右側に樹皮の痕跡が観察される。下部に切り込みがあり、墨書は辺材に記されている。上部から下部に向かって刃物を入れており、小枝で作った。

四八号：四七号木簡と同様に、上部に刃物を入れてから切断した痕跡がある木簡で、使用後の廃棄痕である可能性がある。上部から下部に向かって刃物を入れており、下部の切り込みには、全体的に刀痕をつけた後、縛って圧着した痕跡がある。下部には製作した当時、刃物を入れてから切断した痕跡がみられる。大きな枝の一部で作った。

四九号：板目材の木簡で、上部に刃物を入れてから切断した痕跡がある。墨書は心材の方にあり、小枝で作った。下部に切り込みがある。木簡の上部が枝の上部に該当する。

五〇号：板目材の木簡で、上部に刃物を入れてから切断した痕跡がある。オモテ面に髄が確認され、木簡の上部が枝の上部で、小枝を使って作った。裏面は全体的に刃子で整えた痕跡がみられる。下部に切り込みがあり、切断した痕跡と樹皮が観察される。上から下に向かって刃物を入れており、墨書は心材の方に記された。

五一号：小枝の板目材を使って製作しており、切り込みが上部に位置する木簡である。節が左側にあり、小枝を用いて中央部分を残したまま両端を取り出して製作した。

五二号：上部に刃子で整えた痕跡があり、大枝の柾目材を使用した。

五三号：板目材の木簡で、切断した痕跡があり、下部は刃子で整えた。木簡のあちこちに虫害痕が発見されており、オモテ面に調整痕とは異なる引っ掻いたような痕跡がある。下部から上部に向かって刃物を入れており、大枝を使って製作した。下端を圭頭に作る。

五四号：上部に切断した痕跡があり、下部は圭頭に刃子で整えた痕跡がある。オモテ面の下部に調整した痕跡が残っており、大枝を使用したとみられる。

五五号：小枝の板目材で製作した木簡で、辺材の方に墨書が記されている。下段部は圭頭である。

五六号：大木の板目材で製作した木簡で、上部には切断後、磨研した痕跡があり、下部は刃物を入れたが破損した。全体的に刃子で整えた痕跡がみられる。辺材の方に墨書があり、墨書の始まる部分が枝の上部である。

五七号：板目材の木簡で、上下端に刃物を入れてから切断した痕跡があり、全体的に刃子で整えた痕跡がある。裏面には全体的に磨研した痕跡がある。墨書は辺材の方にあり、墨書の始まる上部が枝の上部である。樹皮が残っていることから、小枝で製作した。

五八号：題籤軸

五九号：柾目材の木簡で、上部に切断した痕跡があり、下部には刃子で整えた痕跡がある。墨書の始まる部分が枝の上部であり、樹皮のある点からみて、小枝で製作したと思われる。

六〇号：板目材の木簡で、上部は刃物を入れてから切断した痕跡が見え、心材の方に「城下」の墨書が、辺材の方には「村」の墨書が確認される。墨書の始まる部分が枝の上部であり、小枝を使用したことがわかる。

六一＋七五＋九〇号：大枝の一部で、柾目材を使用して作った。上部に刃物を入れた痕跡があり、樹皮が一部確認される。放射方向で作ったと推定される木簡である。

六二＋六六号：「村」の墨書のある面が辺材であり、「稗石」の墨書のある面が心材である。小枝の板目材を使用して作ったとみられ、墨書の始まる部分が枝の上段である。下部には穴が空いており、下段部には磨研して整えた痕跡がある。

六三号：小枝の板目材で製作した木簡で、下部の切り込みの部分に樹皮が付着している。上部から下部に向かって刃物を入れた。切り込みに磨いた痕跡がみられる。両面に墨書が記されている。

六四号：小枝の板目材で製作した木簡で、上部に切断した後、刃子で整えており、辺材の方に墨書が記されている。上部に節が観察される。上端に切断した痕跡があり、切断後、刃子で整えたと思われる。墨書の始まる部分が枝の上部である。

六五号：上部は刃子で整えている。柾目材を使ったことからみると、大木を使ったとみられる。

六七号：小枝の板目材で製作した木簡で、墨書の始まる部分が枝の上部である。「加」の墨書のある面が辺材の方であり、心材側にも墨書が記されている。

六八号：板目材の木簡で、オモテ面には刃子で整えた痕跡があり、裏面は磨かれていると考えられる。髄が確認され、両端はいずれも破損している。小枝を使用して作っており、下部から上部に向かって刃物を入れた。墨書は辺材に記されている。

六九号：上部に刃物を入れてから切断した痕跡がある。大木の一部を使用し、裏面に刃物を入れて割った痕跡が残っている。上部から下部に向かって刃物を入れた。オモテ面右側の上部に小さな穴が一つある。

七〇号：上部は刃物を入れてから切断しており、下部にも刃子の痕跡がある。六九号木簡と同じ樹種であり、同内容の墨書である。下部に切り込みがある。

七一号：小枝の板目材で製作しており、辺材の方に墨書が記されている。下部に切り込みがある。

七二号：小枝の板目材で製作しており、下部に刃物を入れてから切断した痕跡がある。心材の方に墨書が記されており、切り込みのある部分が枝の下部である。

七三号：小枝の板目材で製作しており、心材の方に墨書がある。墨書の始まる部分が枝の上部である。
七四号：板目材の木簡で、上部に切断した痕跡があり、オモテ面には刃子で整えた痕跡がある。下部には切り込みがあり、刃物を入れて仕上げた。樹皮が確認されることからみて、小枝で作ったとみられる。墨書は辺材の方にある。
七六号：板目材を使って製作した木簡で、樹皮が確認される小枝で作った木簡である。辺材の方に墨書がある。
七七号：板目材の木簡で、上部に切断後刃子で整えた痕跡があり、下部も刃子で整えた。辺材の方に墨書があり、小枝を使用した。裏面に髄が、オモテ面の右側に樹皮が観察された。
七八号：大木の柾目材で製作した木簡で、下部に切り込みがある。削った痕跡があり、厚さが薄い。他の点は不明である。
七九号：上部に刃物を入れてから切断した痕跡があり、柾目材で、大きい木材の一部を使用した。下部から上部に向かって刃物を入れた。下部に切り込みがある。
八〇号：オモテ面の損失が多く、刃子痕などの製作痕を観察しにくい。下部の切り込みに縛った痕跡がみられ、小枝の板目材を使って製作した。墨書の記された面が枝の辺材の方に該当する。
八一号：上下端に切断した痕跡がある。柾目材で、大木の一部を使用して作った。
八二号：オモテ面に磨いた痕跡があり、下部は刃子で整えた。柾目材で、大木の一部を使用して作った。
八三号：上部に刃子で整えた痕跡があり、辺材の方に墨書がある。大木の板目材で製作した。
八四号：大木の板目材で製作しており、墨書は辺材の方にある。
八五号：上下部に切断痕があり、刃子で整えた。柾目材で、大木の一部で作った。
八六号：裏面に樹皮があり、小枝の板目材で作った。墨書は心材の方にある。
八七号：上部に切断後、刃物を入れた痕跡が見える。大木の柾目材で作った木簡である。
八八号：上部を刃子で整えており、小枝の板目材で作った。墨書は辺材の方にある。
八九号：オモテ面に刃子で整えた痕跡があり、辺材の方に墨書がある。小枝の板目材で作った。
九〇号：六一号・七五号木簡と接合。
九一号：下部に切り込みがあり、刃子痕がみられる。
九二号：柾目材を使った大木の一部で作った木簡である。
九三号：上部に刃物を入れてから切断した痕跡があり、柾目材で、大きい木材の一部で作った木簡である。
九四号：小枝で作っており、心材の方に墨書がある。下部に切り込みがある。
九五号：四五号木簡の上部に接合。
九六号：小枝の一部で作った木簡であり、墨書は辺材の方にある。
九七号：小枝の板目材で製作しており、下部に磨研した痕跡がある。節の穴がある木簡である。
九八号：板目材で、大木の木材の一部で製作された木簡であり、墨書は確認されていない。全体的に刃子で整えて作ったとみられる。
九九号：小枝の板目材で製作した木簡であり、上部に何回か刃物を入れた痕跡がある。刃物を入れてから切断して加工したとみられる。切り込みのある部分が枝の上部であり、下部は刃子で整えた痕跡がある。
一〇〇号：小枝の板目材で製作した未完成の木簡とみられる遺物である。下部に切り込みがあり、心材の方は平面であり、辺材の方は半円形である。
上下部が破損されているが、ほぼ木簡の形態を保っている。
一〇一号：弓と推定される。樹皮の痕跡があり、小枝を使用して作った。
一〇二号：下部に刃子で整えた痕跡があり、柾目材であり、大木の一部で作った。

一〇三号：柾目材であり、大木の一部で作った。上下部が刃子で整えている。
一〇四号：大木の柾目材であり、上端部は刃物を入れてから切断して、再び刃子で整えており、下部も刃子で整えた痕跡がある。表面全体が刃子で整えている。
一〇五号：柾目材であり、大木の一部で作った。上部に磨いた痕跡がある。
一〇六号：柾目材であり、大木の一部で作った。上下部に刃子で整えた痕跡と磨いた痕跡がある。
一〇七号：上下段部に刃物を入れてから切断した痕跡があり、全体的に刃子で整えた。柾目材であり、大木の一部で作った。
一〇八号：大木の板目材であるが、木簡とするには無理のある木材である。
一〇九号：大木の一部で作っており、下部に磨研した痕跡がある。
一一〇号：下部に刃子で整えた痕跡があり、小枝の板目材で作った。
一一一号：大木の一部で作っており、上下部に刃子で整えた痕跡がある。下部に切り込みがある。
一一二号：上下段部に刃物を入れてから切断した木簡である。中央のあちこちに刃子で切り込みを入れた痕跡がある。小枝の板目材で作ったとみられる。
一一三号：大木の柾目材で製作された。厚さが他の木簡に比べて厚い。木簡というより部材類の一部だと思われる。
一一四号：大木の一部で作った。
一一五号：大木の柾目材で製作された。
一一六号：板目材で製作された。
A号：上部は破損しており、下部は刃子で切断したとみられる。使用後、廃棄したと思われる。大木の一部で、板目材を使って製作された。
B号：「村」の墨書のある部分が心材の方であり、髄が観察される。小枝の板目材で製作されており、上下の右側面が破損された。
C号：上部に刃物を入れてから切断した痕跡があり、下部は破損した。大木の一部で、柾目材を使用して製作した。
D号：大木の一部である板目材で製作した。両面に異物によって押さえられた痕跡があるので、刃子の痕跡などはみられない。墨書のある部分が辺材の部分である。
E号：七六号木簡の上部に接合。
F号：板木版を使っており、下段部に切り込みを作ったと推定される刃子痕がある。後面の中央が髄に近い部分で、小枝で作ったと思われる。
城山山城二図面七三の五：板目材で製作した木簡で、下部を三角形に整えており、下部に切り込みを作るために、何回か刃物を入れた痕跡がある。
城山山城二写真一一三の一：板目材の木簡で、上部に刃物を入れてから切断した痕跡があり、切断するために、辺材から心材の方に刃物を入れた。墨書が記された面は心材の方であり、辺材の方には樹皮が残っている。下部は破損されており、刃子で木簡の下部から上部に整えた。
城山山城二写真一一三の二：墨書はないが、下部に切り込みがあったとみられる木簡である。特異な点は、木簡の中間に位置した刃子痕であるが、切断して廃棄するために刀痕をつけたとみられる痕跡である。このように切断すれば、木簡の上部に見られる切断痕ができると思われる。
城山山城二写真一一六の一：大木の柾目材で製作された。
城山山城二写真一一六の二：大木の柾目材で製作された。
城山山城二写真一一六の三：大木の柾目材で製作された。

（附記：本稿は、早稲田大学朝鮮文化研究所との共同研究を通じて共同で詳細な観察を行い、その観察結果に基づいて作成した。また国立金海博物館に収蔵されている二七点の木簡を追加で観察した。遺物観察を許可してくださった国立金海博物館の皆様に謝意を表したい。）

番号	墨書面・辺材	墨書面・心材	製作部位・大木	製作部位・小枝	材木・板目	材木・柾目	形態・切込	形態・穿孔	備考
一	○	○		○	○		○		
二	○	○		○	○		○		
三			○			○			
四	○		○		○		○		
五		○			○				
六		○	○		○		○		
七	○			○	○			○	
八	○			○	○		○		
九	○		○		○		○		
一〇			○			○	○		虫害痕
一一	○			○	○		○		樹皮
一二		○		○	○		○		樹皮
一三	○			○	○		○		樹皮
一四	○				○		○		虫害痕
一五				○	○		○		髄露出・虫害痕
一六			○			○			
一七	○		○		○		○		翻った痕跡
一八		○		○	○		○		髄露出
一九		○		○	○				髄露出
二〇	○	○		○	○		○		
二一			○			○			
二二		○		○	○				髄露出
二三		○		○	○		○		
二四	○		○		○			○	
二五				○	○		○		
二六			○		○			○	
二七				○	○				
二八	○	○		○	○			○	髄露出
二九	○	○		○	○				髄露出・樹皮・翻った痕跡
三〇	○	○			○		○		
三一	○	○	○		○		○		
三二	○	○		○	○		○		樹皮
三三	○		○		○		○		髄露出
三四				○	○		○		髄露出
三五	○		○		○		○		
三六		○		○	○		○		
三七	○			○	○		○		髄露出
三八	○		○		○		○		
三九			○			○	○		
四〇	○			○	○		○		樹皮
四一		○		○	○		○		髄露出・樹皮
四二	○			○	○		○		樹皮・翻った痕跡
四三		○		○	○		○		髄露出・樹皮
四四	○			○	○		○		
四五＋九五	○			○	○		○		樹皮
四六			○			○	○		

番号	墨書面・辺材	墨書面・心材	製作部位・大木	製作部位・小枝	材木・板目	材木・柾目	形態・切込	形態・穿孔	備考
四七	○			○	○		○		樹皮・廃棄痕
四八			○				○		廃棄痕
四九		○		○	○		○		
五〇		○		○	○		○		髄露出・樹皮
五一				○	○		○		
五二			○			○			
五三			○		○				虫害痕
五四			○						
五五	○			○	○				
五六	○		○		○				
五七	○			○	○				樹皮
五八									題籤軸
五九	○	○		○		○			樹皮
六〇	○	○		○	○				
六一＋七五＋九〇	○	○	○			○			樹皮
六二＋六六	○	○		○	○			○	
六三	○	○		○	○		○		樹皮
六四	○			○	○				
六五	○	○	○			○			
六七	○	○		○	○				
六八	○			○	○				髄露出
六九			○						
七〇							○		
七一	○			○	○		○		
七二		○		○	○		○		
七三		○		○	○				
七四	○			○	○		○		髄露出・樹皮
七六	○			○	○				樹皮
七七	○			○	○				髄露出・樹皮
七八			○			○	○		
七九			○			○	○		
八〇	○			○	○		○		
八一			○			○			
八二			○			○			
八三	○		○		○				
八四	○		○		○				
八五			○			○			
八六		○		○	○				樹皮
八七			○			○			
八八	○			○	○				
八九	○			○	○				
九一							○		
九二			○			○	○		
九三			○			○	○		
九四		○		○			○		
九六	○			○					

番号	墨書面 辺材	墨書面 心材	製作部位 大木	製作部位 小枝	材木 板目	材木 柾目	形態 切込	形態 穿孔	備考
九七				○	○				
九八			○		○		○		
九九				○	○		○		
一〇〇				○	○		○		未完成木簡
一〇一				○		○			樹皮・弓か
一〇二			○			○			
一〇三			○			○			
一〇四			○			○			
一〇五			○			○			
一〇六			○			○			
一〇七			○			○			
一〇八			○		○				
一〇九			○						
一一〇				○	○				
一一一			○				○		
一一二				○	○				上下端に刃を入れ切断
一一三			○			○			
一一四			○						
一一五			○			○			
一一六			○		○				
A			○		○				下部に刃子切断痕
B		○		○	○				髄露出
C			○			○			
D	○		○		○				
E									七六号と接合
F	○			○	○				
七三-五				○	○		○		
一一三-一		○		○	○				樹皮
一一三-二					○		○		刃子切断痕
一一六-一			○			○			
一一六-二			○			○			
一一六-三			○			○			

城山山城木簡の製作技法

橋本　繁

はじめに

城山山城木簡は、これまでの研究により五六〇年前後に洛東江上流域の各地から城山山城へ稗や麦などの物資を輸送する際につけられた荷札であることが明らかとなっている。当時の地方支配体制と密接な関わりがあると考えられることから、急速な発展を遂げた六世紀新羅の地方支配、その中での税貢進の具体像を明らかにしうる画期的な資料群であると評価されている。[1]

ところで、これまでの研究は、木簡に書かれた内容にのみ関心を傾けてきた。その結果、木簡がどのように製作され、どのようにして城山山城で廃棄されるにいたったのかという全体的なプロセスについては、ほとんど明らかになっていないのが実情である。そうした課題に取り組むためには、文字内容の分析と合わせて、考古遺物として木簡を観察する必要がある。本稿は、そうした問題意識から、木簡の表面観察によってえられたデータをもとに、木簡の製作、保管、廃棄についての知見を整理するものである。

本論に入る前に調査経緯を簡略に述べたい。

早稲田大学朝鮮文化研究所では、国立加耶文化財研究所との間で二〇〇四年三月に共同研究協定を締結し、城山山城木簡の共同研究を実施してきた。その一環として、二〇〇六年八月二三～二五日の三日間に新たな釈文の作成を目的として調査をおこなった。その際、一部の木簡側面に樹皮の残っていることが、国立加耶文化財研究所・保存科学室の梁碩眞氏の指摘により明らかとなった。本稿で述べるように、樹皮や髄の存在が明らかになったことは、木簡をつくるための材としてどのような木を使用したのか、また、どのような手順で作成したのかという木簡の製作に関わる重要な知見であると認識された。しかし、この時の調査は釈文の作成が主たる目的であったため、樹皮や髄については一部の観察にとどまり全面的な調査をおこなうことができなかった。

翌二〇〇七年九月六～七日の二日間に再び国立加耶文化財研究所において城山山城木簡の補足調査をおこなった。前年に作成した釈文を再検討するとともに、同研究所で所蔵している木簡全点について詳細な表面観察をおこなうことができた。これらの成果は本書に掲載されている。なお、実見できなかった国立金海博物館所蔵の木簡については、梁碩眞「咸安城山山城出土木簡の製作技法観察」に整理されている。

一．木簡の製作技法

一―一．樹皮・髄の確認される木簡

城山山城木簡に使用した木材について、これまで唯一言及しているのは朴相珍である。年輪の配列状態に注目し、年輪が放射状（すなわち板目）、接線状（すなわち柾目）のものは比較的大きい木を使用し、中心部に髄があるものは小さな枝あるいは幹を利用して製作したと推定した。前者は多くの木簡が必要で同一の目的に使用する際に用いられた方法であろうとする。[2] こうした観察と指摘によって、その木簡がどのような材から製作されたものであるかが、部分的に明らかになった。

そして、今回の調査によって、朴相珍の指摘する髄だけでなく、樹皮の残る木簡が数多く確認された。これらの観察結果は、木簡を製作する手順を具体的に明らかにするための重要な資料として注目される。結論から先に述べると、これらの木簡は、直径二～三センチほどのマツの枝からつくられたものである。

まず、樹皮が確認されるものをみていくと、二九・三一・四〇・四一・四二・四三・四四・四五・四七・五〇・五五・五七・五九・六一・六八・七四・八〇・八六号の一八点で

ある。いうまでもなく樹皮は木のもっとも外側にあるので、樹皮のある木簡は、材の元の太さが正確に分かる資料といえる。

　これら一八点の木簡の幅をみていくと、二九号が一・九センチ、三二号が一・五センチ、四〇号が二・一センチ、四一号が二・一センチ、四二号が二・六センチ、四三号が二・五センチ、四四号が二・四センチ、四五号が一・七センチ、四七号が一・六センチ、五〇号が一・七センチ、五五号が一・七センチ、五七号が一・七センチ、五九号が二・四センチ、六一号が二・七センチ、六八号が一・六センチ、七四号が二・一センチ、八〇号が一・八センチ、八六号が二・二センチである。したがって、樹皮のある木簡の幅は、一・五〜二・二センチとなる。これらの幅には、出土後の縮小や変形がありえ、また、形状によっては必ずしも現在の幅そのものが枝の直径とはならないが、おおよそ直径が二センチほどの細い枝を加工して木簡を作成したことが分かる。

図一　四五号木簡。左側に樹皮が残る

　次に、樹皮はないが髄の確認されるものとして二八・三三・三四・三七・七一・七七・八八号の七点がある。

　髄がみられることから、それほど大きな木の幹や枝の中心部分とは考えにくく、木簡の現状の幅がおおよそもとの材の直径に等しいと考えられる。

　それぞれの直径をみると、二八号は二・五センチ、三三号は三・五センチ、三四号は三・一センチ、三七号は三・五センチ、七一号は一・三センチ、七七号は一・八センチ、八八号は一・七センチである。三三・三四・三七号は仇利伐の木簡であり、幅が三センチを超えるだけでなく長さも長い。樹皮のみられる木簡よりは直径の大きい材を使用していると考えられ、側面を若干切り落としたと想定して、四センチ強程度の幹や枝を使用したと考えられる。

　髄はあるが樹皮のついていない木簡は、樹皮の残る木簡と同様に二〜四センチほどのさほど大きくない枝や幹から作成したと考えられる。

図二　四三号木簡。中心に髄がみられる

一―二　製作技法とその痕跡

　樹皮の残る木簡から推定される木簡製作手順は次の通りである。

①直径二センチほどの松の枝を採取する。
②枝の中心に刃を入れて縦に割る。
③外側の樹皮を剥ぎ、刃物で書写面を調整する。内側も荒く調整を加える。
④上下端を切断して適当な長さにする。
⑤穿孔を開けるか、切込みを入れる。
⑦荷物に括り付ける。

　製作手順は多少前後する可能性あるが、おおよそこのような加工によって作成したものと推定できる。髄が確認されるものの樹皮の残っていない木簡は、③の工程において側面も樹皮を剥いで調整を加えたと考えられる。

　木簡にみえる各工程の痕跡を指摘する。

　②の縦割りについては、六五号のオモテ面上部にわずかながら刃の痕跡がみられた。

　③の調整については、ほとんどの木簡に痕跡が認められる。なかでも五〇号木簡は全面に「カットグラス状」の調整が明瞭にみられる。

　④の上下端の切断については、二通りの技法が確認された。

　まず、四〇号の下端や五〇号の上端は、切断しようとする箇所に周囲から何度も刃をいれて、そのあと手で折っている。そのため中心部分が繊維にそってえぐられている。

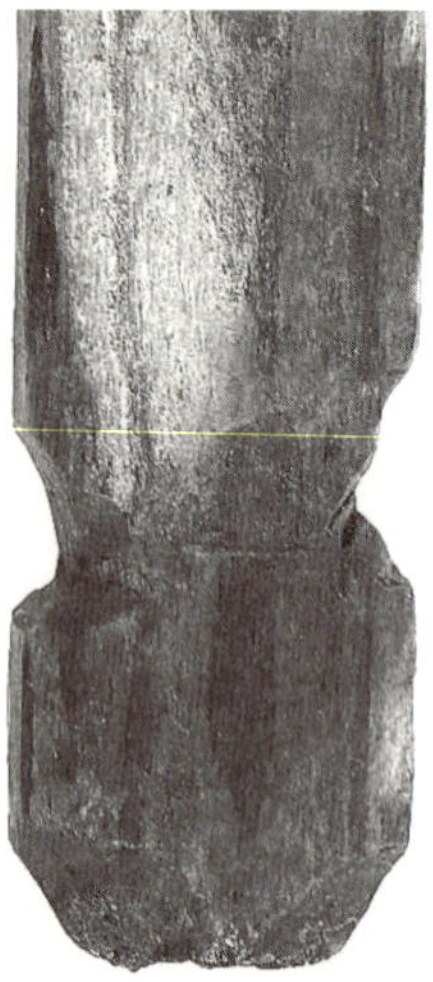

図三　四〇号下端。刃跡が残る

四七号では、オモテ面から水平に刃を入れたあと手で折り、繊維のケバを削っている。

⑤の穿孔の開け方について、今回調査した木簡のうち、穿孔のあるものは二八号と六二号であるが、いずれも裏面からオモテ面に向けて穴を穿っていることが分かった。書写面とは反対側から空けており、加工者が文字を書く面を意識していたものと想定される。

⑥文字を書いたのは、穿孔をあけた後である。二八号をみると、穴を避けて文字を書いている。これは木簡を加工する際にあらかじめ穴を穿ち、その後に文字を書いたためと考えられる。木簡を作成する段階から荷札に使用することが想定されていたといえよう。

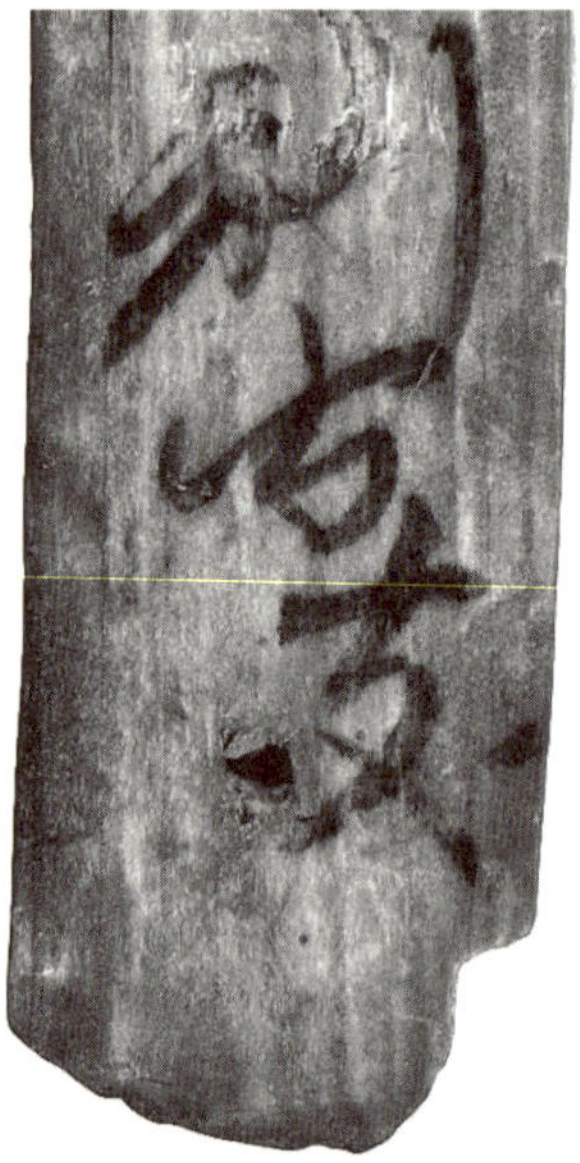

図四　二八号木簡。穿孔を避けて文字を書く

⑦文字を書いてから荷物に括り付けたと考えられる。三〇号木簡は、切込み部分にまで文字があるにもかかわらず文字が完全に残っているからである。長屋王家で出土した封緘木簡には、木簡の文字の一部が抜けているものがあり、ヒモを括り付けてから文字を書いたためと考えられる(3)。

一―三．木簡の加工者と書写者

木簡を作成した製作者と、その木簡に文字を書いた書写者とは、異なる可能性が高い。

前項で述べたように、髄のある枝の中心に刃をいれて縦に割ったうえで、外側を丁寧に整形している。これは、外側を書写面として意識していたためとみられる。ところが、四一号、四三号、五〇号、七九号の四点は、丁寧に調整した外側ではなく、ほとんど調整をほどこしていない内側に文字を書いている。また、両面に記載のある木簡のうち、内側から書いている二九号も同様に考えられよう。

図五　四一号木簡。髄のある内側に文字を書く

木簡の外側であれば調整されていて平滑なため文字を書きやすいが、内側は十分に調整されておらず文字は書きにくい。それにもかかわらず内側に文字を書いているという現象は、木簡の加工者と書写者が同一であれば起こりえないと考えられる。したがって、木簡の加工者と書写者は異なっていたものと推測されるのである。荷札が必要となるごとに作成していたわけではなく、ある程度まとめて作成して保管しておき、必要に応じて使用したと想像される。

二．使用痕

二―一．荷物に括り付けた跡

前項では、木簡が作成されて文字の書かれるまでを復元した。本項では、木簡がどのように使用され、最終的な廃棄に至るかを検討する。

城山山城木簡は荷札である。切込み部分や穿孔にヒモを縛りつけ、荷物にくくり付けて使用されたと想定される。そうした使用状況を具体的に物語る痕跡が数例確認された。

まず、四五号の切込み部分に、ヒモを巻いた痕跡がわずかであるがみられた。

図六　四五号木簡

また、四八号にも、切込み部分にヒモによると思われる圧痕が観察された。切込みをつくるためにV字形に刃を入れた際に、浅く入ったため切り落とされずに木の繊維の残ってしまった部分が、強い圧力によって圧縮されたものと考えられる。

図七　四八号木簡

また、二九号は、下端に切込みや穿孔がないが、尖端を尖らせていることから、荷物に刺して使用したものと想定される。

二―二．保管状況―鼠の歯形

稗や麦などの荷を保管している間も、木簡は廃棄されることなくそのまま付けられていたと考えられる。そうした状況をよく物語るのが、二九号の下端部、四二号上端部にのこる鼠の歯形と判断される痕跡である。(4)

図八　四二号木簡

こうした鼠の噛り痕の例は、日本の木簡でも確認されている。

畝田ナベタ遺跡　第五号木簡

「＜否益一石一斗」

一七〇×一八×五

図九　畝田ナベタ遺跡　第五号木簡

この木簡は稲籾につけられた種子札で、「否益」は稲の品種名である。稲籾の

「保管施設と鼠の存在に密接な関連を想定でき」るとされている。(5) 城山山城木簡においても複数の木簡に鼠の歯形がみられることは、稗や麦などの穀物の保管状況との密接な関係が考えられよう。木簡の使用状況を推測する上で、たいへん興味深い事例である。

二―三．廃棄に関して

稗や麦などが消費された後、付けられていた荷札も不要となり廃棄されたものと考えられる。

城山山城木簡の大部分は完形であり、上下端が欠損している場合も、埋蔵時もしくは出土時の破損で、意図的な廃棄痕はあまりみられない。使用当時に折れたと確認されるのは次の二例である。

三八号は、欠損している上端の裏面が繊維にそって剥がれている。これは出土時の欠損ではなく使用していた当時に折れたものと推定される。ただし、刃跡は確認されないので意図的なものかどうかは判断しがたい。

四八号は、オモテ面に刃物の跡があり、裏面が繊維にそって剥がれている。これは刃の痕があることから、意図的なものである。ただ、なぜ切断したのかは不明である。

日本の文書木簡の例として、木簡の一部を書き換えて悪用されることを防ぐためにシュレッダーのように細かく割いてから廃棄する例がみられる。しかし、城山山城木簡のように記載内容が単純な荷札の場合、そのような必要もないため、ほとんどがそのまま廃棄されたものと考えられる。

おわりに

城山山城木簡の表面観察により、マツの枝を削って製作したものが多いことを明らかにした。はじめにで述べたように、朴相珍は大量につくる際に、板目や柾目の材を利用したとしている。しかし、実際にはそういった用途ごとの使い分けは存在せず、同じ荷札という用途であっても、マツの枝から作ったものと、板目や柾目の大きな材から作ったものの両方がある。おそらく、その時々に入手できた材料を使って、木簡を製作したのであろう。

ところで、韓国木簡の特徴として、觚や棒状木簡の占める割合の高いことが指摘されており、その理由については、漢代簡牘の影響であると指摘されている。(6) しかし、マツの枝を利用していることから考えると、原材料に規定されたという側面についても考慮する必要があるのではないだろうか。

もちろん、今回の城山山城木簡の調査結果は、あくまで六世紀半ばの新羅の地方木簡に対する検討結果であり、これがそのまま新羅木簡一般の特徴として当てはまるとは限らない。王京で使用された木簡と地方で使用された木簡の違い、また木簡の用途なども考慮に入れる必要がある。例えば、最近明らかにされた月城垓子木簡の調査結果によれば、文字の確認される二六点の木簡のうち、髄のふくまれたものは七点であった。(7) それらは、いずれも棒状の木簡もしくは觚である。城山山城木簡のように付札と推定されるもので髄のあるものは五号木簡の一点にすぎない。

今後、月城垓子以外にも雁鴨池、陵山里などまとまった数の木簡が出土している遺跡を中心に、木簡製作方法、木取りのデータを蓄積していく必要があろう。そうして得られた結果を中国大陸や日本列島で出土している木簡のデータと比較することによって、新羅や百済木簡の特徴を、木簡の製作技法さらには使用状況から明らかにすることができるだろう。

注

（1） 李成市「朝鮮の文書行政―六世紀の新羅」（平川南ほか編『文字と古代日本２ 文字による交流』吉川弘文館、二〇〇五年。本報告書所収）。

（2） 一次報告分については、朴相珍「出土木簡의 材質分析―咸安城山山城出土木簡을 中心으로」（『韓国古代史研究』一九、二〇〇〇年）、二次報告分については朴相珍・姜愛慶・曺圭

娥「咸安城山山城出土木簡の樹種」（国立昌原文化財研究所『韓国の古代木簡』二〇〇四年）。

（3）二二三五、二二三六、二二三七号木簡（奈良国立文化財研究所編『平城京木簡二　長屋王家木簡二』二〇〇一年）。

（4）国立加耶文化財研究所によるその後の調査で、一七号木簡の下端部分からも同様の鋸痕が確認された（梁碩眞「咸安城山山城出土木簡の製作技法観察」本報告書所収）。

（5）平川南「畝田ナベタ遺跡出土木簡」（石川県教育委員会・財団法人石川県埋蔵文化財センター『畝田東遺跡群Ⅵ』二〇〇六年）。

（6）尹善泰「韓国古代木簡の出土状況と展望」（前掲『韓国の古代木簡』）三六一～三六二頁。

（7）姜愛慶「月城垓子出土木簡 및 木製品의 樹種」（国立慶州文化財研究所『月城垓子発掘調査報告書Ⅱ　考察』二〇〇六年）。

咸安城山山城の発掘調査と出土木簡の性格

朴鍾益（朴珉慶 訳）

I．はじめに

国立加耶文化財研究所は、加耶文化圏の重要遺蹟に対する学術発掘調査事業の一環として、咸安城山山城（史蹟第六七号）に対する年次調査事業を一九九一年から現在にいたるまで一一次にわたって実施した。咸安は昔から阿羅加耶の古都として知られ、多くの加耶古墳が存在しており、城山山城も阿羅加耶の山城であるとの認識から調査することとなったのである。

咸安城山山城の規模（周辺約一・四キロ、内部面積九五〇〇〇坪）に対し、調査面積は一部分にすぎないが、門址の形態、夾築の城壁、外壁補強構造物、軒丸瓦などの遺物が収拾されている。さらに東門址附近の推定沼溜地からは多数の木製品をはじめ銘文木簡が出土し、この山城は非常に重要な三国時代の山城として位置づけられるようになった。

II．咸安城山山城の調査概要

一．位置および現況

咸安城山山城は、慶尚南道咸安郡加耶邑広井里一六七五番地および咸安面槐山里七八四番地一帯の鳥南山（標高一三九・四メートル）に位置する。鳥南山（あるいは造南山・城山）は現加耶邑の所在地から南南東の方向に約二・五キロ離れたところに位置しており、北に咸安道項里・末山里古墳群（史蹟第八四、八五号）を見下ろしている（図一）。また、鳥南山は、南方の鎮東湾から約一八キロ離れており、北に約七キロ隔てて南江が流れ、南側が高く北側が低い地形をなしている。鳥南山の周辺地域は海抜二〇メートル程の平野であるため、北側の加耶邑から眺めると高い山に見える。鳥南山の北側は非常に険しい傾斜であるが、槐項という集落のある西側と南側は長い谷間を形成しており、比較的緩慢である。

図一　咸安城山山城遠景

城壁は、鳥南山の内部を囲んでいる頂上部分に築かれた山頂式であり、いびつな長方形をしている。城壁自体も山の稜線に沿って築かれているため、北壁・西壁・南壁の順に高い地点に位置し、東壁は山の低い地点を横切って築かれている。山城内部の地形は、北から南に低くなって再びやや高くなり、西から東に斜めに低くなるため、城内の水は自然に中央へと集まって東に流れる。現在の城壁は土に覆われ、城壁の内外部には八〇年代末まで畑を耕した痕跡が明瞭であり、畑の耕作によって段のある傾斜が多い。

門址は、東・南・西の三個所が推測されている。西側は門の形がみてとれるが、南と東の二個所は住民の通行路として利用されているだけで、これといった痕跡は見あたらない。

咸安に関する文献史料には、以下のものがある。

『三国史記』巻三四雑志三・地理一・康州条に、

咸安郡、法興王以大兵滅阿戸良國（一云阿那加耶）以其地爲郡、景徳王改名、今因之。領縣二、玄武縣本召彡縣、景徳王改名、今召彡部曲。

とあり、広開土王陵碑文一〇年庚子（西暦四〇〇）条に、

…倭賊退□□□却乗背急追至任那加羅従抜城、城即歸服、安羅人戍兵…

とあり、『三国史記』巻四・新羅本紀四・智証麻立干十五年（五一四）条に、

春正月置小京於阿戸村、秋七月、徙六部及南地人戸充實之。

とあり、『三国史記』巻四〇雑志九・職官条に、

十停或云三千幢…五曰召三停…竝眞興王五年（五四四）置…

とあり、『日本書紀』巻一七継体天皇二五年（五三一）冬一二月条細注に、

…其文云、太歳辛亥三月、軍進至于安羅乞乇城…

とあり、『日本書紀』巻一九・欽明天皇二二年（五六一）条に、

…故新羅築城於阿羅波斯山、以備日本。

とある。咸安城山山城に関する記録は、『咸州誌』古跡条に、

伽倻國舊墟、在郡北五里許、城山之上、周回四千三百八十三尺、至今城基宛然、隆慶己巳（一五六九）張侯範建書院于此、今移琴川。

とあるのが、唯一の記録である。すなわち、城山山城は加耶国の古跡と記されているが、なぜそのように記録されたかが疑問である。ただ『日本書紀』欽明天皇条に、新羅が阿羅の波斯山に日本に備えて築城したという記録があって、わずかながらも手がかりとなる。

二 城壁施設に関する調査内容

咸安城山山城の調査は、城壁断面構造・門址・建物址・排水路・泥土層などに対して行われている。城壁断面の調査は四壁に対して行われたが、土に覆われた内外夾築式の石城（体城の幅は七四〇〜九二〇センチ）と外壁基底部を補強している三角形の構造物（図二）の存在を確認した。

山城の城壁は、主に山の稜線に沿って築造されているため、稜線の屈曲によって築城には多くの困難があったと考えられる。また、さまざまな集団が築城の役に動員されたであろうから、築城技法に多少の差異が発生し、築造区分点が現れたものとみられる。城山山城では、東門址内壁の北側四メートルの地点に石築の様子がはっきりと区別されるところがあり、二〇〇六年の調査で築造区分点が確認されたが、約五〇メートル離れた地点である。このような築造区分点を考察する時は、事前に計画された築城区間や築造集団の相違なども考慮しなければならない。これには明活山城碑、南山新城碑、関門城、朝鮮時代の邑城にみられる金石文（力役動員など）との関連性が窺える。

図二　基段補築

門址の調査では、南門址・東門址の二個所を確認したが、いずれも改築して使用されている。

排水路の調査では、東壁の内側から「Y」字状の導水路、一直線状の導水路およびこれらとつながる入水口が、西壁からは入（出）水口が城壁面で確認された。二〇〇六年の調査で東壁の内側から三個所の入水口が確認された。

建物址は一五六九年頃に建てられた城山書院址と思われるものが確認された。垣・礎石・オンドル施設が残っており正面五間、側面二間の規模であった。

さて、咸安城山山城では、木製品をはじめ多くの銘文木簡が出土し、六世紀半ばの新羅地方行政体系を究明するための重要な手がかりとなっている。木簡が出土した地点に対する一〇余年間の調査内容をみていきたい。

東門址付近の内部は、発掘調査が行われた一九九二年まで水田が耕作されており、この周辺はいつも低湿な状態だった。そして、東壁の外部は、内部とかなりの高低差があって谷を形成していた。城壁の断面を調査するための切開調査により確認された内容をみると、調査の結果、現表土下の約二五〇センチまでは水田の耕作層・沈澱層・腐植土層・撹乱層、茶褐色の粘土層が広く形成されており、小さな礫層の間層と城の内壁には泥の浸透層と大きな風化岩盤片を含む灰褐色の

粘土層があり、その下には有機物の腐植している泥土層が四一〇センチの深さまで形成されている。三五〇センチまでの泥土層の下端部には、木簡・木製品・果物の種・木材片・土器片などが多くの有機物質とともに圧縮されて混在していた。その下から地盤層までの厚さ二〇～八〇センチの緑色水藻層には、貝類・卵殻・モモの種などが含まれており、その下は磨砂岩盤層の底部である。

その後、木簡が出土した低湿地と推定される地域に対して、その性格や範囲などを確認するために二〇〇二年から探索調査を実施した。調査の結果、護岸石築と推定される石築列が確認されたことにより、従来、低湿地と思われていた場所が人為的に作った貯水池であることが明らかになった。貯水池内部の泥は三メートル以上の厚さに堆積しており（現表土から底まで約五・五メートルの深さ）、東西の直径が約九〇メートルに至る大規模な貯水池であることを確認した。

二〇〇三年度に、探索調査から確認された沼溜地を集中的に調査した。その結果、全貌を明らかにすることはできなかったが、最終貯水池は楕円形をしており、その規模は四八×二八×二・五メートルであった。周囲には護岸石築があり、その内部に限って急傾斜部分に二重の木製構造物が設置されている。

図三　内壁

図四　木簡の出土状況

二〇〇六年度の調査では、この楕円形貯水池の下から多角形と推定される、より広い範囲の先行護岸石築が確認された。なお、下部の先行護岸石築と東壁との間の内部（約一〇×一〇メートル）に木簡などの木製品が多くの有機物とともに人為的に廃棄され積み重ねられている部分を確認した。この部分は、下部に木柵が設置されたが、後に崩れており、その上部に凸レンズのように黒い色の有機物層が形成されていて、その上部は土で覆っている。

木簡が出土した部分に対する調査の結果、特定遺構ではなく、木製品をはじめ多くの有機物質を人為的に廃棄した城壁内部の場所から出土していることがわかった。

Ⅲ．咸安城山山城の出土遺物と木簡

二〇〇五年までに城山山城で出土した遺物は、銘文木簡をはじめとする木製品類・土器類・瓦類・鉄器類・自然堅果類・骨貝類など約八〇〇点に至る。重要遺物には、木簡・題籤軸・棒・櫛・無頸式の平瓦・蓮花文の軒丸瓦・吐手瓦・平瓦・九世紀代の日暈文糸底青磁碗一点と筆・刀子などの文具類とモモの種・アンズの種・クルミの種・クリの殻・キュウリの種・ウリの種・ドングリなどの堅果類と卜骨で使われた骨一点などがある。

木製遺物は、すべて東門址附近の城壁内部の泥土層から収拾された。この泥土層からは堅果類・土器片・骨貝類などの遺物も多数出土したが、ほとんどが木製品である。二〇〇五年まで出土した木製品は五六〇点であるが、そのうち木簡が一二二点と全体の二二％を占めもっとも多く、その次は砧状の棒であり、他は異形木製品で用途未詳のものが大部分である。

一方、城山山城の採集木材に関する炭素年代測定の結果は、西暦二五〇～

図五　城山山城出土木簡

五四〇年（一九九二年）、西暦四四〇～六四〇年（一九九四年）、西暦三九〇～五九〇年・三八〇～六〇〇年（二〇〇〇年）である。

木簡は厚さ約一二〇センチの黒灰色有機質層から出土しており、肉眼でも文字の一部がわずかに見えるが、赤外線撮影の結果、九五点から墨書が確認された。木簡は一九九二年に六点、一九九四年に二一点、二〇〇〇年に二点、二〇〇二年に九二点、二〇〇三年に一点など、合わせて一二二点が出土しており（図五）、この中には文書の保管および管理行政の一端を伝える題籤軸七点がある。二〇〇六年度の調査で木簡四〇点が出土し、現時点で一六二点にのぼる。

●主要な木簡と題籤軸の紹介

1．一号木簡（二面墨書）

肉眼では墨書の形がわずかに見えるが、赤外線撮影の結果、前面に「仇利伐　上彡者村」、後面に「乞利」など全九字が確認された。「V」字の切り込み以下は欠損と推定されており、上部の方がやや広い。

現存長二三・七センチ、幅三・〇センチ、厚さ〇・九センチ

2．二号木簡（二面墨書）

肉眼では文字の形がわずかしか見えないが、赤外線撮影の結果、前面に「甘文城下幾甘文本波　王（稗）」、後面に「□村利兮（負）」などの文字が確認された。下部に「V」字の切り込みがあり、両端は円形になっている。

長さ一九・七センチ、幅二・〇センチ、厚さ〇・六センチ（完形）

＊二〇〇六年度出土木簡では「甘文城下幾甘文本波」を「甘文城下麦甘文本波」と判読した。

3．三号木簡（一面墨書）

肉眼でも「仇利伐　上彡者村　波婁」の九字が確認される。上部は欠損して原形はわからない。同一内容の三四号木簡（完形）がある。

現存長二三・六センチ、最大幅四・四センチ、厚さ〇・七センチ（図六）

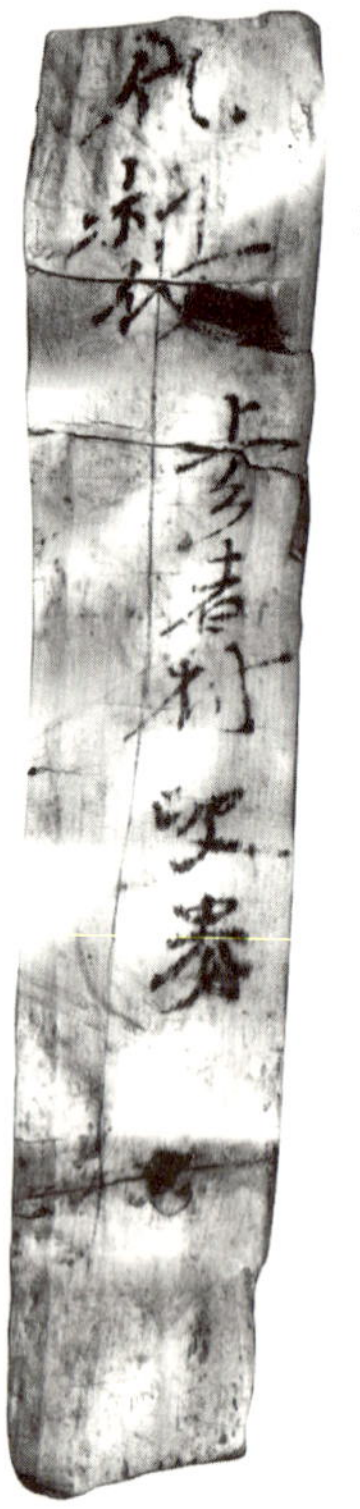

図六　三号木簡

4．四号木簡（一面墨書）

肉眼では文字が見えないが、赤外線撮影の結果「仇利伐　仇阤（尓）一伐　尓利□一伐」の墨書が確認された。木簡は下部に「V」字の切り込みがあって両端は丸くなっており、上部が下部に比べて多少広い。下部に一部欠損がある。

長さ二二・八センチ、幅三・三〜三・八センチ、厚さ〇・六〜〇・九センチ（完形）

5．五号木簡（一面墨書）

肉眼では「仇利伐…徳…人…」などの多数の文字が見え、赤外線撮影の結果「仇利伐　⿺乙又徳　知一伐奴人□」の文字が確認された。木簡の上部は三角形で尖っているが、下部は欠損している。

現存長二〇・三センチ、幅三・一センチ、厚さ〇・六センチ（図七）

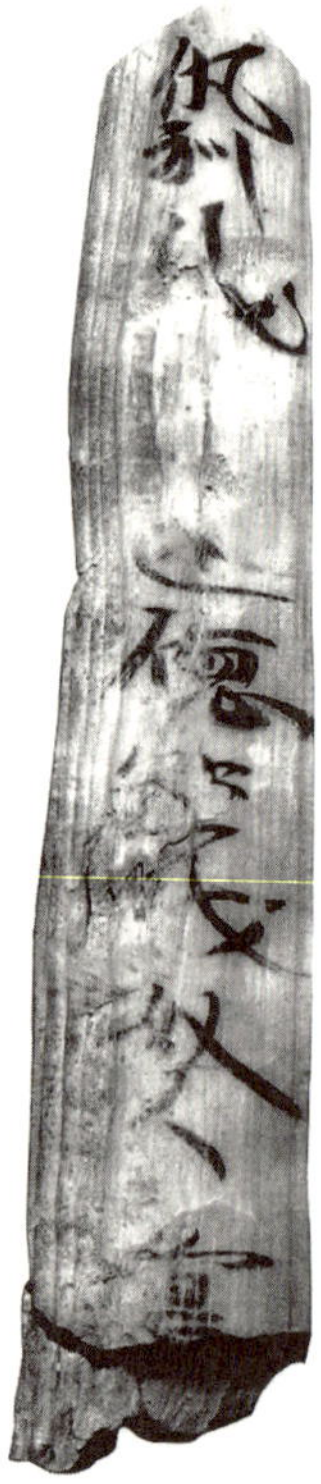

図七　五号木簡

6．六号木簡（一面墨書）

肉眼でもわずかな墨書が見える。赤外線撮影の結果「王松鳥多伊伐支□（負）支」の一〇字が確認されるが、八番目の字は未詳で、九番目の字は「負」と推定される。

上部はやや丸くなっており、下部に三角形の切り込みがあって紐で縛るようになっている。両面は整えていない。

長さ二〇・〇センチ、幅二・八センチ、厚さ〇・六センチ（完形）

7．八号木簡（一面墨書）

肉眼では全く文字が見えないが、赤外線撮影の結果「及伐城（秀）（乃）巴稗」の文字が確認された。木簡の下部には三角形の切り込みの痕跡があり、上端は刃物で削った痕跡が残っている。

長さ二〇・八センチ、幅二・八センチ、厚さ〇・七センチ

8．九号木簡（一面墨書）

肉眼では全く文字が見えないが、赤外線撮影の結果「竹戸□乎于支稗一」の文字が確認され、「乎」の字の下にV字の記号がある。木簡の上部は角を削って丸くしており、下部に三角形の切り込みが作られている。

長さ一八・六センチ、幅二・五センチ、厚さ〇・八センチ（完形）

9．一〇号木簡（一面墨書）

肉眼では全く文字が見えないが、赤外線撮影の結果、「甘文本波□村（旦）利村伊竹伊」の文字が確認された。木簡は上下の幅が近似しているが、若干ゆがんでおり、「V」字の切り込みの下部が欠損している。

現存長二二・七センチ、幅二・六センチ、厚さ〇・五センチ

10．一三号木簡（一面墨書）

肉眼では文字がわずかに見えるのみだが、赤外線撮影の結果「陳城巴兮支稗」の六字が確認されている。同一内容の木簡（四一号木簡）がある。木簡の下部に「V」字の切り込みを両側に刻んでいるが、両端はきちんと整えられていない。

長さ一五・九センチ、幅二・二センチ、厚さ〇・七センチ（完形）

11．一四号木簡（一面墨書）

肉眼では全く文字が見えないが、赤外線撮影の結果「大村伊息智一伐」の七字が確認された。木簡の下部に「V」字の切り込みを両側に刻んでおり、上端部は三角形であるが、右辺が長くなっている。

長さ一六・〇センチ、幅二・五センチ、厚さ〇・四〜一・〇センチ（完形）

12. 一七号木簡（一面墨書）

肉眼では全く文字が見えないが、赤外線撮影の結果「前谷村阿足只□」という小さな文字が偏って書いてあるのが確認された。木簡の両端が欠損され、原形はわからない。三七号木簡のように、最後の文字が「負」である可能性がある。

現存長一六・七センチ、幅三・四センチ、厚さ〇・五センチ

13. 二〇号木簡（一面墨書）

肉眼では文字がわずかに見えるが、赤外線撮影の結果「古阤□骨利村□」「仇仍支稗（姜？）」の文字が確認された。木簡の下部を少し斜めに処理しており、上部には「V」字の切り込みを両側に刻んだ痕跡がある。

現存長一二・六センチ、幅二・二センチ、厚さ〇・五センチ

＊二〇〇六年度出土木簡では「古阤伊骨村阿那」と判読した。

14. 二三号木簡（一面墨書）

「…知上干支」の墨書が見え、上端部が欠損して原形はわからないが、下部は三角形の切り込みをして紐を縛るようになっている。

現存長八・〇センチ、幅二・五センチ、厚さ〇・五センチ

15. 二九号木簡（一面墨書）

肉眼でも文字が見えるが、赤外線撮影の結果、前面に「古阤新村智利知一尺（那）（村）」、後面に「豆兮利智稗石」などの文字が確認された。木簡の上部は円形であり、下部は一部に欠損があるが、ほぼ完形である。下部はやや曲がっている。

長さ二〇・九センチ、幅一・九センチ、厚さ〇・八センチ

16. 三三号木簡（一面墨書）

肉眼でもわずかに墨書が見える。赤外線撮影の結果、「仇利伐　彤谷村　仇礼支負」の一〇字が確認され、下部に三角形の深い切り込みがあって紐で縛るようになっている。上端は角を削って半円形に整えている。

長さ二九・三センチ、幅三・五センチ、厚さ〇・七センチ（完形）

17. 三五号木簡（一面墨書）

肉眼でもわずかに墨書が見える。木簡は五つに折れていたが復元された。赤外線撮影の結果、「内思知　奴人　居助支　負」の九字が確認された。下部にV字の深い切り込みがあり、頭部は三角形に整えている。

長さ二七・六センチ、幅三・三センチ、厚さ〇・六センチ（完形）（図八）

図八　三五号木簡

18. 三六号木簡（一面墨書）

肉眼でもわずかに墨書の痕迹が見える。赤外線撮影の結果、文字は「（仇利伐）只即智奴於□支（負）」と推定される。木簡は二つに折れていたが、復元された。頭部は三角形であり、下部に三角形の深い切り込みがある。

長さ二九・六センチ、幅三・八センチ、厚さ〇・七センチ（完形）

19. 三七号木簡（一面墨書）

肉眼ではほとんどの文字が確認できないが、赤外線撮影の結果、「内只次奴　須礼支（負）」の八字が右側に偏って書いてあるのが確認された。上端は欠損しており、下部には三角形の切り込みがある。一七号木簡のように偏って小さな文字で書かれており、上部に別の文字があったと推定される。

現存長二四・四センチ、幅三・五センチ、厚さ〇・八センチ

20. 三八号木簡（一面墨書）

肉眼ではほとんどの文字が確認できないが、赤外線撮影の結果、「比夕須奴　尒先（利）支（負：三七号の文字と同じ）」の小さな文字が二行に記されていた。欠損が甚だしく、頭部と下端部分の区別は難しいが、ほかの木簡と同様ではないかと思われる。他の木簡より面が広いため、最初から二行で記載したと思われる。三三号木簡のように上部にさらに文字（地名）があったと推定される。

現存長二六・七センチ、幅四・七センチ、厚さ〇・七センチ

21．三九号木簡（一面墨書）

肉眼でも文字が見えるが、赤外線撮影の結果、「鄒文比尸河村尓利牟（稗）」の一〇字が確認された。下端部には三角形の切り込みがある。完製品。

長さ一七・二センチ、幅二・四センチ、厚さ〇・五センチ

22．四三号木簡（一面墨書）

「陽村□尸只」の五字が確認でき、下部には三角形の切り込みがある。完製品。

長さ一四・九センチ、幅二・五センチ、厚さ〇・五センチ

23．五七号木簡（一面墨書）

肉眼でも一部墨痕が見えるが、赤外線撮影の結果「弘帝沒利負」の五字が確認された。上下の一部が欠損しており、下部に広い空白がある。

現存長二七・八センチ、幅一・七センチ、厚さ〇・六センチ

24．七二号・七三号木簡（一面墨書）

墨書がほとんど判読できるほど鮮明に残っている。七二号「…（一伐）稗」、七三号「…（伐）稗石」と判読できる。

七二号：現存長八・三センチ、幅一・六センチ、厚さ〇・五センチ

七三号：現存長一一・五センチ、幅二・六センチ、厚さ〇・七センチ

25．五八号題籤軸

題籤軸で、「利豆村」の墨書が確認されたとするが、現時点では判読できない。長方形の長い頭部と細長い胴体で作られている。

長さ一八・四センチ、幅二・五センチ、厚さ〇・九センチ（図九）

図九　題籤軸

出土した木簡に対する赤外線撮影の結果、墨書が確認された。これらの木簡は、当時の村落支配構造など新羅社会史の一端を明らかにしてくれる重要な遺物と推定される。

咸安城山山城における調査内容に基づいて考えると、阿羅加耶の古都である咸安に位置する古代山城であるが、外壁補強構造物から確認した城壁築造技法と出土遺物である蓮華紋軒丸瓦・無顎式平瓦などや、銘文木簡で確認された「一伐」・「一尺」などの新羅の官等名から考えれば、新羅との関連性を無視できない。

Ⅳ．咸安城山山城の出土木簡と性格

咸安城山山城で出土した九五点の銘文木簡に対する赤外線写真の撮影結果、四〇〇字以上の墨書が確認され、墨書内容には地名・人名・新羅の官等名などがあって、韓国古代史の研究に重要な手がかりを提供することが期待される。

城山山城の木簡は、山城の築造と防御に関連する者の身分を記す戸牌とみて名籍とみなす見解と[1]、新羅の各地方から城山山城に送られた稗（馬の飼料として使われる軍糧）および塩などを貢進する物品の荷札として使われた荷札木簡とみなす見解に分類される。荷札木簡とは、木簡の上端や下端の左右をV字形に切り込んだり木簡上端に穴を開けたりして、紐で物品に付けるために製作されたものである。

城山山城の出土木簡の大部分が荷札木簡であるとした場合、物品を貢納するのになぜ数量の表記がないものが多いのかという疑問が生じる。稗と麦（？）以外のものは、すでに物品が指定されていて、さらに貢納する物品の量も事前に提示されていなければ、表記の省略は不可能である。また、荷札木簡であったとすれば、なぜ両面に記載されねばならなかったのか。

このように城山山城木簡の性格を究明するためには、まだ困難な点が多いが、非常に簡素な身分表示などから考えると、山城築造に関連した者あるいはそれ以前に征服した山城の守城と関わった責任者達の身分証と思われる。

以下では、城山山城木簡の大部分が名籍の性格を帯びるものと判断できる根拠について、改めてその内容[2]を検討してみたい。

一．奴・負木簡

城山山城木簡に記載された内容は、大きく次のように分類することができる。

一）地名＋人名

二）地名＋人名＋官等（一伐、一尺）

三）地名＋人名＋稗石類（稗石、稗、稗一）

四）人名＋奴（人）、人名＋負

「一伐」は新羅の外位八等級であり、「一尺」は新羅の外位九等級である。このように新羅の官等名を記した新羅木簡が、古代阿羅加耶の戦略的要衝地と推定される城山山城から出土したことによって、山城は六世紀代に政治的版図が変わった後に築城された新羅の辺境山城であると認められる。

一）～三）のように、木簡を記載様式によって分類することができるが、四）のような記載方式のものが数点確認され、新たに注目することによって、名籍（身分証）とみなす見解が有力になったと思われる。すなわち、奴人・奴・負という記載のある木簡が注目されるのである。もちろん、奴人は以前に言及されたことがあるが、負は、再検討する必要性のある重要な言葉であると思われる。まず、奴人に関するさまざまな定義を検討する。

趙法鍾は、「奴」の文字的原義は戦争捕虜を意味すると見て、この概念が発展して罪人および犯罪者の家族などを包括する意味になったと理解している[3]。

李栄薫は、三国時代には「奴」＝「臣」であったという意見を提起する[4]。すなわち、三国時代の「奴」とは、基本的に政治的臣従関係を意味しており、後代の卑賤身分である奴婢制としての「奴」とはその歴史的意味が異なっていると述べる。要するに、「奴」とはさまざまな階層において、多様な形で成立した主従関係の中で下級従者を指すものである。また、彼は、「奴」が三国時代に臣の意味に用いられたことは、公的君臣関係と私的主奴関係がまだ分化していない社会構造と権力形態を示唆するとし、『花郎世紀』に見える奴と婢の用例がこのような主従関係的意味を表していると述べる。この用例から、『花郎世紀』は一般の奴婢観念が固着した二〇世紀には作ることのできない、少なくとも七世紀の作品であると主張して、「奴」を『花郎世紀』真本論の根拠として提起している。

朱甫暾[5]は、奴人は個別的人身奴隷ではなく、既存の共同体的な支配秩序を維持したまま国家から賦課され一定の国役を担当する集団的隷属民であると把握する。すなわち、奴（人）と呼ばれる理由も集団的隷属民として国役を負担したからである。したがって、新しい領土に編入した辺境地域の地方民に対し、国家はこれらを集団的に支配するため国役を負担させたとしており、蔚珍鳳坪碑で確認されたように六部民に対して新羅支配下の地方民を指すものとしている。当時、新羅国家によって、村が支配秩序の中に編制されたことがみられ、地方民は国家から奴人法により統治されていたと述べる。

朴宗基[6]は、奴人と奴人村は当時新羅の全地域に存在したと推定し、特に奴人と奴人村に関して規定する奴人法の存在は、奴人村が特定地域に臨時的に編制された組織ではなく、中央政府の公式的な行政支配を受ける地方制度の一部であることを物語ると述べる。そして、奴人と奴人村は、新羅が対外進出や領土拡張によって新たに編入した領土と住民を編制する過程で生まれたという。なおかつ、城山山城の五号木簡を例として挙げ、「一伐」という外位を持つ奴人と解釈し、特に「奴人」と特記したのは、彼が一般郡県や村落出身とは異なる位置、すなわち奴人村に居住する人であることを表すのだと強調している。

金在弘[7]は、城山山城木簡に見える奴人は、辺境の地方民ないし集団隷民であると見ることもできるが、むしろ地方民の中で調に該当する貢物を捧げる時に納付の対象になる地方民を集団的に指す言葉であるとする。すなわち、城山山城木簡に見える稗類の言葉から見ると、奴人は個人の地方民というより集団を指す名称であり、隷属民というより村単位の収取時に適用した地方民であって、新羅に編入され調に該当する貢物を捧げていたと述べる。

以上のように、奴（人）とは、必ずしも現代的な概念の個人奴婢を指す言葉ではなく、集団的隷属民を通称する言葉であると理解されている。李栄薫は特に下級従者を指すと把握しており、注目される。そして、広開土王碑（四一四年建立）九年己亥（三九九年）条にある「新羅遣使白王云、倭人滿其國境、潰破城池、以奴客爲民」という文でも、奴客は新羅の使者が自国の王をへりくだって呼ぶ言葉と解釈されており、奴という言葉は多く通用されたと推定できる。集安県の牟頭婁墓（五世紀前半）にも、奴客という言葉が確認される。

今まで蔚珍新羅鳳坪碑（五二四年）にのみみられた「奴人」という言葉が、なぜ城山山城木簡にも使用されているのであろうか。それは、おそらく当時の特定の身分を指す一般的に通用された言葉であるため、遠く離れた咸安でもみられるのではないか。そうすると、城山山城木簡で確認される奴人と奴も、やはり集団的隷属民というよりは、個人の身分を指す言葉であると考えるべきであり（すなわち、下級従者）、当時一般的に使われた言葉であると推定することができる。

城山山城木簡からは「奴人」と「奴」という言葉以外にも「負」という言葉が確認されているが、これについても詳しく検討してみたい。城山山城木簡で、奴人の他に「奴」とだけ書かれた場合が何例かあり、その場合は必ず対比される言葉がある。人名の次に「奴」があり、繋がる文に人名の次に「負」と読まれる言葉が使用されている。この言葉も官等や身分を指すかは不明である。

まず、三六号木簡に「只即智奴　於□支負」とあり、三七号木簡に「内只次奴　須礼支負」とあり、三八号木簡に「比夕須奴　尓先（利）支乃人（負）」とあるように、奴と負が対応している。すなわち、只即智・内只次・比夕須などは「奴」に、於□支・須礼支・尓先（利）支などは「負」に分けられており、これらは対応している点から、「奴」の身分と「負」の身分が分けられていたと思われる。そして、「負」の前の文字は、いずれも人名と確認されており、最後の文字は「支」である。「負」の意味について明確にはわからないが、「奴」と対応している点からみて、「奴」とは異なる身分を表す言葉と分類すべきである。

さらに、三五号木簡にある「内里知奴人居助支負」では、「奴」ではなく「奴人」と墨書されており、木簡の構成は人名+奴人、人名+負と推定される。「内里知奴人」は、「内里知（人名）という奴人」と解釈される。この「奴人」は前述したように、地方民の通称とみるべきか、それとも李栄薫の指摘通り、下級従者の身分表現としてみるべきか。いずれにせよ下文の「居助支（人名）」という「負」をどのように解釈するかによって、従来の「奴人」で解釈するか、それとも身分を表す言葉として解釈するかが定められるであろう。

「奴人」である内里知と「負」である居助支が、完形の木簡にそのまま記載されている。そうすると、「負」も「奴人」のように使われた言葉なのか。それとも居助支が負担するという意味なのか。

李鎔賢(9)のように単位であるとみなして、暫定的な物量をいうものなのか。そうであれば、その分量は何を貢納するというのか。そして、その場合、この木簡はどのように解釈すればよいのか。確かに三五号木簡も、対応する文章で構成されており、「奴」も「負」も同一な性格を持つ言葉として用いられたのであろう。

城山山城木簡で「負」という言葉が記された木簡は、約一〇点である（木簡図録番号二、五、六、三三、三五、三六、三七、三八、五七号、一七号推定）。一体、「負」とは何か。木簡の性格と、この「負」という言葉が頻繁に登場することにはどのような関係があるのか。築城に動員された人々なのか、兵役の義務を背負ったのか、貢物を運んだのか、あるいは、新羅がこの地域を併合する過程で戦争捕虜になって隷属した人々を指すのか。言い換えれば、新羅が咸安の阿羅加耶に進出する過程で咸安を併合した後、戦争捕虜となった彼らを城山山城の築城に強制動員したことから派生したもので、新羅の強さを見せつける言葉なのか。

いまだ「負」を「乃人」に読むか「負」に読むかすら容易に判断することはできない。上記した木簡とは単純に比較できないが、六号木簡は「乃人」という文字の形を、五七号木簡は楷書体で「負」字を明確に記している。「乃人」と読めるのは三三号と三五号木簡であり、「負」と読めるのは、三六、三七、三八号木簡である。そして、二号木簡も「負」と推定できる。「負」が記された木簡では、物品を表記する文字が全く確認されていない。これは、荷札木簡ではなく身分を表す言葉であると推定する根拠になると思う。また、「乃人」に読むか「負」と読むかに関係なく、この言葉は「奴人」・「奴」と対応している点から、身分を指す言葉と見ることができる。

このように見ると、城山山城木簡は、当時の社会で人名を表記する際、その身分をも記録した名籍（身分証）の性格を持っているものであると思われる。ただ、六号木簡の場合だけ意味を異にすると見るべきである。そして、一七号木簡の場合も負と推定しうる。では、その他の木簡において、一伐・一尺などの官等や奴人・奴・負などの身分の別称がない場合は、どう解釈すれば良いのか。

「人」が附してある「奴人」は、「奴」より上位の身分に見るべきではないかと思う。奴と負の対応関係から類推すれば、城山山城木簡の性格は名籍であると考えられる。したがって、すでに確認された稗類木簡の場合、稗を物品名に見るのではなく、上で指摘したとおり、未知の官等の一つではないかと思う。奴人および奴・負・稗石類の身分は、どのような違いを持っているのだろうか。この問題の解決には、城山山城に対する連次的発掘調査の終了と、多くの金石文資料の出土を期待するしかない。今の段階では不明確なところがあるものの、いつか明らかになるものと信じたい。

さて、咸安城山山城木簡において、ある問題が浮かび上がるが、それは五号木簡の「仇利伐　□徳知一伐　奴人□」の場合である。これは「仇利伐に住む□徳知という人の官等は一伐であり、奴人の身分の者は□□である。」と解釈することができる。そして七二号・七三号木簡の場合も、一伐の次の稗は自然と別称になり、全体の構成と性格が五号木簡と類似していると考えられる。この場合、後面にどのような内容の銘文があったかわからないが、稗という字からみて奴人より下級の身分であるか、同等の身分であるか、あるいは姓の区別による身分という隷属した関係を表す言葉であると推定できる。

したがって、これらは三五号木簡の考察でみたように、同一の身分を表す表記法ではなく、おそらく上下隷属の関係を表すもの、すなわち一伐よりは下位の身分の指称として表記されたものではないかと思われる。

二　木簡の表記方式

新羅中古期金石文の人名表記は、「職名＋部名＋人名＋官等名」の順が一般的である。城山山城木簡には、性格を究明するための決定的資料である「職名」のない点が残念であるものの、おおよそ「地域名＋人名＋官等名」の順に記載されている。そして、干支や年号などは一切見えず、年代推定の糸口はほとんどない。

さて、城山山城木簡は、なぜ一般木簡のように記載されず、反対方向に墨書をしたのか。この点が荷札木簡とは関連がないという事実を物語っているのではないか。尹善泰[10]は、木簡の記載が始まるところを木簡の上部としており、木簡の形態から考えられる上部とはその基準が異なっている。ところが、荷札木簡の場合、V字の切り込みに紐で縛って品物に付けると、当然V字の切り込みの部分が頭になる。城山山城以外の地域から出土した木簡は、V字の切り込みの部分から墨書が始まっている（表一参照）。

三　稗類木簡

ア．官等の意味

城山山城木簡で確認される稗類は、何を意味するのだろうか。城山山城木簡一二三点中、九五点から銘文が確認されたが、その内これらの言葉が確認されたのは三一点で、それを分類すれば、稗石が一五点でもっとも多く稗・稗一などがある。まず、これに関する見解を検討する。

金昌鎬[11]は、稗石とは新羅の外位名であると考える。稗石は稗・稗一とも表記されており、その稗一は新羅の外位の中で、彼日（一〇等級）と同一のものと判断している。また稗石の石を訓読すれば、やはり稗一と同一のものになると述べる。彼日は五五一年の慶州明活山城碑で、はじめて波日と記載されており、五七八年の大邱戊戌塢作碑・五九一年の慶州南山新城碑では、彼日と記載されている。

朱甫暾[12]は、外位の異称が存在する可能性が確認されたといい、木簡で確認される稗（裨）・稗（裨）一・稗（裨）石が、外位と同じ機能をしているに違いないと述べる。また、これらが外位として機能したとすれば、発音からみて彼日の可能性を提起する。稗一だけを考慮するとその可能性もあるが、これらの表記が統一されていない点が大きな弱点となる。また、稗（裨）・稗（裨）一・稗（裨）石は、本木簡に見えない一尺・彼日・阿尺に当たる可能性も提起する。そうすれば、稗（裨）・稗（裨）一・稗（裨）石は、それぞれ外位の異称になるだけでなく、いずれも同一の裨（稗）に起源する点で、興味深い事実を提供するという。さらに、本木簡は地方民によって作られたため、異称をそのまま使った可能性を排除することができないと述べる。既存の一一等外位に属しない別の外位の存在した可能性も提起しつつ、新資料の出現によって補完されることを期待している。

李成市[13]は、「稗一」が「彼日」と音通すると一旦認めるとしても、「稗石」を音通とは考えにくいという。また、「稗、稗一、稗石」などを「彼日」の異表記あるいは別の外位の異表記であるとしても、今までの金石文資料を見る限り、外位を省略して一字に表記する例は確認されていないといい、「彼日」あるいは他の官等の異表記と想定することには無理があると述べる。

官等とする見解を総じて見ると、稗一を彼日とし、稗・稗石を外位一〇等級の異表記と見る見解があり、一尺・彼日・阿尺の異称と見ることができるといい、さらに一歩進んで既存の一一等級外位に属しない別の外位が存在した可能性が提起されている。

イ．穀物の意味

尹善泰[14]は、木簡の稗の次に数字「一」が記されたり、穀物の容積単位である「石」が記されたりすることから、稗が馬の飼料である可能性が非常に高く、これは山城という戦闘地から出土した木簡である点からも裏付けられるという。そして、稗石と稗一は同じ意味である可能性が高いとし、新羅では石を意味する「石」と量制の「石」とを明確に区分しており、新羅中代に作られた「佐波理加盤附属文書」[15]や下代の「仁陽寺碑」[16]の記載で確認できると述べる。つまり、量制の「石」はいずれも横画がない石で記録され、石《イシ》は完全な「石」の形で記録されている。各地方で稗一石を送納する時に添付した付札木簡と考えられるといい、木簡に穴をあけたり、切り込みを作ったりしたのは、紐で縛り付けるための加工で、付札木簡の基本的な形態であると述べる。結局「稗」は、この木簡が新羅の各地方から城山山城に送納された馬の飼料の付札木簡であることを意味するというのである。

全徳在[17]は、「稗」を中古期賦税収取の慣行を追跡するために重要な資料であるといい、これらの木簡は、穀物の一種である稗を入れた袋に縛り付けられたものと見る。具体的には、新羅が国家的な次元で個人別に稗を徴収して、それを城山山城に駐屯した軍人や馬の食糧として送り、山城で稗を消費した後、木簡を一括的に廃棄したと考える。

平川南[18]（二〇〇〇）は、稗一と稗石は深い関連があるといい、稗石と読む場合は意味が通じにくいと述べる。そして、日本の奈良正倉院にある佐波理加盤附属文書によれば、「米一石」などの表記に見える「一石」の字体は合字風であり、「石」のように一文字で表記している。その筆法は「一伐」の二字体と比較すればより説得力を得るといい、穀物の稗と理解して「稗一石」の省略と考える。

李成市[19]は、外位とは別個にみなして、字義によって雑穀の「稗」と見て木簡末尾に記された稗は城内に搬入された稗（軍糧と推定）を指し、その文字を記した木簡は、もともとそこに荷札として縛り付けられたものであろうと推測する。そして、木簡によってさまざまな表記になったのは、基本的な表記が「稗一石」であり、それが簡略化された表記に見ることができると述べる。

結局、これらの意見は稗を字義通りに雑穀のヒエとみて、城内に搬入された軍糧や馬の飼料を指し、木簡は荷札木簡とみて「稗一石」の略称と見ているのである。

これらの見解に対する筆者の意見をまとめると、次の通りである。ヒエは「稲科に属する一年生草本植物で、タンパク質・脂肪質・ビタミンB1などが多く含まれており、栄養価は米や麦に劣らないが、味は悪い。長期間貯蔵しても味の変動がなく、またビタミンB1の含量に変化がない長所がある。糠部分には油分が多いため、窄油用・飼料用に使われ、幹と葉は作物の中でもっとも柔らかくて家畜の飼料に適する。[20]」と知られており、「ヒエの藁は柔らかく栄養価が高くて、冬に家畜飼料として重要である。特に石灰分が多いため、馬の飼料に使うと軟骨症にならない。そこで、日本では馬の飼料用に栽培する」という。これを裏付ける資料に『高麗史』巻第八二・兵志二・馬政篇を見ると、それぞれの牧馬場ごとに、戦争に使われる馬・雑馬・ラバ・役牛・仔牛などに与える餌の基準を定めているが、「稗」が必ず含まれている。しかし、朝鮮時代の飼料には豆・麦・粟・緑豆・麦藁などが使われている。[21]

「稗」は、救荒植物として、また馬の飼料として利用されたことがわかるが、それでは、なぜ咸安の城山山城からこういう言葉が記入された木簡が現れたのか。

尹善泰[22]は、この木簡は、新羅の各地方から城山山城に送納された馬の飼料であるヒエの付札木簡であるとし、当時、新羅は馬の飼料であるヒエを個人や戸主に一律に一石ずつ賦課したものであると考え、「稗一石」を「稗一」あるいは「稗」と記すことができたとする。

ところが、そうだとすると、なぜ敢えて一律的に賦課されるものをさまざまな言葉で表現したのかが疑問である。一律的であれば、ヒエという穀物の種類だけ記録しても十分であると思われるが、なぜ「稗石」あるいは「稗一」などの別の表記が見えるのか。これは、別の意味があるため、それぞれ異なった表記を行ったのではないか。さらに、馬の飼料であるヒエが貢納されたとすれば、城山山城内部に戦闘に必要な馬がいたことが前提になる。だが、果たして城山山城の内部に戦闘に必要なだけの軍馬がいたのか、また軍馬を飼育するための場所や飼料を貯蔵できる倉庫があったのかが、まず明らかにされなければならない。

また、城山山城の築城と守城に必要な物資を供給するための荷札木簡と見る場合、なぜ多様な種類の物品名がみられないのかを考えなければならない。これらが、すべて現地（貢納地域）で製作されたとするならば、穀物の種類と量、そして納付日・納付者などを正確に記載して送納するのが、一般的であろう。個人別に税を徴収する場合、いちいちその納付関係を明記したとすれば、咸安付近の住民のみならず、慶尚北道地方の住民も言及されていることを勘案すると、その量は想像を絶するほど多くなるため、やはりこの見解は無理があると思われる。

ウ．石の用例

穀物であるヒエの用例と関連して、その単位と考えられている「石」に関する見解を検討したい。

「稗石」をヒエ一石に解釈して、新羅では「石」と量制として使われる「石」は文字の形を異にして区分するといい、「仁陽寺碑」・「海印寺妙吉祥塔誌」・「佐波理加盤附属文書」などの例を挙げ石の表現を提示している。

確かに河日植[23]が指摘したように、仁陽寺碑によると石《イシ》と石の表現・意味は区分されている。しかし、いずれも新羅下代（八～九世紀代）の表現であるため、六世紀前半と推定される扶餘・陵山里寺址木簡と六世紀中葉と推定される城山山城木簡とは、明らかに時期差があり、本当にそのような表記法が適用されたか否かは不明である。要するに、統一新羅時代と三国統一以前の各地域で使われた表記法が同じであったのかという問題である。また、慶州皇南洞三七六番地の遺跡から出土した木簡にも「仲椋有食二石」という表現があるが、「…食三石」と判読[24]されることもある。これも八世紀前後の遺跡と推定されるが、木簡の表記も正確な判読ができないままであって、この問題は相変わらず疑問として残る。

日本の場合も「米一石」・「俵一石」と記した木簡が確認されたが、これは奈良県長屋王家遺蹟[25]から出土したもので、八世紀初のものとみられる（図一〇）。また、九世紀のものと推定される福島県矢玉遺蹟出土の木簡[26]からも、「白和世種一石」「足張種一石」「長非子一石」など、「一石」と明確に表記されていることがわかる。

藤原宮第一一五次（二〇〇一年）発掘調査で確認されたSG五〇一の池状遺構は、藤原宮期の後半に当たるもので、木簡は約五〇〇点以上出土した。これらの木簡のなかに「石川宮出橡一石糸一斤布一常」と書かれたものがあり、裏面には「大宝元年十一月」[27]とあり、八世紀初の状況を見せる。ここでの「一石」は数字「一」と量制の「石」がはっきりと分離されているが、「石」の字の上部には「一」がない（図一一）。平川南は『古代地方木簡の研究』「第五章　木簡と農業」の「稲の品種名のある付札」において「一石」の表現を数回にわたってそのままにしている。[28]

そして、「佐波理加盤附属文書」（七五二年頃推定）を詳細に検討してみると、城山山城木簡から確認された「石」字とは、確かに違いがあると考えられる。ここでは、石字の「一」が少し離れているに比べ、城山山城木簡でははっきりと文字がつながっている（図一二）。「仁陽寺碑」（八一〇年）でも、離れて表現（図一三）されており、陝川「海印寺妙吉祥塔誌」（八九五年）でも、やはり離れて記録されている（図一四）。

しかし、最近六世紀前半と確認された扶余陵山里寺址出土木簡[29]にも銘文があり、「四月七日寶憙寺…」という銘のある木簡の後面から「…送塩一石」の文字が確認されたが、ここでもはっきりと「一石」と表記されており、あそらく時代差による表記法の違いであると推定できる（図一五）。

図一〇　長屋王家木簡

図一一　石川宮銘木簡

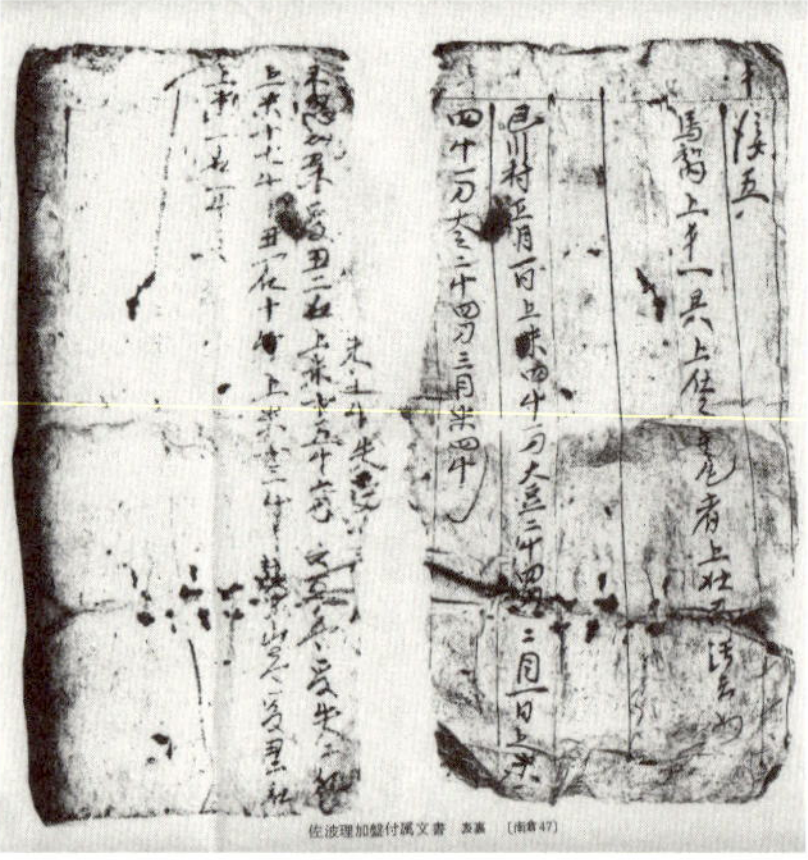

図一二　佐波理加盤附属文書

図一三　昌寧仁陽寺碑

図一四　陝川海印寺妙吉祥塔誌

図一五　扶余陵山里木簡

四．仇利伐木簡

仇利伐木簡は、一〇点（一、三、四、五、三三、三四、三五、三六、三七、三八号）が出土したと推定されるが、確認可能なのは、一、三、四、五、三三、三四、三六号で、合わせて七点である。これら仇利伐木簡の特徴は、おおむね大形であり、奴・負の文字が書かれていることである。おそらく、仇利伐木簡は城山山城木簡の中で中心的な役割を果たした木簡と推定されるが、これ以上の詳細な意味は、現時点ではわからない。

さて、木簡に表れた仇利伐はどこにあり、仇利伐木簡の性格は何なのか。

仇利伐木簡は、一行のもの（五号）と二行のもの（一、三、四、三三、三四、三六号）に区分される。また、村名がないもの（四、五、三六号）と村名があるもの（一、三、三三号）がある。五号木簡の場合、仇利伐の下に村名がないことから、本邑を指していると推定される。そこに一伐という外位を持った□徳知（人名）が記載されており、その下に奴人である□（推定人名）がともに記載されている。四号の場合、二人の名前と一伐が、三六号の場合、奴と負が表記されている。その他、仇利伐木簡で仇利伐の下に小さな字で上彡者村・彤谷村などの村名があるのは、下部の城村を指すものと考えられる。

さて、城山山城木簡に表れた「仇利伐」はどこなのだろうか。李鎔賢[30]は、忠清北道沃川地域あるいは慶尚北道義城地域に比定しており、尹善泰[31]は慶尚北道北部に、朱甫暾[32]は忠清北道沃川に、金昌鎬[33]は慶尚南道咸安に、李京燮[34]は慶尚南道咸安の隣接地域である馬山や昌原附近に比定している。

まず、「仇利伐」と類似する地名を見てみると、仇礼城・久利城・久礼牟羅城などが文献記録から確認されている。『三国史記』巻三慈悲麻立干一七年条に「築一牟・沙尸・廣石・沓達・仇禮・坐羅等城」とある。『南山新城碑』第二碑には「…仇利城道使…」「…久利城首…」などの文字があり、道使という職名があることからこの城は大きな規模の政治集団と認められる。

『日本書紀』の久礼牟羅城は、五三〇年に築造され、その後五四四年の記録では久礼山戍と表記されており、近くに安羅と新羅があり、また、大江水を境界にしていたことがわかる。

洛東江周辺の新羅と安羅の接境地域を見ると、咸安郡内の代山面が、洛東江・南江・咸安川が接する野原に位置していることにすぐに気づく。

代山面の中心地が九恵里であるが、一般的に「グリ」と呼ばれていることを現地で確認することができた。『韓国地名総覧』[35]には、ざる（소쿠리＝ソクリ）と似ているため、「グリ」と呼ばれるとある。ところが、この地域は「代山」と呼ばれているが、当初は代山里と呼ばれ咸安でもっとも大きな村であって、一九一四年に代山に改称された。また、代山という地名の由来は、咸安地域は東南が高く西北が低くて、河川が南から北に逆流するため、地形が低くて山が少ない北側の地勢を高めるために、代山と名付けたという。今後、より詳細な調査が進行されれば詳しい状況がわかるだろうが、しばらく「仇利城」を咸安郡代山面九恵里に比定するのが妥当と思われる。

五．木簡の製作地

城山山城の東門址附近の内部にある低湿地内には、未完成の木製品および多くの木材片、すなわち製品を作る際に不要になって棄てられた治木片が非常に厚く圧着していた。特に、二〇〇〇年度調査では、未完成の木簡一点（咸安城山山城Ⅱ報告書図面七三―五号）が出土し、その可能性を一層高めた。また、二〇〇二年度調査では筆（小形用）と刀子（文字の誤記を削ったりして再活用するための小形刀）が収拾された。これらの調査結果によれば、城山山城で木簡が製作された可能性は充分あろう。

城山山城で製作されたことを裏付ける別の資料は、同一の木簡の出土である。すなわち、同一の内容をもつ木簡は「上莫村居利支稗一」（一一・四四号）／「仇利伐　上彡者村　波婁」（三・三四号）／「千竹利」（六九・七〇号）／「陳城巴兮支稗」（一三・四一号）の四組である。これが山城現地製作の可能性を裏付ける理由は、同一の木簡が同じ場所で確認されることの理由にある。つまり、山城現地で製作されず納付元で製作されて城山山城に送られたとすれば、なぜ同じ木簡が同一の場所から出土したのかという疑問が生じる。これは、書体が同じことからみて、咸安現地で製作されたことを証明している。また、納付元で初めから二つも同一内容の木簡を作って咸安に送る理由はないと思われる。そして、樹種分析を担当した朴相珍[36]は、当時木簡を作る時、大量に必要として一度に作って配分したのではなく必要に応じて少しずつ作ったと推定しており、現地製作の可能性をより高めている。

さて、木簡の製作地が城山山城であれば、他の地域から動員された地方民たちに身分を示す木簡（身分証）を現地で製作して支給し、その後動員が解除され家に帰る時、用途がなくなり自然に廃棄したと思われる。また、その木簡が城山山城で製作されたものであれば、荷札木簡ではないことは自明となろう。

Ｖ．おわりに

咸安城山山城は、かつて土石混築城と思われてきたが、学術発掘調査の結果、内・外部をいずれも石で築いた夾築式の石城であることが明らかになった。さらに城壁築造技法と出土遺物（特に木簡）から新羅と関連性があることがわかった。特に、木簡は一九七五年に慶州雁鴨池から出土して以来、少しずつ収拾されてきたが、咸安城山山城で一六二点が発見されたことによって、現在四〇〇余点に至っており、韓国でも木簡に関する概念を整理する時期が到来したことは言うまでもない。

木簡とは、紙が発明される以前、あるいは紙が広く普及されるまでに木を削ってその表面に墨で文字を書いたものである。古代木簡に関する韓国の史料としては、『三国史記』巻一一・新羅本紀一一・憲康王一二年（八八六）条に「春、北鎭奏、狄國人入鎭、以片木掛樹而歸、遂取以獻、其木書十五字云、寶露國與黒水國人、共向新羅國和通」とあり、『三国遺事』巻二・紀異第二・真聖女王（八八七～八九六）代の居陀知説話に「宜以木簡五十片書我輩名、沈水而鬮之、公從之、軍士有居陀知者名沈水中、乃留其人」とあり、当時の木簡という語の使用例がみられる。ただ、城山山城が新羅と関連していることと、『日本書紀』欽明天皇二一年条の「…故新羅築城於阿羅波斯山以備日本」という記事（五六一年、新羅・真興王二二年）は、これらの木簡の年代推定に参考になると思われる。

最近『韓国の古代木簡』改訂版（二〇〇六年六月）を発刊するにあたって、木簡を注意深く考察し、「負」という言葉に注目したことがある。城山山城に対する発掘調査が完全に行われ、より良い資料が現れることを望んでいる。現時点では、このような研究過程が韓国の古代社会を復元するひとつの軸になることを期待してやまない。

最後に、咸安城山山城は「いつの時代に、どの集団によって築造され、どのような機能と役割を果たしたところ」であるから、このように韓国の古代史研究において脚光を浴びているかという問題をもう一度考えなければならない。そして、城山山城木簡は、果たして城壁を築造した集団と関連があるのか、それとも新羅が築城する以前の集団と関連があるのかについては、今後、発掘調査を継続して推進していきながら、より慎重に検討しなければならないという責任を感じる。

注

(1) 朱甫暾「咸安城山山城出土木簡의 基礎的検討」(『金石文과 新羅史』知識産業社、二〇〇二年)。

(2) 朴鍾益「咸安城山山城木簡의 性格再考」(『韓国의 古代木簡 改訂版』国立昌原文化財研究所、二〇〇六年)。

(3) 趙法鍾『韓国古代社会의 奴婢研究—発生과 存在形態를 中心으로』(高麗大学修士学位論文、一九八六年)。

(4) 李栄薫「『花郎世紀』에서의 奴와 婢—三国時代身分制再論」(『歴史学報』七六、二〇〇二年)。

(5) 朱甫暾「蔚珍鳳坪碑와 法興王代律令」(『韓国古代史研究』二、一九八九年)。
(6) 朴宗基「韓国古代의 奴人과 部曲」(『韓国古代史研究』四三、二〇〇六年)。
(7) 金在弘『新羅中古期村制의 成立과 地方社会構造』(ソウル大学校博士学位論文、二〇〇一年)。
(8) 五世紀頃、高句麗では「奴客」が高句麗王と臣下の関係、進んで他国の王との関係を示す用語として広く使われた。
(9) 李鎔賢「咸安城山山城出土木簡」(『韓国の古代木簡』国立昌原文化財研究所、二〇〇四年)。
(10) 尹善泰「咸安城山山城出土木簡의 用途」(『震檀学報』八八、一九九九年)。
(11) 金昌鎬「咸安城山山城出土木簡에 대하여」(『咸安城山山城』国立昌原文化財研究所、一九九八年)。
(12) 朱甫暾「咸安城山山城出土木簡의 基礎的検討」(『韓国古代史研究』一九、二〇〇〇年)。
(13) 李成市「韓国木簡研究의 現況과 咸安城山山城出土의 木簡」(『韓国古代史研究』一九、二〇〇〇年)。
(14) 尹善泰、注一〇、前掲誌。
(15) 日本奈良県東大寺正倉院所蔵で、新羅景徳王一一年(七五二)以前の統一新羅時代の村落・貢納・禄俸などの実態を見せてくれる貴重な文書である。
(16) 河日植「昌寧仁陽寺碑文의 研究」(『韓国史研究』九五、一九九六年)。この碑は新羅憲徳王二年(八一〇)に建てられたもので、仁陽寺金堂治成碑文とも呼ばれる。
(17) 全徳在「新羅中古期結負制의 施行과 그 機能」(『韓国古代史研究』二一、二〇〇一年)。
(18) 平川南「日本古代木簡研究의 現況과 新視点」(『韓国古代史研究』一九、二〇〇〇年)。
(19) 李成市、注一三、前掲誌。
(20) 韓国精神文化研究院『韓国民族文化大百科辞典』一九九四年。
(21) 南都泳『済州道牧場史』(韓国馬事会・馬事博物館、二〇〇一年、三五一頁)。
(22) 尹善泰、注一〇、前掲誌。
(23) 河日植、注一六、前掲誌。
(24) 李鎔賢ほか、「慶州皇南洞三七六遺蹟出土木簡의 考察」(『慶州皇南洞三七六統一新羅時代遺蹟』東国大学慶州キャンパス博物館、二〇〇二年)。
(25) 奈良国立文化財研究所『平城宮発掘調査出土木簡概報(二七)』一九九三年。
(26) 朝日新聞社『古代日本文字のある風景―金印から正倉院文書まで』二〇〇二年、一〇四頁。
(27) 奈良文化研究所『飛鳥・藤原宮発掘調査出土木簡概報(一六)』二〇〇二年。
(28) 平川南「木簡と農業」(『古代地方木簡の研究』吉川弘文館、二〇〇三年、四四一~四五八頁)。
(29) ①扶餘陵山里寺址で二三点の木簡が出土したが、この遺跡は百済昌王一三年(五六七)の創建年代をもつものと知られている。百済金銅大香爐と百済昌王銘舎利龕が出土し、木簡からは「子基寺」「寶憙寺」「六部五方」などの銘文が確認された(「博物館新聞」第三六四号、二〇〇一年一二月一日)。②国立扶餘博物館『百済의 文字』二〇〇二年、九二頁。
(30) 李鎔賢、注九、前掲書。
(31) 尹善泰、注一〇、前掲誌。
(32) 朱甫暾、注一二、前掲誌。
(33) 金昌鎬、注一一、前掲書。
(34) 李京燮「城山山城出土荷札木簡의 製作地와 機能」(『韓国古代史研究』三五、二〇〇五年)。
(35) ハングル学会『韓国地名総覧(釜山・慶南篇)』一九七九年、二八四頁。
(36) 朴相珍「出土木簡의 材質分析」(『韓国古代史研究』一九、二〇〇〇年)。

表一　咸安城山山城出土完形木簡の分類表

番号	大きさ（cm）	形態	地名	内容 村	内容 奴・負	内容 特徴	稗類名	その他
2	19.7 × 2.0 × 0.6	><	甘文城、下麦、甘文、本波、□村	城—村	（負）			両面
4	22.8 × 3.3 ～ 3.8 × 0.6 ～ 0.9	><	仇利伐			一伐 小字二行		単面
6	20.0 × 2.8 × 0.6	><						単面
7	20.5 × 2.8 × 0.4	○	仇伐、于好□村	伐—村			稗石	単面
8	20.8 × 2.8 × 0.7	><	及伐城				稗	単面
9	18.6 × 2.5 × 0.8	><				レ符号	稗一	単面
11	17.7 × 1.7 × 0.5	><	烏欣彌村	村			稗石	単面
12	17.5 × 1.6 × 0.5	><	上谷乃村	村			稗	単面
13	15.9 × 2.2 × 0.7	><	陳城	城			稗	単面
14	16.0 × 2.5 × 0.4 ～ 1.0	><	大村	村		一伐		単面
18	21.1 × 2.5 × 0.9	><						単面
20	12.6 × 2.2 × 0.5	><	古陁、伊骨村	村			稗□	両面
28	24.0 × 2.5 × 0.7	○	古陁、伊骨利村	村			稗□	両面
29	20.9 × 1.9 × 0.8	?	古陁新村	村		一尺	稗石	両面
30	18.7 × 2.2 × 1.0	><	夷津				稗	両面
31	21.2 × 2.9 × 0.5	><	古陁、一古利村	村			稗石	両面
32	15.8 × 1.5 × 0.5	><	□村	村			稗石	両面
33	29.3 × 3.5 × 0.7	><	仇利伐、□谷村	伐—村	負	小字二行		単面
34	29.0 × 3.1 × 1.0	><	仇利伐、上彡者村	伐—村		小字一行		単面
35	27.6 × 3.3 × 0.6	><			奴人：負			単面
36	29.6 × 3.8 × 0.7	><	仇利伐（?）		奴：負	小字二行		単面
39	17.2 × 2.4 × 0.5	><	鄒文、比尸河村	村				単面
40	19.3 × 2.1 × 1.0	><	阿卜智村	村				単面
41	16.2 × 2.1 × 0.5	><	陳城	城			稗	単面
42	18.1 × 2.6 × 0.7	><	及伐城	城			稗石	単面
43	14.9 × 2.5 × 0.5	><	陽村	村				単面
44	15.8 × 2.4 × 0.7	><	上谷□村	村			稗	単面
54	19.3 × 2.1 × 0.4	<	鄒文、□村	村			本石	単面
74	14.5 × 2.1 × 0.6	><	及伐城	城			稗石	単面
80	14.7 × 1.8 × 0.5	><	及伐城	城			稗石	単面
45 + 95	20.1 × 1.7 × 0.7	><	夷津				稗	単面

表二　咸安城山山城出土木簡の数量

	1992 年	1994 年	2000 年	2002 年	2003 年	計（点）
点数	6	21	2	92	1	122
裏面墨書	0	4	0	13	0	17
木簡番号		1, 2, 20, 21		28 ～ 32, 59, 60 ～ 67		
一面墨書	4	16	1	56	1	78
木簡番号	3, 10, 23, 24	4 ～ 9, 11 ～ 19	（追加 1 点）	（追加 4 点）	51	
無文	2	1	1	16	0	20
木簡番号	26, 27	25	図 73-5	98 ～ 113（101 号除外）		
題籤軸				7		7
木簡番号				58, 114 ～ 116, 図 116-1 ～ 3		
総計	122 点（墨書木簡 95 点）					

＊ 木簡番号は『韓国の古代木簡』による。図○は『咸安城山山城Ⅱ』報告書での図録番号を意味する。また、追加は木製品の整理中に確認された木簡片である。『咸安城山山城Ⅰ』報告書に収録された図面 39-1 は題籤軸と認められる。

＊ 木簡報告内容は

『咸安城山山城Ⅰ』報告書（1999 年）に 27 点

『咸安城山山城Ⅱ』報告書（2004 年）に 94 点

『韓国の古代木簡』図録（2004 年）に 116 点

『韓国の古代木簡』改訂版（2006 年）に墨書を主とするもの 95 点が収録されている。

また、2000 年に出土した木簡 1 点が『咸安城山山城Ⅱ』報告書に図面 73-5 となっているが、写真は抜けている。写真 113-1、2 の二号木簡と写真 116-1 ～ 3 の題籤軸は図録に掲載されていない。木簡調査過程で、すでに発表された点数から四点が既存木簡と接合され、点数が 122 点から 118 点に減った。追加された 6 点（1 点は既存木簡と接合）は、すべて墨書のある木簡片であるが、正式な報告は行われていない。よって、現在まで確認された木簡の点数は報告された 118 点と未報告の 5 点で、合わせて 123 点である。しかし、弓と推定される 101 号を除外すると 122 点となる。2006 年度に 40 点が出土し、現在 162 点の木簡が出土した。

韓国・城山山城跡木簡(1)

平川　南

1　遺跡の概要

大韓民国・国立昌原文化財研究所では、慶尚南道咸安郡伽倻邑廣井里にある城山山城（周囲一・四キロ）の調査を平成三年（一九九一）から同六年（一九九四）まで四次にわたって行なったが、第二次調査（平成四年（一九九二）四月十三日～七月二十一日）において、推定東門跡付近の泥土層より二七点の木簡と多数の木製品を確認した。

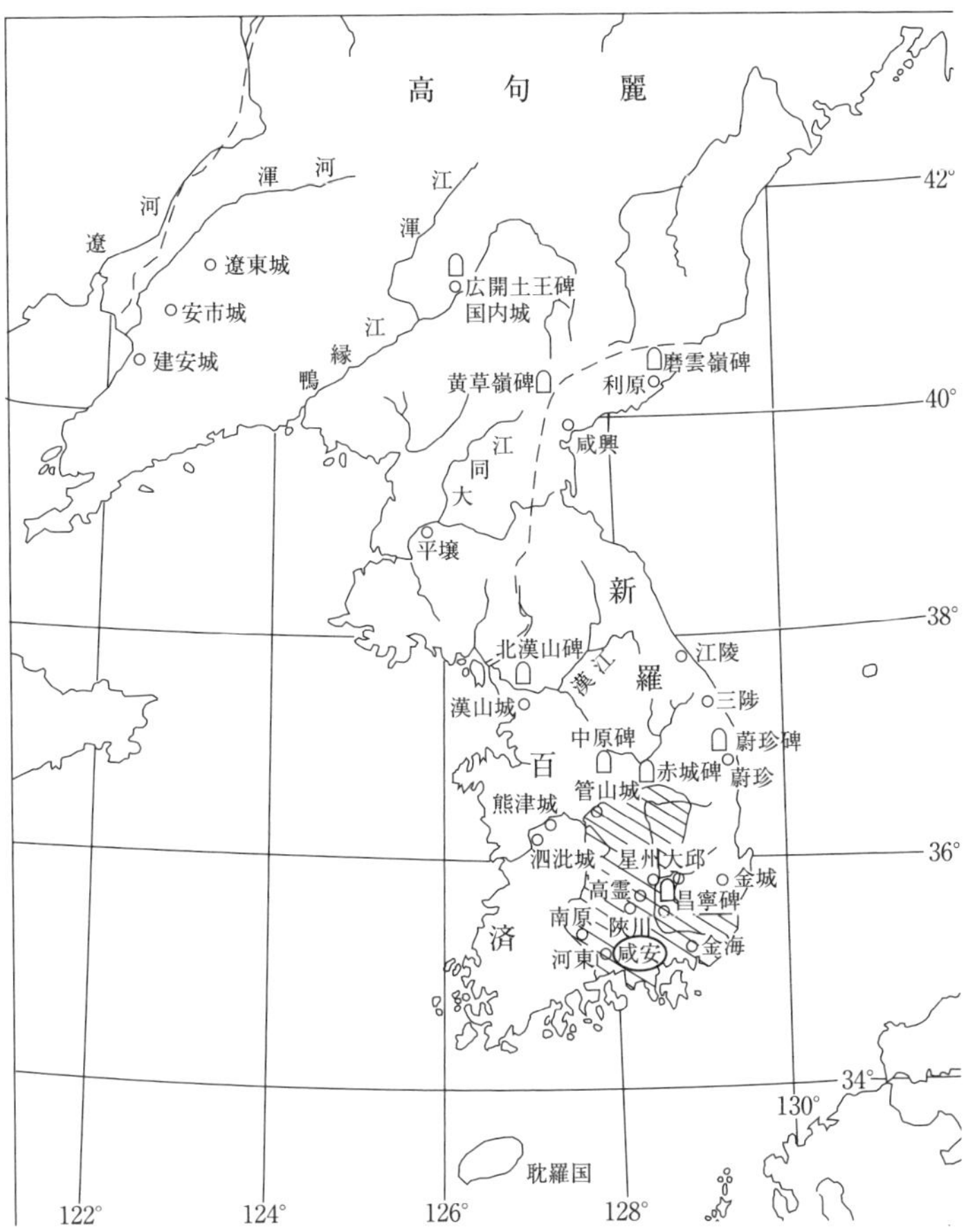

図一　古代朝鮮三国と咸安の位置図（斜線部分は加耶諸国）

調査報告書(2)によれば、木簡が確認された付近には、排水路も確認されており、東門跡内部には大きな池が形成されていたと推定されている。木簡が出土した泥土層は、表土から約三メートル程度下のところにあり、そこからは、木簡、棍棒形木製品、三日月型木製品など、さまざまな形の木製品が出土している。そのほかに多くの土器片が部分的に出土しており、印花紋が刻まれた薄い土器片、偏瓶、高杯蓋などが出土しているという。また、木製品の製造過程で破棄されたとみられる木片が多量にみられることから、この付近に木材を調整する作業場があったと推定されている。

いずれにしても、加耶地域からも木簡が出土した点や、山城から多くの木簡が確認されたことは、京畿道河南市の二聖山城から出土した木簡(3)ともかかわって、古代朝鮮の山城の性格や機能を検討するうえでも重要な意味をもつものとして注目される。

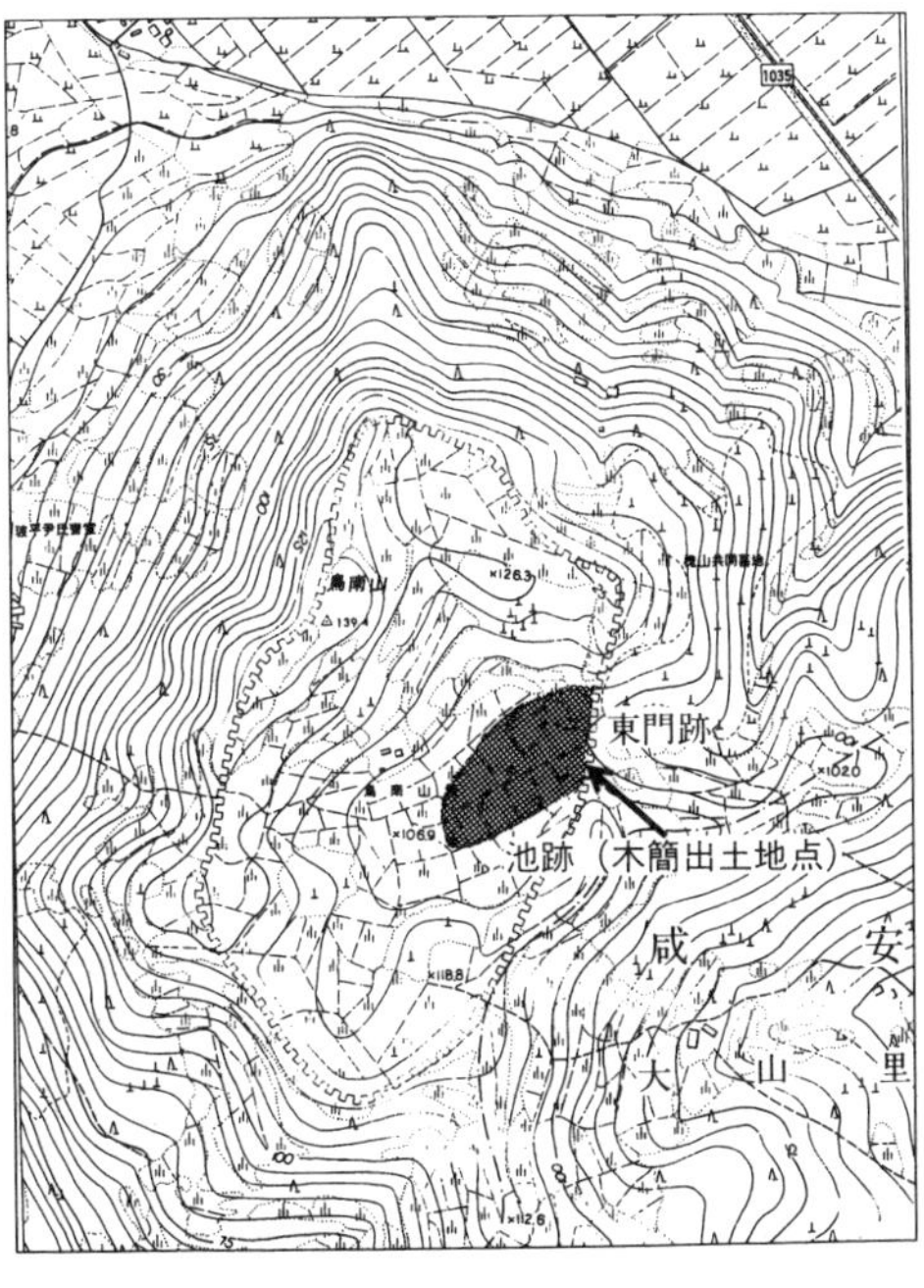

図二　咸安・城山山城地形図と木簡出土地点

2　木簡の形状

○下部の左右切込み＝一三点

二・四・六・八・九・一〇・一一・一二・一三・一四・一五・一八・二三号

一〇号木簡は、下端に左右の切込みの一部を確認した。

○下部に穴＝三点

七・二四号

○下部に切込み・穴ともになし＝四点

一六・一九・二〇・二一号

○下部欠損のため形状不明＝四点

一・五・一七・二二号

下部のみに両側面から切込みを入れた（切込みのないものは下部に穴をうがっている）特異な付札は、中国の晋簡にその源流をたどることができるであろう。日本においては、平城宮木簡などにわずか数点を確認できるにすぎない。いずれにしても、下部の両側面に切込みを入れた特異な付札は、物品にくくりつけられたものである。[4]

3　記載様式

記載様式は、基本的には「城名＋村名＋人名＋（官位）＋物品名＋数量」となる。その基本文例は、

七号「仇（利）伐（城）＋干好女村＋卑戸＋稗一石」

であり、その省略型の文例は、

一一号「（城名略）＋烏欣弥村＋卜兮＋稗一石」

一三号「陳城＋（村名略）＋巴兮支＋稗＋（数量略）」

である。

木簡の記載のうち、人名記載の下にみえる「一伐」「稗一石」「稗一」「稗」については、これらをすべて新羅の外位「彼日」とする説があるが、検討を要する。

仇利伐城も仇伐と仇利伐を同一とみた場合、[5]「仇伐」（七号）、「及伐城」（八号）、「仇利伐」（一・三・四・五号）とさまざまな省略的表記が用いられる。

稗についても「稗」（八・一二・一三・一八号）、「稗一石」（七・一一・二一号）、「稗一」（九号）、「稗發」（二〇号）と、多様な表記があり、「稗一石」の表記は、「稗石」のようにみえる。しかしとくに「稗一」と「稗一石」は深く関連すると考えられる。「稗石」と読んだ場合、意味が通じがたい。日本の正倉院に残るいわゆる佐波理加盤付属文書によれば、「米一石」などの表記にみえる「一石」の字体は合わせ文字風に「石」一文字のように表記している。その筆使いは「一伐」の二つの字体と比較すれば、より説得力を増すであろう。九号の「稗一」とあるのは「稗一（石）」の意味であろう。

なお、四・五・一四号「城名＋（村名）＋人名＋一伐」の「一伐」は、外位と理解して問題ない。この記載様式は、蔚珍鳳坪新羅碑文（甲辰年＝五二九年）の、たとえば「居伐牟羅（村名）＋尼牟利（人名）＋一伐（官位）」と同じである。

また、物品名のみ記し数量を明記しない例としては、日本の次のような木簡がある。

○神奈川県綾瀬市宮久保遺跡

・「鎌倉郷鎌倉里□□□〔軽マカ〕寸稲天平五年九月」

・「田令軽マ麻呂郡稲長軽マ真国　」

二五〇×二二×九　〇五一

この場合、表《おもて》の記載様式は「行政区画名＋人名＋物品名＋年号」となる。

なお、城山山城出土木簡のなかには、「城名＋（村名）＋人名」のみの記載のものも見られるが、物品の付札として、物品の数量だけでなく、貢進する人名のみで物品名そのものを略する例はそれほど珍しいものではない。日本の木簡の例には次のようなものがある。

○静岡県神明原・元宮川遺跡

「他田里戸主宇刀マ真酒」　一一〇×一七×四・五　〇五一

○静岡県御殿・二之宮遺跡

「大郷　小長谷マ宮□　○」　一六八×三二×三　〇一一

4　木簡の意義

本木簡類の形状と記載様式の特徴を併せ考えるならば、咸安・城山山城から出土した今回の二七点の木簡は、ほぼ、同一性格のものとみなし、物品付札と考えられる。ここで、「稗石」を官位「彼（波）日」と解さないで「稗一石」と解読する論拠をまとめると次の四点があげられるであろう。

(イ)八世紀の佐波理加盤文書中にみえる「米一石」の書体は、「一石」を「一石」と記す。「一石」の二文字をあたかも一文字で記すいわゆる合わせ文字の例である。

(ロ)「石」の書体は、佐波理加盤文書の「一石」とは若干相違するが、「一伐」を「伐」と記載する例からすれば、「石」を「一石」の合わせ文字と理解できる。

(ハ)稗に関する記載として「稗一石」「稗一」「稗」の三種の例があるが、官位「彼（波）日」の別表記「稗石」とした場合、「石」と「一」では音があわない。しかも、官位の「彼」「波」「稗」のみ記すことはない。

これらに対して、この記載を付札の物品名＋数量とした場合は、物品名「稗」のみ記載や、「稗一」と数量単位「石」を略す記載はありうる。物品の付札の場合、物品が存在するゆえに、付札に物品名や数量および数量単位などを記載することが可能となるのである。

(ニ)「地名（城＋村）＋人名＋官位（上干支・一伐）」という記載様式のうち、

表　城山山城跡出土木簡の記載様式

番号	城・伐	村	人名	官位	物品名	数量
1	仇利伐	上彡者村	乞利			
2	甘文城	下麦甘文本波王村、新村	□利兮			
3	仇利伐	上彡者村	波婁			
4	仇利伐		仇陁智 尓利□支	一伐		
5	仇利伐		□〔還カ〕徳知	一伐 奴人		
6	王私烏		多伊伐支 □〔乞カ〕負支			
7	仇伐	干好女村	卑戸		稗	一石
8	及伐城		□刀巴		稗	
9		竹戸□牟レ干支			稗	一
10		甘文本波□□〔村カ〕、且利村	伊竹伊			
11		烏欣弥村	卜兮		稗	一石
12		上夢村	居利支		稗	
13	陳城		巴兮支		稗	
14		大村	伊息智	一伐		
15		□家村	□□□			
16			言斯只			二石
17		□〔前カ〕谷村	阿足只			
18			——支		稗	
20		古陁伊骨利村	阿那仇酒支		稗	發
21		屈仇□支村	□□□		稗	一石
22			夷津支 女那尓利知			
23			——知	上干支		

※途中に判読できない文字があり、城・伐名と村名・人名の区別が判然としないものは、項をまたいで記載した。

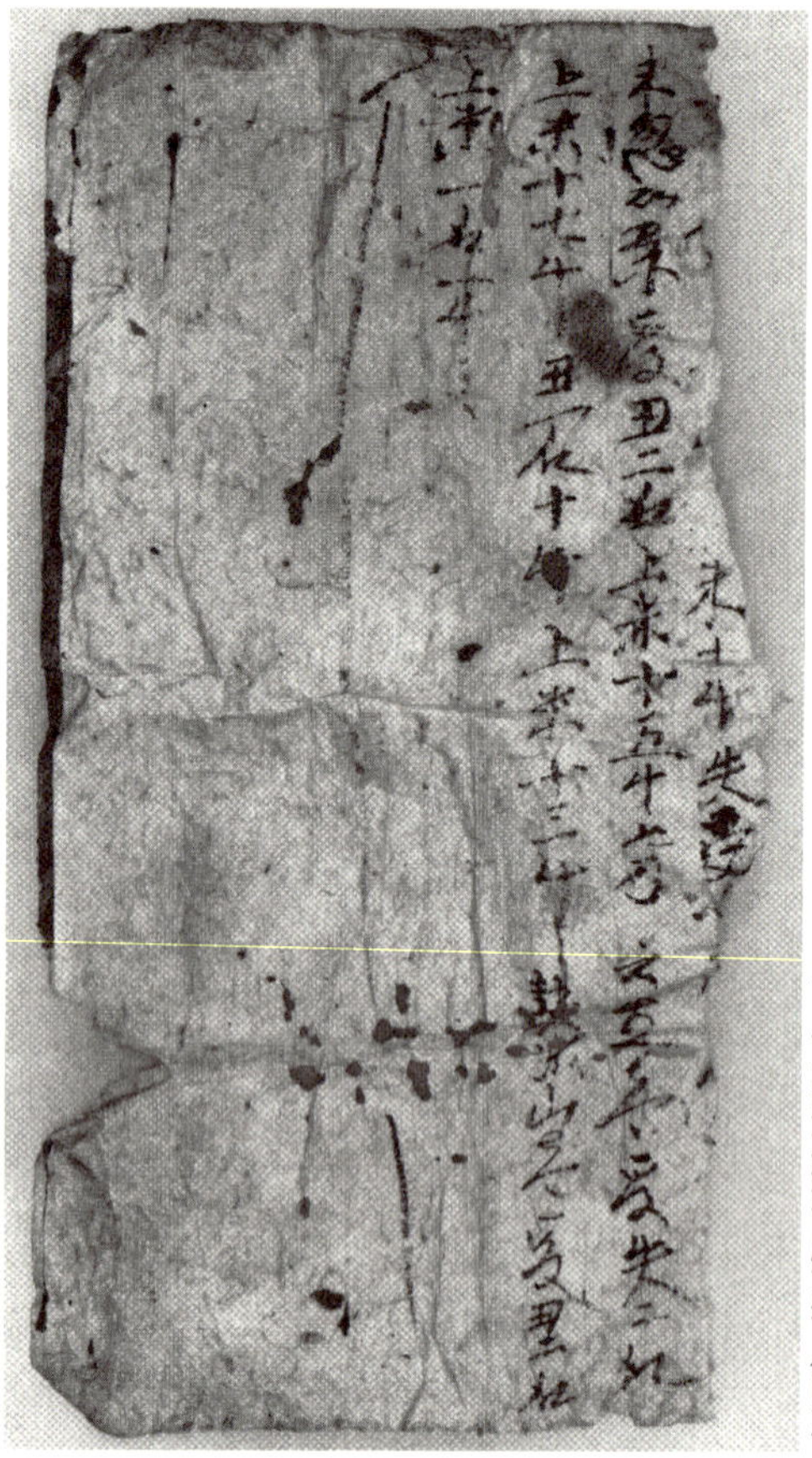

図三　佐波理加盤付属文書（南倉）

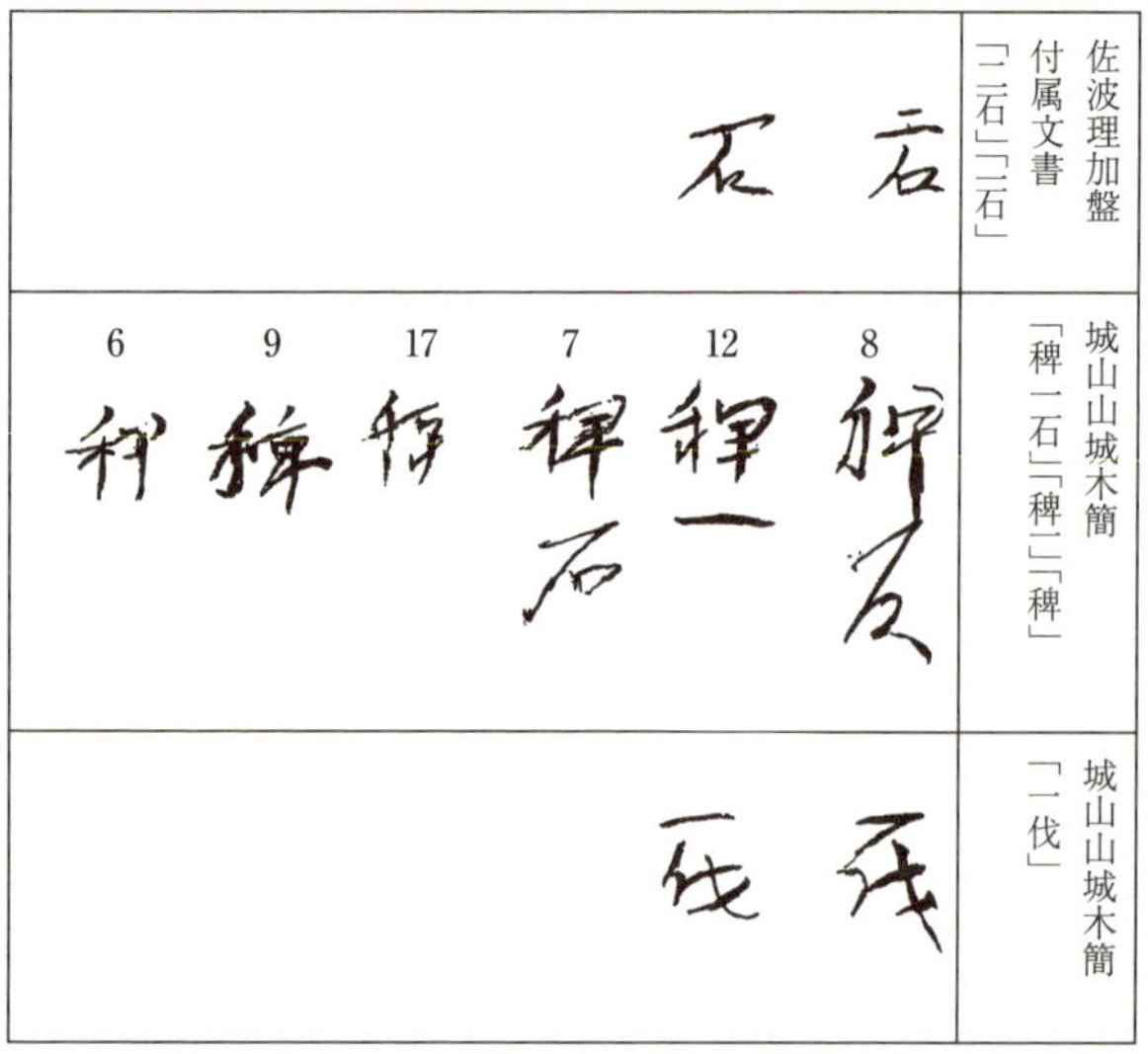

図四　「一石」「一伐」の書体

とくに「人名＋官位」はつねにセットとして記載される。

ところで、城山山城跡出土木簡の二七点のうち、表裏両面に記載のあるものが三例ある。

一号　・「仇利伐上彡者村

　　　・「『乞利』

二〇号・「古阤伊骨利阿那

　　　・「仇酒支稗發

二一号・「屈仇□支村□□□

　　　・「　　　稗一石

このうち、一号は裏面に人名、二〇号は「人名＋稗發」、二一号は「稗一石」と記す。「人名＋官位」はセットであるから、二一号のように裏面に単独で官位を記すことはありえない。これに対して人名または物品を単独で裏面に記載することは、日本の木簡ではきわめて一般的である。

○裏面人名の場合（平城宮木簡—若狭国の荷札）

・「＜若狭国遠敷郡　青里御贄 多比鮓壱塙　＜」

・「＜　秦人大山　　＜」

一三〇×二六×五　〇三一

（『平城宮木簡』一—三九九）

○裏面物品の場合（飛鳥京木簡—皷〈スキ・クハ〉十口の荷札）

・「＜白髪ア五十戸」

・「＜皷十口　　　」

一五七×二六×四　〇三二

（『木簡研究』二一）

官位（外位）として、「彼日」＝「稗一」といった場合、「稗石」の説明が付けがたい。

また、六・二二・四号の人名部分は、

六号「多伊伐支」と「□〔乙カ〕負支」

二二号「夷津支」と「女那尓利知」

四号「仇阤智」と「尓利□支」

と、二人の名が一本の木簡に記載されている。すなわち、これらの木簡を物品の付札とすれば、いわゆる〝合成輸納〟ということができる。しかし、報告書で指摘するように身分証明にかかわる木簡とすれば、二名を連記した身分証明はありえない。

以上の検討をふまえるならば、「稗一石」「稗一」「稗」は官位ではなく、文字通り穀物の「ヒエ」のことと理解すべきであろう。つまり、これらの木簡は、食料としての「稗」を貢進した際の付札と考えられる。

ところで、古代において「稗」を食料としていた点については、次の指摘が参考になる。

ともかく、古代朝鮮における主要な栽培穀物は稗・粟・大豆・小豆・大麦・小麦・稲であり中国や日本とほとんど共通の事実であったことを認めなければならない。日本の学者も『古事記』や『日本書紀』に記載された神話を引用して、わが国の言葉との類似点を指摘している。すなわち須佐之男命が大気都比売神を斬殺したとき、後者の頭から蚕、目から稲種、耳から粟、鼻から小豆、陰部から麦、臀部から大豆が出てきたと記されており、（『古事記』）、また、もう一つの『日本書紀』にみえていることだが、保食神の死後に、頭は牛馬に変化し、顱部には粟が生じ、眉毛から蚕が、目から稗が、腹から稲が、陰部から大麦と大豆が生じたという。

（李春寧『李朝農業技術史』未来社、一九八九年）

また、日本の正倉院文書の「尾張国正税帳」（天平六年〈七三四〉）には、

稗伍斛　直稲伍拾束　束別一斗

とみえ、食料としての稗《ひえ》を調達していたことが知られる。しかも米との換算基準として、

稲一束＝稗一斗

稲一束＝米五升

稗一斗＝米五升

稗一石＝米五斗

とあったことが知られる。

以上をまとめると、これらの木簡の基本的記載方式は、

「城＋村＋人名＋（官位）＋稗一石〈」

と記す物品付札である。おそらく、本木簡群は城山山城の造営事業に伴い新羅の北部から、南の城山山城に稗などの物品を送付してきた際の付札とみることができよう。

5　年代

二七点の木簡には、年紀を示すものはないが、李成市氏によれば、次のように年代を限定している[6]。すなわち、外位の表記は、五五一年以後、五六一年以前に変化（上干支→上干）があったことがわかっていること、これらの木簡が一括して同時期に用いられ、また同時に廃棄されたものと推定されることなどから使用年次の下限は五六一年としている。

6　書風と書体

書風については、かつて日本の大谷探検隊が四世紀前半の中国の楼蘭で発見した李柏文書との類似性を指摘できる。李柏文書は前涼の西域太守李柏が高昌を攻略したときに、高昌近くにあった国の王に送った手紙の草稿（龍谷大学蔵）であり、その書は南北朝期の肉筆の行書である。

城山山城三号木簡の「氵（さんずい）」、一四号木簡の「息」「知」、一七号木簡の「足」の書体は、李柏文書中の該当箇所ときわめて類似し、城山山城木簡全体

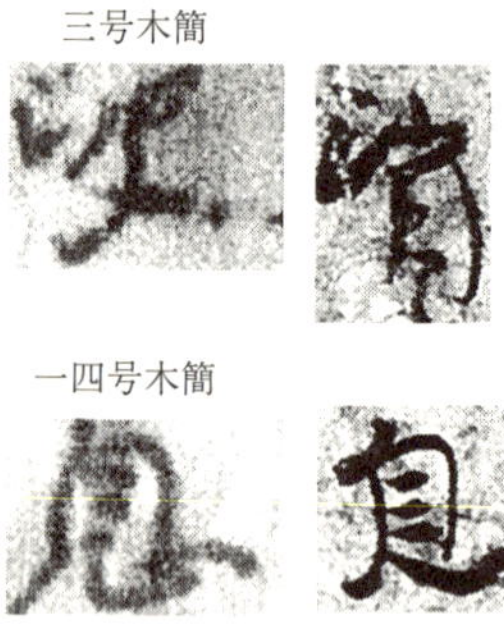

図五　城山山城跡木簡（左）と李柏文書（右）の書体

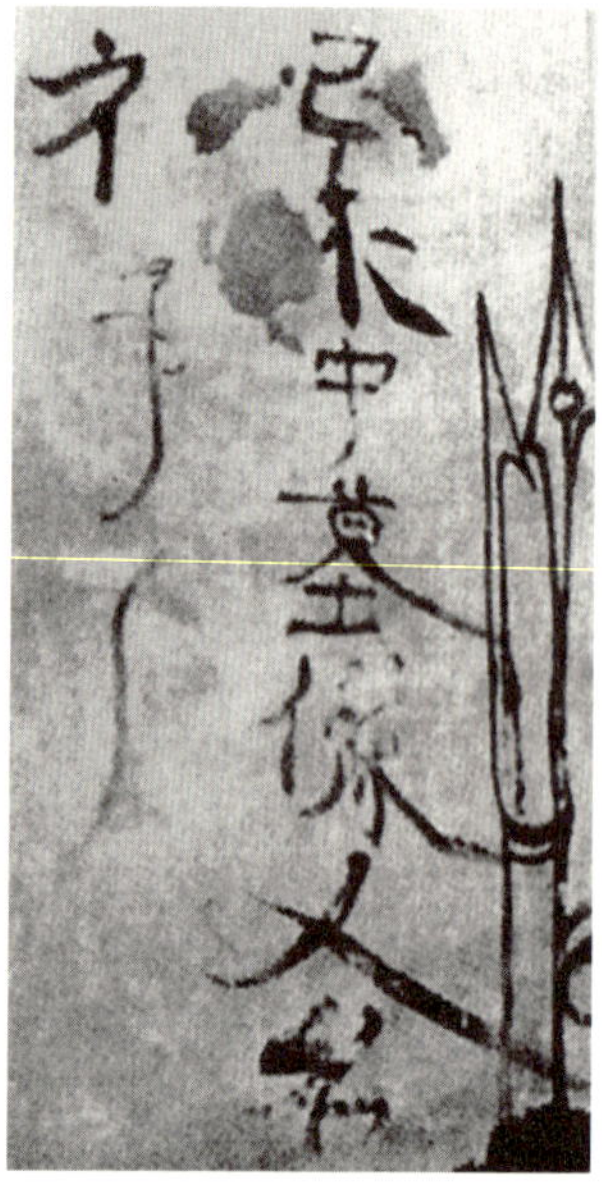
図六　順興邑内里壁画古墳墨書

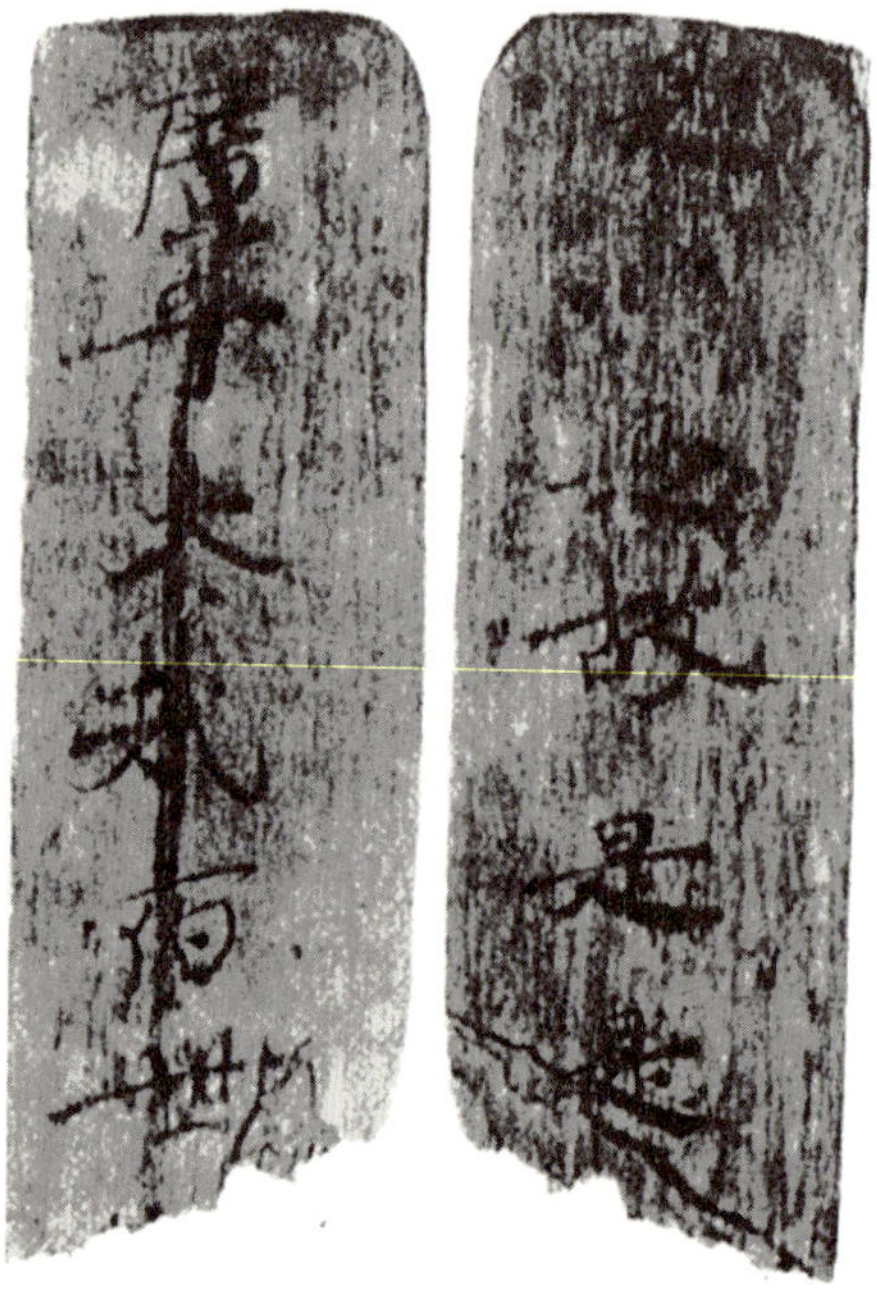
図七　難波宮跡出土木簡（7世紀）

の書風は、韓国および日本における六世紀から七世紀にかけての諸資料のなかに類似のものを見出すことができる。

韓国の順興邑内里壁画古墳の玄室南壁に墨書された「己亥中墓像人名□□□」（己亥＝五七九年）の書風は、たとえば城山山城五号木簡の全体的に伸びやかな特徴と共通している。また、この書風の特徴は、日本の七世紀前半の法隆寺釈迦如来台座の鏡板左内側墨書「相見可陵面楽識心陵了時者」にも、七世紀中葉の難波宮跡下層出土の習書木簡〔表〕「広乎大哉宿世」、〔裏〕「是以是故是是」などとも近似している。

まとめ

城山山城跡木簡の意義について、簡単にまとめれば、次のようになろう。

①　城山山城木簡は、その年代が六世紀半ばごろと判断され、これまで出土している韓国内の木簡のうちで、最も古いものである。日本においては、現段階では七世紀半ばごろまでしかさかのぼらないが、古代朝鮮と日本（倭）の交流の実態からいえば、今後列島内でも六世紀代の木簡の発見は十分に可能性があるといえよう。

②　城山山城木簡は、山城内の池状遺構からの出土であり、一括廃棄と考えてよいであろう。その木簡の性格はほとんど付札類とみなすことができる。

③　その付札の形状は下端部のみ左右から切込みをほどこしているのが特徴である。古代日本の約一八万点近い木簡のうち付札のなかに下端部のみに切込みを有するものは圧倒的に少ない。

④　城山山城木簡の六朝風の書風は、中国の四世紀前半の李柏文書、古代日本の七世紀前半の法隆寺釈迦如来台座の墨書銘、七世紀中葉の難波宮跡下層出土木簡などと近似している。

⑤　記載様式は、基本的には「城名＋村名＋人名＋（官位）＋物品名＋数量」である。この記載様式は、古代日本における七世紀以降の貢進物付札とほぼ同様

である。

城山山城木簡の貢進物付札は、その記載様式から戸籍・計帳類の存在を前提にしないと成り立たないことを示唆している。

城山山城でみられるような造営事業に伴う労働力徴発や物資調達などのあり方は、数多く残されている同時期（六世紀代）の築城碑と共通している。

たとえば、南山新城の築城を記念して建てられた碑（五九一年）には、工事区間の距離と作業関係者の職名・出身地・人名・官位が明記され、六世紀末の新羅における労働力徴発の実相を知ることができる。南山新城の築城に際しては、新羅全土から工事関係者が徴発され、出身地ごとに分担して工事に当たったと考えられる。分担した工事区間ごとに碑が建てられたらしく、組織された作業集団は全体で二〇〇を越えるものと推測されている。

以上の五点に限ってみても、現段階では点数こそ少ないが、古代朝鮮の木簡は、中国の古い要素が朝鮮半島を経由して、古代日本にもたらされた状況を如実にものがたっている。六世紀半ばの城山山城木簡は、おそらく八世紀（前半）以前の日本の木簡に強い影響を与えたと考えられ、古代日本の木簡研究にとって欠かすことのできない貴重な資料群といえよう。

注

（1）城山山城木簡については、一九九九年十一月十二日に開催された韓国古代史学会主催の国際学術会議「咸安・城山山城木簡」（金海国立博物館）において、筆者が基調講演「日本古代木簡研究の現状と新視点」「咸安・城山山城木簡」を行った折、出土木簡全点を実見し、新たな釈文を作成することができた。その後、同名の論文は、『韓国古代史研究』一九（韓国古代史学会、二〇〇〇年）に収載された。

（2）国立昌原文化財研究所『咸安　城山山城』（一九九八年）、のちに同『咸安城山山城Ⅱ』（二〇〇四年）。

（3）漢陽大学校博物館『二聖山城（第8次発掘調査報告書）』（二〇〇一年）ほか。

（4）拙稿「屋代遺跡群木簡のひろがり」（『古代地方木簡の研究』吉川弘文館、二〇〇三年）の2―（2）参照。

（5）李成市氏によれば、「仇利伐」については、出土地の咸安に比定する見解もあるが、「南山新城碑」（五九一年）第二碑にみえる「仇利城」とみて、忠清北道沃川郡周辺である可能性が高い。

（6）李成市「韓国木簡研究の現況と咸安城山山城出土の木簡」（『韓国古代史研究』一九、二〇〇〇年）。

小稿は、すでに「付　韓国・城山山城跡木簡」（拙著『古代地方木簡の研究』吉川弘文館、二〇〇三年、収載）と題して発表したものである。ただ、その後の調査によって釈文訂正等があり、今回再録にあたって一部改稿した。

六世紀における新羅の付札木簡と文書行政

李成市

はじめに

新羅の文書行政については、石刻文書ともいうべき『迎日冷水新羅碑』（五〇三年）[1]を参照するならば、遅くとも六世紀初頭にまで遡って検討しなければならない。しかしながら、関連資料の絶対的な不足もあって、その具体的な内容は全く不明とするしかない。今日まで伝存する広義の文書は、正倉院に所蔵されている「新羅村落文書」[2]と「佐波理加盤付属文書」[3]の二点にすぎず、また、現在まで確認されている約二〇〇点の木簡の中にも文書木簡と見られるものが数点ほど確認できるものの、それらの解読は不十分なところがあり、文書としての性格を論じるだけの対象となっていない。[4]

そのような研究状況の中で、城山山城出土木簡は、五六一年以前に用いられたことが確かな新羅の荷札木簡であり、それらは一箇所から集中的に出土した同一の用途とみられる点でも類例がなく、当時における新羅の文書行政を解明するうえで、きわめて重要なてがかりとなる。これらの木簡の中からは、ほぼ同時代に立碑された丹陽赤城新羅碑（五四五＋α）に現れる「鄒文村」と同一の地名が検出され、さらに碑文と木簡の書体は酷似している。[5]この他にも、『南山新城碑』（五九一年）第九碑に記された地名「仇伐郡」もまた城山山城木簡（仇伐）で確認することができる。

こうした点から、六世紀中頃には、新羅に服属した地域が支配体制に組み込まれると、それらの地域と新羅の王都・慶州との間で文書行政が展開されていたことが推定できる。新羅における文書行政の実態は、依然として史料上の制約もあって今後の課題としなければならない点は多々あるものの、上述した諸史料に基づきながら現段階で知りうる新羅の文書行政について検討することにしたい。

一　貢進付札木簡と文書行政

（1）城山山城と出土木簡

一〇〇点近い木簡が出土した城山山城は、加耶諸国の一国であった安羅国の故地に位置する。加耶諸国は、朝鮮半島の中南部に流れる洛東江の流域を中心に、政治的統合をはたすことなく六世紀中頃までこの地域に散在していた。新羅と百済は、六世紀前半に加耶諸国をめぐって激しく争い、新羅は五六二年に、この地域を掌握する。こうした加耶諸国をめぐる新羅と百済の抗争の過程で、雌雄を決したのは安羅国の攻防であった。『日本書紀』欽明紀には、危機感をつのらせた百済の聖王が安羅国におよんだ新羅の勢力に対して、二度（五四一・五四四年）にわたって加耶諸国の首長たちを集めて新羅の危険性を扇動した様子が伝えられている。[6]

この安羅国の故地から、一九九二年・九四年に二八点の新羅木簡が発見され、[7]さらに二〇〇二年には、新たに八一点の木簡が同一箇所から出土し、翌年には他の箇所から一点が出土した。現在（二〇〇四年時点）までのところ、二〇〇二年以降に発見された木簡に関する正式な報告はなされていないが、二八点の木簡と基本的に同一の性格をもつとの概要が公表されている。[8]最近になって、その後の調査によって明らかにされた新たな事実が報道されるにおよび、かつて筆者が論じた木簡の性格は、大過ないものと判断されるので、主として二八点の木簡に対す考察に基づきつつ、新たに出土した木簡で補足して以下に述べることにする。

城山山城は、慶尚南道咸安郡伽倻邑に位置しており、ここから西北に数百メートルを隔てて、加耶諸国の中でも最大級の古墳を含む末伊山古墳群が南北約二キロほどの細長い丘陵の上に分布しており、また古墳群の北端から西へ一キロほど行けば推定王宮趾がある。このように安羅国の中心部に位置する城山山城は、海抜一四〇メートルほどの低い山で、山頂部には周囲約一四〇〇メートルの城壁がめぐらされている。

約九五〇〇坪のほどの城内は比較的平坦であって、山城から北を望むと、末伊山古墳群や推定王宮趾が一目で見渡せる。昌原文化財研究所は一九九一年から一九九四年にかけて城壁の断面構造、門趾、建物趾、排水路等の発掘調査を行い、四次にわたる発掘調査の結果、土で覆われていた城壁は内外夾築式の石城であり、基底部には外壁補強構造物を備えた新羅特有の築造方式によるものであることを確認した。(9)

山城には門趾と推定される箇所が東・南・西に認められるが、このうち推定東門趾付近の内側の泥質層（地表から約三〜四メートル）から多数の木製品とともに一群の木簡が出土した。その後、出土した木簡もほぼ同一地点であった。当初（九二、九四年）発見された二八点の木簡は、松や栗の木をもちいて両面を整形しており、最大でも二三・七センチメートルで、おおよそ二〇センチメートル前後の大きさのものが大半を占める。(10)その形態上の特徴は、木簡の下端部両側に切り欠きがあるか、あるいは下端部に穿孔がある点に認められる。(11)文字が判読できる木簡二四点の中には、下端部に切り欠きのあるものは一二点、下端部に穿孔のあるものは二点である。(12)それゆえ、文字が判読できない木簡も、それらの切り欠きないしは穿孔は、木簡の下端部にあったとみられ、その後の報告でも例外はない。日本列島での出土木簡の例を参照すれば、木簡の一端に切り欠きを入れたり、穴を穿ったりしたのは、それによって物品に取り付け荷札とするための加工であったことになる。

（2）木簡の記載様式と内容

城山山城出土木簡の記載様式は、おおよそ出身地域名、人名、外位、物品名で構成されている。まず、木簡に記された地名には、某伐、某城、某村といった表記がみられるが、それらの地名の中に「甘文」（金泉市開寧面）、「下幾」（醴泉郡豊山）、「本波」（星州郡星山）、「及伐」（栄豊郡順興面）、「仇伐城」（義城郡）など、現在の慶尚北道地域と推定されるものが散見される。(13)また、四点の木簡に記された「仇利伐」については、出土地の咸安に比定する見解もあるが、『南山新城碑』（五九一年）第二碑にみえる「仇利城」と同一とみて、忠南道沃川郡周辺である可能性が高い。(14)さらに、二〇〇二年度に発見されたものの中で地名比定が可能なものに「鄒文」（義城郡付近か）(15)、「古陁伊」、「古陁一」（安東郡）、があり、同一地名の異表記としては「及伐」（栄豊郡順興面）が「及伐城」として現れており、それらはいずれも慶尚北道地域に該当する。これまで出土した木簡に記されている地名は、六世紀初頭には新羅に服属していた慶尚北道地域に集中していることになる。

人名については、二字から四字で表記されており、その表記法は六世紀の新羅金石文に現れるものに一致する。(16)ひとつの木簡に、一人の人名を記すのが原則とみてよいが、二人を記したと見られるものも四点あり、その後も同様の形式のものが出土している。これは木簡の用途と関わって軽視できない。

人名の表記について注意を要するのは、人名のみを異筆で記す例や、顛倒符（レ）によって修正している例が認められる点である。また、二点の木簡の場合は、人名以外の文字（「仇利伐上彡者村」）は、同一人物による筆跡とみられ、そこに人名だけが異筆で書き加えられているので、人名は、本人によって書き加えられたとみられる。この他に同一筆跡による木簡は四組検出されている。(17)

木簡に記された外位については、外位第八等の「一伐」が三点、外位第六等の「上干支」が一点確認できる。さらに二〇〇二年度には、新たに外位九等の「一尺」が確認された。(18)つまり合わせて三等の外位が検出され、いずれも人名の後に記されていたことになる。

地名、人名、外位の他には、末尾に「稗」、「稗一」、「稗石」（石は「一」と「石」の合わせ文字）、「稗□」など「稗」字をともなった字句を記す木簡が九点あり、二〇〇二年に出土した木簡からも末尾に「稗」「稗石」と記されたものが確認されている。これらの「稗」は「稗」字の字義通り、雑穀の「ヒエ」であって、「稗」、「稗一」、「稗石」、「稗□」などと多様な表記になったのは、基本的な表記が「稗一石」であったものに対して、簡略化された表記とみてよい[19]。

さらに一点のみではあるが、木簡の末尾に「塩」字が確認され、木簡群の中に「稗」とともに「塩」のごとき軍糧として不可欠な物資を記したものがあることになる[補一]。二四点の木簡の約半数に、何らの物品名を記さないものがあるが、それらは、日本列島の出土木簡を参照すれば、所定の物品と定まった数量を省略したと推定される。その後、物品名としては、このほかに「麦」が確認されたと報告されている[20]。

以上のように、城山山城木簡の基本的な記載様式は、「地名＋人名＋外位＋物品名＋数量」からなっていたとみられる。これらの木簡は、その形状を始めとして、その記載内容を同じくしており、同一目的で使用された一括資料である可能性が極めて高く、それらがまとまって同一地点から集中的に出土したことになる。

このような城山山城木簡は、その形態、記載様式とその内容からみて、日本の出土木簡に多くの類例があるように物品につけられた付札、この場合は遠隔地より物品に着けられた荷札であることが確実視される。そうすると、木簡に記された「地名＋人名＋外位」とは、稗や麦、塩などの物資を貢進した者たちであり、彼らは物資の運搬にも直接に関わっていたと推測される。また、それらの人名の一部には外位をおびる者がおり、在地の首長たちを含む一定の地域の人々であるとみられる。前述のように、木簡に記された地名の一部には慶尚北道およびそこに隣接する忠清北道付近に比定されるが、そのような遠隔地から城山山城まで、彼らによって稗や麦、塩などの軍糧が進上され、搬入されたと推定される。木簡はそれらの物資に取り付けられていた荷札であった。

一群の木簡が荷札として使用され、廃棄された時期については、木簡に年次を示すものは皆無であるものの、木簡の使用年次を推定する手がかりとなるのは、官位の表記法である。これまで木簡から「一伐」「上干支」「一尺」の三つの外位が検出されたが、新羅における外位の創設は五二〇年と推定され、外位が廃止されて京位に一本化されるのは六七四年である[22]。その間に、新羅は征服活動で取り込んだ首長に外位を与え、新羅の身分制に編入した。また、新羅の京位と外位の表記には、時期的な変化・流行が認められ、ここから木簡の使用年次を特定することが可能である。すなわち、当初「某干支」と表記された官位は、やがて接尾辞の「支」を省略した「干」一字へと変化するが、それは『昌寧碑』（五六一年）より以前であり、現在のところ「干支」表記の上限は、『明活山城碑』（五五一年）であることから、「干支」から「干」への表記の変化は、五五一年以後、五六一年以前の一〇年以内の時期に起こったものとみられる[23]。

（3）木簡利用の史的背景

城山山城出土木簡は、その出土状況や記載内容から、一括して同時期に用いられ、また同時に廃棄されたものと推定されるので、これらの木簡の使用年次の下限は五六一年ということになる。文献史料によると、『三国史記』地理志は、「法興王代（五一四～五四〇）に阿尸良国（安羅）を滅ぼし、郡を置いた」としており、一方、『日本書紀』は、既述のように五四〇年代に新羅の政治力が安羅に及んでいたことを伝えている。また、『日本書紀』欽明二二年（五六一）条には、新羅が阿羅（安羅）の波斯山（はしむれ）に城を築き日本に備えたとあり、これらの文献史料をも勘案すれば、城山山城木簡は、五四〇年前後から、遅くとも五六一年の間に使用され、その後、廃棄されたとみなしてよいであろう。

以上を要するに、城山山城木簡は、いずれも新羅領域内の諸地方から城山山城にもたらされた物品に取り付けてあった荷札であり、これらの木簡が使用された年次は、五四〇年前後から五六一年以前の約二〇年以内の時期と推定される。この時期は、まさに新羅が安羅国を政治的に従属させた時期に該当する。これに関連して、城山山城が新羅の築造法による山城であることが発掘調査によって明らかにされており、さらに木簡が出土した層は、山城築造以前の可能性もあるといわれ、[24]木簡の記載内容とその使用年次から、新羅による安羅国の政治的従属化を具体的に裏づける文字史料となりうるのである。

木簡は、新羅が築造した城山山城に搬入された稗や麦などに取り付けられていた荷札であったが、このような荷札を取り付け、軍糧としての稗や麦、塩の運搬と山城への搬入に責任を負ったのは、木簡に名を記された在地の首長たちをはじめとする地方民たちであった。彼らは当時、新羅が支配の基盤としていた地域の者たちであり、彼らによって、これらが貢進されていたとみてよい。つまり、城山山城木簡は新羅が新たに獲得した領域の確保・防衛のために、その拠点における軍糧としての稗や麦が、新羅に編入された地域の首長らによって遠隔地から城山山城に搬入されたことを示している。新羅は支配の拠点となる山城を築造し、そこに人員を送り込み、経営したものと推測されるが、城山山城木簡は、新たな拠点の経営のあり方と、それを支えていた具体的な担い手を伝えるものでもある。

新羅の対外的な領域拡大は、六世紀に至り活発化するが、その展開の過程における具体的な施策を伝えるものはほとんどなかった。城山山城木簡は、そのような新羅の征服活動において、拠点の維持・経営のために必要とされた人的資源と物資の供給のありようを具体的に伝えるものとして、文書行政の観点からも貴重な情報を提供するものとして注目される。

二　地方統治体制と文書行政

（1）山城築造と力役動員

新羅が地方支配を押し進めていく過程で、在地の首長に対して王京の山城築造のために力役徴発を命じていたことは、すでに『南山新城碑』を通じて明らかにされている。すなわち、『三国史記』には、真平王一三年（五九一）七月に、周囲二八五四歩の南山城を築造したことが記されているが、この山城築造の際に刻された石碑が現在までに一〇碑が確認されている。[25]

それらによれば、新羅は王都に居住する六部人と新羅がその当時統治していた領域内の地方民を力役動員し、南山新城の築造にあたらせていた。築造には、作業距離を二百以上に分け、それらの一定の距離を分団ごとにあたらせていた。[26]築城を担当する集団の基礎単位は、地方民の場合は、村・城であり、都に居住する六部人の場合は里であった。南山新城碑は、分団ごとに立碑されたものであって、そこには築城工事に際しての誓約、そして分団の監督に当たった地方官の名が記され、これに続いて、この時の工事に携わった実質的な作業責任者として、外位をおびた在地首長（村主）たちの名や、力役を担当した村・城の構成員が列記されている。

前述のように、築城を担当する基礎単位は、王京人の場合は、部の監督の下の里であり、地方民の場合は、郡の監督の下の村ないし城であって、地方民は村主をはじめ外位を帯びた首長たちの名が刻まれていた。この知見を前提にすると、城山山城木簡に記された人名とは、南山新城碑に名を連ねていた首長をはじめとする地方民に他ならない。すなわち、王都の力役に徴発された地方民は、新羅が新たに確保した軍事拠点の防衛のために、軍糧としての稗や麦などを、遠隔地から貢賦として輸送・搬入する際にも動員されていたことになる。その基礎単位となったのが「村」「城」であったことも同様である。

（2）統治システムと文書行政

ところで、築城のための力役徴発にしろ、貢賦の進上にせよ、村・城を単位に、在地の首長を媒介として、地方民を徴発するには、それを可能にする行政体系を前提とする。すでに指摘したように、木簡に現れる地名は、慶尚北道の地域に集中していた。その地域的な特性ゆえに、慶尚北道と城山山城を結ぶ内陸交通路としての洛東江が注目されてきた。[27]その点について異存はないが、慶尚北道に集中している要因として軽視できないのは、真興王一三年（五五二）にほぼ今日の慶尚南・北道地域に、上州・下州という二つの広域行政区画を設定していることである。それ以前においては、新羅の「州」とは、軍事上の拠点となる邑洛の呼称であったが、この時より、そうした狭義の州とは異なる広義の州とが併存することになった。[28] つまり、六世紀半ばより新羅では広域を統括する地方統治体制が施行されたことを意味する。城山山城木簡は、記載された地名の範囲からみると、このような州制成立にともなう動員体制に基づいて用いられたものと推定されるのである。

　これに関わって軽視できないのは、上州の州治が五五七年には、沙伐から甘文に移されている点である。現在まで公的に発表されている二七点のうち二点三ヶ所に「甘文城」「甘文」が認められるが、それらは上位の行政単位として記されていることから、上州の州治であった可能性が高い。[29] 広域行政区画の設定を前提に、その州治であった甘文が城山山城への貢進物の供給に関与していたとみることができるのではあるまいか。

　問題となるのは、このような行政体系を支える地方行政機構であるが、南山新城の築造には、地方民は、村・城が作業単位として徴発され、その際に郡が媒介して、各村・城の人民を組織していたと推定されている。[30] これを参照すると、郡によって組織される村・城の動員体制は、さらに上位の州規模に組織する行政体系によって、広域の動員体制が整備されていたとみられる。[31]

　このような体系的な動員のためには、末端の村・城における人民の把捉が大前提となるであろう。そこで注目されるのは、一九七八年に忠清北道丹陽郡丹陽面から発見された『赤城碑』である。[32] そこには、新羅による赤城経営に功績のあった「也尓次」なる人物の家族に対する種々の恩典（佃舎法）が記されているが、その際に、「也尓次」の家族構成について、「妻」「妾」、「子」「女」、「小子」「小女」などと記されていた。一見して、血縁関係ないし年齢区分の分類とみられるが、こうした分節の仕方そのものが「也尓次」個人への恩典の目的のみに、適用されたとは考えがたく、すでに当時の新羅の地方統治において、人民の把握の方式に、年齢区分に従う弁別がなされていた可能性を想定してみる必要があるだろう。荷札としての城山山城木簡の地名と人名の表記形式からみても、貢進の単位となった「村」「城」における人民の把握は、われわれの想像以上に、「村」「城」内部に及んでいたと考えなければならない。

　なぜならば、個別の物品と共に、いちいち個人名を記すのは、それを改めて個人レベルでチェックすることを前提としていた事実を物語っているとみられるからである。一〇〇キロ以上の遠隔地より、首長をはじめとする上州地域民が自らの手で城山山城まで運搬し、城内に納入することを命じていたとすれば、物品に付された木簡は少なくとも搬出の段階と納入の段階でのチェックのための荷札と推定される。しかも、それが個別具体的な個人[33]の負担を確認するためのものであった。

　この点に関わって軽視できないのは、二〇〇二年に城山山城から出土した木簡群のなかに、題籤軸に酷似した形態の木製品が三点発見されたことである。それらのうち一点からは文字が検出され、題籤軸であることが確認された。[34] 周知のように、日本列島においては、題籤軸は正倉院に伝存するものがあり、また八世紀以降の地方官衙跡からの出土例も多数におよび[35]この城山山城で出土した題籤軸には、「利豆村」との文字が検出されたのであるが、その意味するところは小さくない。[補二]

　まず、題籤軸の実在は、こうした特殊な形状のインデックスを必要とする紙本の存在を想定せしめるのであって、紙の文書を用いた文書行政が恒常的になされた結果としての巻子本形式の文書が保管されていたことを推定することができる。また、題籤軸によって識別しなければならないほどの多量の文書が長期間にわたって保管・保存されていたことをも推測せしめるものである。

　さらに、題籤に「利豆村」と記されていたことからすれば、そこには「利豆村」一村に関する文書が連貼されていたことになり、村ごとの記録が帳簿の形式でまとめられていたことになるであろう。こうした点と上述した赤城碑の記載内容を勘案すれば、六世紀における新羅の文書行政は、やはり村・城ごとの人民の把握にまで及んでいたとみるべきであろう。上述した上州の「村」「城」から納入された物品に付けられた荷札のチェックは、城山山城の内部でなされ、それらが紙本の帳簿として保管された可能性もあろう。

このように城山山城木簡は、荷札という機能面を徹底して検討してみると、その背後に新羅の地方行政を前提とした文書行政のありようが浮かび上がってくる。また、さらには「城」「村」ごとの名籍の作成すら視野にはいってくるであろう。というのも、ほぼ同時代とされる日本列島に目を向けると、『日本書紀』には、欽明天皇三〇年（五六九年）、吉備の白猪屯倉で田部の丁籍が作られていたと記されているからである。大王家の屯倉（直轄地）ではあるが、青年男子の名簿が整備されていたと解釈され(36)、この点は、新羅の文書行政を考えるとき無視できない。『赤城碑』にみられた「子」「女」、「小子」「小女」の区分は、村・城ごとの名籍の作成と関わっていたのではないだろうか。このような村・城における人民の把握を前提に、地方民の力役徴発や貢賦の進上が可能であったとみられるのである。以上より判断するに、六世紀半ば頃には、名籍を作成して、人民の労働徴発や賦課を管理する方式が新羅で導入されていた可能性は十分ありえるのではなかろうか(37)。

おわりに

城山山城からは、大量の荷札木簡に混ざって、作成途中の木簡や未使用の木簡が出土している。こうしたことから、城内でも付札などの用途で木簡が作成されていたことが推定される。これに加えて題籤軸にみられるように、城山山城が文書や貢進物の荷札の受領にともなって、文書・木簡の点検・整理と、それらに基づく帳簿の管理・保存がなされていたことが推測される。

今後の正式な調査結果をまたなければならないが、現時点で知りうることは、六世紀中葉の新羅において、新たに新羅領域に編入された地方拠点で、木簡と共に題籤軸が使用されていた事実であって、この当時の新羅の文書行政を解明するうえで、貴重な手がかりとなるであろう。少なくとも、この頃の新羅においては、王京と地方との相互間で紙木を併用した文書のやりとりがなされていたのであって、今後は、そのような事実を前提に、文書行政の実体を解明していかなければならない。

城山山城木簡は、六世紀中頃に成立した広域行政区画の成立と、それを支える州—郡—村・城からなる地方行政体制を前提にした文書行政の実在をうかがわせるものである。城山山城木簡の総合的な研究成果に期待するとともに、それらの知見に基づきながら、一九七五年以来、王都・慶州や地方の山城で出土した文書木簡の新たな分析によって、新羅の六～七世紀における文書行政の実体解明は飛躍的に進展するものと確信している(38)。

注

（1）南豊鉉「迎日冷水里新羅碑の語学的考察」（『基谷姜信沆先生華甲記念　国語学論文集』ソウル、一九九〇年、五九頁）は、冷水碑に当時の行政文書の文体がみてとれると指摘する。なお、冷水碑については、韓国古代史研究会編『韓国古代史研究』（三、迎日冷水里新羅碑特集号、ソウル、一九九〇年）、深津行徳「迎日冷水里新羅碑について」（『韓』一一六、一九九〇年一一月）を参照。

（2）「村落文書」の文書としての性格については、武田幸男「新羅の村落支配—正倉院所蔵文書の追記をめぐって」（『朝鮮学報』八一、一九七六年一〇月）。なお武田幸男氏はその後、この文書を「禄邑支給帳様文書」と名づけている（武田幸男『高句麗史と東アジア』岩波書店、一九八九年、三六頁）。

（3）鈴木靖民「正倉院佐波理加盤付属文書の基礎的研究」（『古代対外関係史の研究』吉川弘文館、一九八五年）、南豊鉉「日本正倉院所蔵の新羅出納帳」（『吏読研究』太学社、ソウル、二〇〇〇年）。

（4）おおよその研究状況については、以下のものを参照のこと。李成市「韓国出土の木簡について」（『木簡研究』一九、一九九七年一二月）、李成市「古代朝鮮の文字文化」（国立歴史民俗博物館編『古代日本　文字のある風景』二〇〇二年三月)。

(5) 国立昌原文化財研究所「咸安城山山城02年度発掘指導委員会議及び現場公開資料」(昌原、二〇〇二年一一月一五日)、鄭桂玉「城山山城木簡の出土状況について」(韓国出土木簡の世界　シンポジウム資料、早稲田大学朝鮮文化研究所、二〇〇四年一月)、文化財庁「咸安城山山城木簡報道資料」(韓国、二〇〇四年二月二三日)を参照。

(6) 田中俊明『大加耶連盟の興亡と「任那」』(吉川弘文館、一九九二年)。

(7) 城山山城木簡については、国立昌原文化財研究所『城山山城』(国立昌原文化財研究所、昌原、一九九九年)、韓国古代史学会『韓国古代史研究』(一九、城山山城木簡特集号、二〇〇〇年、ソウル、韓国古代史学会)、李成市「城山山城新羅木簡から何がわかるのか」(『月刊しにか』一一―九、二〇〇〇年九月)、平川南「日本古代木簡研究の現状と新視点」(『韓国古代史研究』前掲〔原載〕、『古代地方木簡の研究』吉川弘文館、二〇〇三年年〔所収〕)、鄭桂玉「城山山城木簡の出土状況について」(前掲)参照。

(8) 文化財庁「咸安城山山城木簡報道資料」(前掲)。

(9) 国立昌原文化財研究所『城山山城』(前掲)。

(10) 二〇〇二年に出土した六五点の樹種は、松(五三点)、柳(四点)モミ(三点)、栗(三点)、クヌギ・ケヤキ(各一点)であったという。鄭桂玉「城山山城木簡の出土状況について」(前掲)参照。

(11) 二〇〇二年に出土した六五点の形態的な特徴として、切り欠きを入れた下端部の先端を尖らせている点をあげることができる。

(12) 国立昌原文化財研究所『城山山城』(前掲)。

(13) 地名比定については、尹善泰「咸安城山山城出土新羅木簡の用途」(『震檀学報』八八、ソウル、一九九九年一二月)参照。

(14) 李鎔賢「咸安城山山城出土木簡と六世紀新羅の地方経営」(『国立博物館　東垣学術論文集』五、ソウル、二〇〇三年一一月)は、「仇利伐」の位置比定について二つの可能性を認めながら、ふたとおりの解釈案を示している。

(15) 「鄒文」は丹陽赤城碑に見えている。その地名比定は、武田幸男「真興王代における新羅の赤城経営」(『朝鮮学報』九三、一九七九年一〇月)に従う。

(16) 人名の特徴については、文化財庁「咸安城山山城木簡報道資料」(前掲)でも言及されている。

(17) 文化財庁「咸安城山山城木簡報道資料」(前掲)。

(18) 文化財庁「咸安城山山城木簡報道資料」(前掲)。

(19) 平川南「日本古代木簡研究の現状と新視点」(前掲書)。

(20) 文化財庁「咸安城山山城木簡報道資料」(前掲)。

(21) 武田幸男「新羅の官位制の成立」(旗田巍先生古稀記念会編『朝鮮歴史論集』上、龍渓書舎、一九七五年)。

(22) 官位の表記法の変遷については、武田幸男「金石文資料からみた新羅官位制」(『江上波夫教授古稀記念論集』歴史篇、山川出版、一九七七年)、武田幸男「新羅官位制の成立にかんする覚書」(武田幸男編『朝鮮社会の史的展開と東アジア』山川出版社、一九九七年)。

(23) 国立昌原文化財研究所『城山山城』(前掲書)。

(24) 鄭桂玉「城山山城木簡の出土状況について」(前掲)参照。

(25) 国立慶州博物館編『文字からみた新羅―新羅人の記録と筆跡』(国立慶州博物館、ソウル、二〇〇二年)。

(26) 南山新城碑については、秦弘燮「南山新城碑の綜合的考察」(『三国時代の美術文化』和同出版公社、ソウル、一九七六年)、李鍾旭「南山新城碑を通してみた新羅の地方統治体制」(『歴史学報』六四、ソウル、一九七四年一二月)、田中俊明「新羅の金石文(一)～(九)」(『韓国文化』五―一～七―三、一九八三年一月～一九八四年五月)、朴方龍「南山新城碑第九碑に対する検討」(『美術資料』五三、ソウル、一九九四年六月)などを参照。

(27) 尹善泰「咸安城山山城出土新羅木簡の用途」(前掲誌)参照。

(28) 翌年の真興王一四年には新たに新州が設置されている。広域の州については、李成市「新羅六停の再検討」(『朝鮮学報』九二、一九七九年九月〔原載〕、『古代東アジアの民族と国家』岩波書店、一九九八年〔所収〕)参照。

(29) 李鎔賢「咸安城山山城出土木簡と六世紀新羅の地方経営」(前掲誌)。

(30) 李鍾旭「南山新城碑を通してみた新羅の地方統治体制」(前掲誌)。

(31) 李成市「新羅六停の再検討」(前掲書)。

(32) 赤城碑については、檀国大学校史学会『史学志』(一二、丹陽新羅赤城碑特集号、ソウル、一九七八年)、武田幸男「真興王代における新羅の赤城経営」(『朝鮮学報』九三、一九七九年一〇月)、武田幸男「五～六世紀東アジア史の一視点―高句麗『中原碑』から新羅『赤城碑』へ―」(井上光貞他編『東アジア世界における日本古代史講座』四、学生社、一九八〇年)を参照。

(33) 荷札である城山山城木簡は、一枚に一人の名前を記すものを基本とするが、これまで発見された城山山城の中には、一枚の木簡に二名の名を記すものが九点が検出されている(文化財庁「咸安城山山城木簡報道資料」前掲)。なお、二人の名を記すことの意味については、李鎔賢「咸安城山山城出土木簡と六世紀新羅の地方経営」(前掲誌)。

(34) 国立昌原文化財研究所「咸安城山山城木簡報道資料」(前掲)、文化財庁「咸安城山山城木簡報道資料」(前掲)。

(35) 題籤軸については、加藤友康「国・郡の行政と木簡―「国府跡」出土木簡の検討を中心として」(『木簡研究』一五、一九九三年一一月)、北條朝彦「古代の題籤軸―正倉院伝世品と地方官衙関連遺蹟出土品」(皆川完一編『古代中世史料学研究』上巻、吉川弘文館、一九九八年)、杉本一樹「文書と題籤軸(報告要旨)」(『木簡研究』二四、二〇〇二年一一月)を参照。

(36) 東野治之『書の古代史』(岩波書店、一九九四年)二〇七頁。

(37) 平川南「日本古代木簡研究の現状と新視点」(前掲書、三七五頁)は、城山山城木簡の記載様式は、古代日本における七世紀以降の貢進物付札とほぼ同様であり、六世紀中ば段階で新羅はすでに徴税体系が十分に整備されていたことを示していると指摘している。

(38) たとえば、慶州出土木簡の中で、文書木簡の一つとみられ、七世紀初頭と推定される月城垓字木簡には、四面にわたって以下のような文字が認められる。国立慶州博物館編『文字からみた新羅―新羅人の記録と筆跡』前掲、一三七頁)の釈文に従って、釈文を示せば次のとおりである。

・牒垂賜教在之後事者命盡

・経中入用思買白不雖紙一二斤

・大鳥知郎足下万引白了

・使内

これをあえて釈訳すれば以下の通りである。

牒す。垂《くだ》され賜し教在り。後事は命ずる盡に。経中《に》入用と思しめし、買たしと白《もう》す。不(しか)らずと雖も紙一二斤。

大鳥(官位一五等)知郎の足下万引白し了える。

使内

末尾にある「使内」の意味が不明(「内」は別字の可能性がある)であるものの、その前の三面にわたる内容から、官司の間で交わされた「牒」であることはまず間違いあるまい。おそらくは、その内容から紙の購入請求のための写経所関係文書と推定される。なお、その後の新羅の文書木簡に関する研究については、拙稿「韓国木簡研究の現在―新羅木簡研究の成果を中心に」(工藤元男・李成市編『東アジア古代出土文字資料の研究』雄山閣、二〇〇九年)を参照

(補一) その後の調査において「塩」字の部分は人名の可能性が高く物品名とはみなしがたい。

(補二) その後の調査において文字は検出されないことが判明した。

本稿は、「朝鮮の文書行政—六世紀の新羅」(平川南・沖森卓也・栄原永遠男・山中章編『文字と古代日本』二 文字による交流、吉川弘文館、二〇〇五年三月)に掲載した拙稿を、その内容に即したタイトルに変更して形式を一部改編しているが、内容は字句の修正にとどめて原文のままとし、補注を加えた。

奈良文化財研究所都城発掘調査部〔飛鳥藤原地区〕における木簡整理

市　大樹

はじめに

発掘調査によって出土した木片に墨書が認められるもの、それを木簡と呼んでいる。墨書のある木片を削ったときに生じる削屑も、やはり木簡として認識する。同一個体であることが確実であれば、複数片からなっても一点として数えるが、同一個体であることが不確実であれば、それぞれの木片を一点ずつ数えることになる。また、形状などから木簡に由来することがほぼ確実な場合であっても、もし墨書が認められなければ、木簡の点数からは除外している。こうした墨書のない木片は「木簡状木製品」と称している。

日本で最も古い木簡は、年紀の書かれたものでは、前期難波宮跡出土の西暦六四八年に相当する「戊申年」銘木簡であるが、木簡の出土状況などから、七世紀前半頃とみられるものも少数ながら出土している。しかし六世紀代にまで遡る確実な木簡はまったく出土しておらず、韓国とは大きく異なる点である。日本の木簡は七世紀から現在にいたるまでの間のものが確認されており、その数は三五万点近くあるといわれている。このうち中心をなすのが八世紀とその前後における古代木簡である。なかでも、二〇万点以上は古代都城遺跡から出土しており、その大部分は奈良文化財研究所（旧・奈良国立文化財研究所）の発掘調査によって出土したものである。

奈良文化財研究所では、都城発掘調査部が発掘調査を担っている。もともと都城発掘調査部は、平城宮跡発掘調査部（一九六三年設置）と飛鳥藤原宮跡発掘調査部（一九七三年設置）の二つの部局を母体としており、行政改革の一環として二〇〇六年四月に合併して誕生した。こうした成立事情もあって、都城発掘調査部の日常業務は、基本的には平城地区と飛鳥藤原地区とで別個におこなわれている。平城地区は平城宮・京跡の発掘調査とその遺物整理、飛鳥藤原地区は飛鳥地域および藤原宮・京跡の発掘調査とその遺物整理を担当している。木簡の整理にあたる職員は、平城地区は研究員四名、飛鳥藤原地区は研究員一名、研究補佐員一名である（二〇〇八年四月から研究補佐員一名は定員削減された）。

私は二〇〇一年一月一日に奈良国立文化財研究所（現・奈良文化財研究所）に入所し、平城宮跡発掘調査部に一年四ヶ月在籍した後、飛鳥藤原宮跡発掘調査部（現・都城発掘調査部〔飛鳥藤原地区〕）に異動し、現在にいたっている。主な仕事は、飛鳥・藤原地域の発掘調査と、そこから出土した木簡の整理である。また、明日香村教育委員会の発掘調査で出土した飛鳥地域の木簡や、橿原市教育委員会の発掘調査で出土した藤原京跡の木簡についても、両教育委員会に木簡の専門スタッフがいないこともあって、整理に協力している。たかだか八年ほどの乏しい経験をもつにすぎないが、都城発掘調査部〔飛鳥藤原地区〕における木簡整理の実状を中心に、自分の体験を交えながら報告させていただきたい。

一、木簡出土時の対応

都城発掘調査部〔飛鳥藤原地区〕の手がけた発掘調査では、飛鳥地域から約一四〇〇〇点、藤原宮跡から約一六〇〇〇点、藤原京跡から約一四〇〇〇点の木簡が出土している（二〇〇八年一二月現在）。このうち八割以上は、最近一〇年間に出土したものである。私が飛鳥藤原宮跡発掘調査部に異動した二〇〇二年五月一日以後について述べれば、飛鳥地域の石神遺跡から約三三〇〇点、藤原宮跡の朝堂院地区から約八〇〇〇点の木簡が出土した点が特筆される。

まずはじめに、木簡出土時における対応からみていこう。奈良文化財研究所では、木簡を含めた遺物を取り上げる際は、遺物ラベルを作成している。遺物ラベルは九cm×七cmのプラスチックラベルで、油性ペンによって、①発掘調査次数、

②大・中地区、③小地区、④遺構・土層、⑤日付を現場で記すことになっている。

①発掘調査次数は、都城発掘調査部〔飛鳥藤原地区〕では原則として、飛鳥地域、藤原宮跡、藤原京跡の遺跡すべてを含めて、調査の順番ごとに「飛鳥藤原第○次」という形で通し番号が付される（調査面積の限られた小調査では、「飛鳥藤原第○―○次」のように枝番号が付される）。

②大・中地区および③小地区は、平面的な出土地点を示す記号である。小地区は遺物取り上げ時の最小単位で、三m×三mの正方形グリッドである。ただし場合によっては、この小地区を九等分（一m×一mグリッド）にして遺物を取り上げることもある。

④遺構・土層は、小地区をさらに限定したものである。溝や土坑などから出土した際には、「南北溝1」「土坑1」など遺構に関わる仮の名前が付けられる。一方、遺構として認識できない場合は、出土層位を示すため、「茶灰粘質土」「黒灰粘土」など土色に関わる名前が付けられる。ただし遺構から出土した場合にも、溝や土坑が複数の層に及ぶときには、「南北溝1黒灰粘土」「土坑1下層」などのように、土層の違いを同時に示したりする。木簡は溝や土坑、あるいはそれに準じる遺構から出土するのが一般的であり、遺物ラベルには「溝」「土坑」「井戸」などの名前が付けられる場合が多い。

⑤日付は遺物取り上げ時のもので、二〇〇五年二月二四日であれば、「０５０２２４」と記される。

これらの情報は、1／30縮小の遺構略図である「遺構カード」に、遺構・土層と日付に関わる情報を中心に記す決まりである。（正式の発掘図面は現場の最終段階に1／20縮小で作成される）。

さて、現場で木簡を取り上げる際には、大きく二つの対応の仕方がある。

（1）木簡を一点ずつ個別に取り上げる。木片に墨書があったり、付札のように典型的な木簡の形状をとっていることが現場で認識された場合に、こうした対応がとられる。木片に文字が書いてあると、つい読みたくなるのが人情であるが、日光にあたると墨書が消えてしまう恐れがあるため、木簡は泥のついた状態のまま湿らせた「座布団」（後述）にくるんで箱に入れ、研究所に大至急持ち帰るようにしている。

（2）木簡を土ごと大型コンテナ箱に入れて持ち帰る。現場で大量の木片が出土した際、墨書の有無を一点ずつ確認することは無理であるし、また木片そのものも立派な考古遺物であるため、土ごと採集をおこなう。また削屑のように極めて脆弱な遺物は現場で個別に取り上げることは困難であり、他の考古遺物を細片漏らさず取り上げるためにも、土ごと採集している。

こうして研究所に木簡が持ち込まれることになるが、（1）の場合はただちに洗浄がおこなわれる。（2）の場合は、まず大型コンテナ箱に水を入れる作業が待っている。木片の状態に注意しながら、ホースで水を入れていくのであるが、土に水が満遍なく浸かるようにするため、あまりにも大きな粘土ブロックがある場合には軽く砕く（ただし後述する削屑木簡の洗浄との関係から、細かく砕きすぎてはいけない）。数箱程度の採集であればたいした作業量ではないが、一日に数百箱持ち込まれることもあり、特に冬期は大変に厳しい作業である。これらのコンテナ箱は後日洗浄することになるが、まずはコンテナを収納しなければならない。木簡整理の効率化という観点からすれば、遺構・土層ごとのまとまりを崩さないのが望ましい。しかし複数の遺構から大量の持ち込みがあった場合には、日付のみのまとまりしか確保できないできないこともある。だが現場班と密に連絡をとることにより、完全ではないまでも一定度のまとまりを確保させることは十分に可能である。そしてこれらのコンテナは、室内に収納できる量はごく限られているため、大半は野外に置かれることとなる。洗浄までの期間が短ければ特に問題はないが、長期にわたることが予想される場合は養生する必要がでてくる。飛鳥藤原第一二二次調査（石神遺跡第一五次調査）では、一冬を越すために、コンテナのまとまりごとにテントをはり、その周囲を幕で覆って水が凍結しないようにした。

二、木簡の洗浄・収納

こうして持ち込まれた木簡は、つぎに研究所内で洗浄される。整理室内の洗い場でぬるま湯を少量だしながら、毛筆や千枚通し・竹串を使って泥を落としていくのである。毛筆は大小さまざまなものを使うが、墨痕の存在に細心の注意を払いながら軽くなでるように泥を落としていく。決してゴシゴシと擦ってはいけない。千枚通し・竹串は大きく二つの使い方がある。第一は木簡から泥を切るように剥がす場合である。第二は木目内に入った小石や泥などを除去する場合である。小石を除去するのでなければ、これらの作業は毛筆によっても可能であるが、軽くであれ筆で擦るよりは、千枚通し・竹串を使った方が結果的に木簡を痛めない場合がある。また作業の効率化という観点からも、千枚通し・竹串の利用はメリットが大きい。これらの道具は、木簡の状態をみながら臨機応変に使用する。

洗浄作業でやっかいなのが、削屑である。やや細めの毛筆を使って丹念に泥を落としていくしかないが、うまく洗わないと一片が複数片に分離してしまう。仮に複数片に分離してしまった場合でも、収納する際にそのまとまりを崩さないことが肝要である。洗浄の終わった削屑は、一六・五cm×一二cmのアクリル板(かつてはガラス板を利用していた)に、原則として一〇片ずつ張り付けるように収納している。したがって、同一片であることが確実である場合、あるいはその可能性が考えられる場合は、必ず同じアクリル板に収納する。そして、この点とも密接に関わるが、コンテナの水洗いをする際には、極力、ブロックとしてのまとまりを重視するようにする。削屑の接続関係を検討する際に、重要な手がかりとなるからである。

洗浄の終わった木簡は、小型コンテナ箱に収納される。それに先だって、箱の底には「座布団」なるものを敷く。「座布団」とは、脱脂綿をガーゼでくるんで、ミシンによって裁縫したものである。大きさは四〇cm×二七cm。従来は研究所内で製作していたが、最近は業者に特注している。

木簡は「座布団」の上に収納するが、後述する記帳作業をおこなうまでは、仮収納という性格をもつため、遺物ラベルのまとまりは絶対に崩さないようにしている。最終的には、遺物ラベルの記載を最優先する形で再統合をおこなうが、削屑以外の木簡であればだいたい八点前後が目安である。もちろんこれは木簡の大きさに左右され、一点のみの場合もあれば、二〇点近くに及ぶ場合もある。

削屑木簡の場合は、だいたい一〇点ずつアクリル板に張ったものを洗浄済みの不織布でくるんだ上で、高さ三段になるように、計九枚のアクリル板を小型コンテナ箱に入れる(したがって、一箱内の削屑木簡の点数は約九〇点となる)。なお、削屑木簡で内容的に特に興味深いものが含まれている場合には、赤外線テレビカメラ装置による画像をアクリル板ごとプリンターで打ち出し、それを収納箱に貼り付けて、一種の備忘録としている。

木簡や削屑を入れた後、その上に「座布団」を一枚かけて、ホウ酸とホウ砂を九対一の割合で混ぜた水溶液を注ぎ込む。ホウ酸とホウ砂は木簡の腐蝕を防ぐ役割がある。以前は濃度〇・三%の水溶液を使用していたが、保存科学スタッフと相談の上、現在は濃度〇・四%を採用している。この水溶液は柄杓を使ってゆっくりと注ぎ込むが、柄杓をもった逆の手に直接水をかけるようにし、極力水圧が木簡にかからないように注意をする。しばしば「座布団」の間に空気がたまるが、それらは抜く。また削屑の場合には、不織布内にも空気がたまりやすいため、上に被せた座布団の上から入念に押さえつけて空気を抜くようにしている。不織布が綺麗に裹まれていないと、削屑が水中で泳いでしまうので注意を要する。

こうして木簡・削屑が収められた箱内には、遺物ラベルを転写したラミネートを入れる。以前は木簡のすぐ近くに収納したが、ラミネートが木簡を損傷させる恐れがあるため、最近は上に掛けた「座布団」の上部に入れるようにしている。そして、コンテナ箱の側面表側に、やはり遺物ラベルを転写したシールを貼って、各箱の区別が容易につくようにしている。

三、木簡の記帳

木簡の洗浄・収納後におこなうのが、木簡の記帳である。B5版の方眼ノートの右上にラミネート（遺物ラベルに対応する）を転記した上で、木簡のスケッチをする。以前は3／5スケールで記載していたが、飛鳥・藤原地域で出土する木簡は、平城地域で出土するものに比べて一回り小さいのが通常であるため、現在は実寸大スケールで記載するのが一般的になりつつある。使うのは鉛筆である。個人的には、墨書部分は2Bの柔らかい黒鉛筆、それ以外はHBの黒鉛筆を使い、青鉛筆や赤鉛筆を補助的に利用している。

まず墨書のある面の木簡の輪郭を描き、加工や欠損などに関する注記をおこなう（両面に墨書がある場合は、表面にあたると思われる方を右側にする）。木簡を加工する際には、まず木目方向に割截し、ついで木目方向に直交するように切断した後、形状を整えるための削り調整をおこなうのが通例である。ただし、なかには削り調整をせず、単に割截・切断のみで済ませるものも存在する。また削り調整のなされた場合であっても、木簡当初の加工とは限らず、二次的な加工の場合もあるので、その点の見極めもしなければならない。とりあえず「削り」「割截」「切断」「折れ」「割れ」などと記し、二次的であることがわかった場合には「二次的削り」「二次的割截」「二次的切断」などと表現する。木簡当初の加工か二次的な加工であるかどうかは、墨書内容なども総合的に分析して判断を下す必要があるため、記帳の最終段階でおこなうことも多い。また木簡のひび割れ部や、複数片の接続部、あるいは後次的な剥離部分などがあった場合には、色鉛筆を使って表示するようにしている。

つぎに墨書内容の記載をおこなっていくが、最も注意を払うのが、どのような筆の流れをたどって文字が記されたかの観察記録である。紙に書かれた文字とは違って、木目に影響されて墨痕が滲んだり、墨が流されたり、失われてしまったりする場合が往々にある。また木片のシミと墨痕との区別がつきにくいものもある。まずは十分な肉眼観察をおこない、その上で赤外線テレビカメラ装置を補助的に利用して、筆の流れを読み取り、それを記帳ノートに再現していくのである。肉眼観察をおこなう際には、水をはったバットの中に木簡を入れて光を斜めから当てると、比較的よく墨痕を認識することができる。墨痕が薄かったり、木片の色が濃い場合には、赤外線テレビカメラ装置を利用することで大きな効果が得られるが、木片の窪みなども画面上は墨痕のようにみえてしまう場合があり、必ず肉眼観察も同時にしなければならない。なお、最近ではあまりおこなっていないが、EDTA二％程度の水溶液、もしくはアスコルビン酸二％程度の水溶液に浸して漂白することで、木簡の釈読に便宜を与える場合もある。

筆の流れを記帳で再現していく際、絶対にやっていけないのは、文字の輪郭を型どり、その中を塗りつぶすことである。これでは筆の流れを読み取ったことにはならないからである。記帳は実測図とは異なり、必ずしも忠実に再現する必要はない。木簡の現状から大きく逸脱しない範囲内で、墨痕の後次的な滲みを除去したり、失われた墨痕を少し補ったりしながら、木簡が書かれた当初の筆の流れを可能なかぎり読み取り、それを記帳ノートに表現していくのである。

このように述べると、主観を交えた恣意的な作業をやっているかのように思われるかもしれないが、当時文字を記す際には筆を使って書いた以上、一定の規則に従って筆が動かされているはずであり、合理的な判断を下すことは決して不可能ではない。したがって、記帳における運筆表現は、一本線のみによって表現しても一向に構わないのである。過去の記帳ノートをみていると、そのようにして書かれたものは決して珍しくない。ただそれでは雰囲気があまりでないことがあるため、少し肉付けをおこなった方がよい場合がでてくる。その際には、筆の流れに従って、鉛筆を複数回動かすようにしている。繰り返すが、輪郭の型どりは絶対にしてはいけない。私は2B鉛筆の先端部を丸くして、一筆で少しでも太い線が表現できるようにしている。

筆の流れを再現するということは、同時に文字を判読することでもある。その際に最もよく使うのが、高田竹山監修『五体字類』（西東書房、一九一六年）である。刊行されてから八〇年以上の歴史をもつ本書は、書道家を中心に根強い需要があり、何度も版を重ねているが、コンパクトな中にもさまざまな字体を収録しており、木簡を読む際にも極めて有用である。また、近年奈良文化財研究所が中心となって進めてきた、科学研究費補助金・基盤研究（S）「推論機能を有する木簡など出土文字資料の文字自動認識システムの開発」（研究代表渡辺晃宏、二〇〇三年度～二〇〇七年度）の研究成果に則って作成されたデータベース「木簡字典」も、木簡に書かれた文字画像のデータを多く集めており、たいへんに便利である（二〇〇八年六月には八木書店から『日本古代木簡字典』が刊行された。データはその後も更新されている）。これは平城地区の木簡に関する画像データが中心であり、飛鳥・藤原地域の画像データは今後に期するところが大きいが、字体を判断していく上で参考になる点が多い。

この他にも、奈良文化財研究所の公開する「木簡データベース」は、木簡四万点以上について、遺跡名、発掘次数、所在地、調査主体、地区名、遺構番号、本文、寸法、型式番号、形状、樹種、木取り、内容分類、出典、木簡番号、和暦、国郡郷里、人名に関するデータがおさめられており（一部の項目は未入力のものもある）、これらを多角的に駆使することで、木簡の釈文を確定させていく上でのヒントが得られる。もちろん、各種辞典や論文なども参照し、釈読をおこなっていくことはいうまでもない。

なお「木簡字典」「木簡データベース」とともに、奈良文化財研究所のホームページ（http://www.nabunken.go.jp）にアクセスすれば、誰でも簡単に利用可能である。他に「全国木簡出土遺跡・報告書データベース」も公開されている。

さて、固めていった釈文案は、記帳ノートの木簡見取り図の左横に記す。釈読できない場合には、一文字分の墨痕に対して□を使って表現する。□部分でも、ある一つの文字の可能性が高い場合には、□の右横に〔〇ヵ〕で示す。二文字以上の候補があったり、あるいは可能性がやや乏しい場合には、文章で注記をおこなっておく。釈読できない文字で、文字数も確定できない場合は、字配りから推定される字数分を［ ］で表現している。

そして釈文の真下、もしくは左下に木簡の法量および型式番号を記す。法量は㎜単位で、長さ×幅×厚さの順に記す。いずれも最大値をとる。欠損があったり、二次的な加工を被っている場合には、（ ）を付ける。なお、長さと幅は木簡の文字の方向による。

参考までに、次に木簡の型式番号を示しておこう（021型式・022型式は現在ほとんど使わない）。

011型式　長方形の材（方頭・圭頭などもこれに含める）のもの。
015型式　長方形の材の側面に孔を穿ったもの。
019型式　一端が方頭で、他端は折損・腐蝕などによって原形の失われたもの。原形は011・015・032・041・051型式のいずれかと推定される。
021型式　小型矩形のもの。
022型式　小型矩形の材の一端を圭頭にしたもの。
031型式　長方形の材の両端の左右に切り込みを入れたもの。方頭・圭頭など種々の作り方がある。
032型式　長方形の材の一端の左右に切り込みを入れたもの。
033型式　長方形の材の一端の左右に切り込みを入れ、他端を尖らせたもの。
039型式　長方形の材の一端の左右に切り込みがあるが、他端は折損・腐蝕などによって原形の失われたもの。原形は031・032・033・043型式のいずれかと推定される。
041型式　長方形の材の一端の左右を削り、羽子板の柄状に作ったもの。
043型式　長方形の材の一端の左右を削り、羽子板の柄状にし、左右に切り込みをもつもの。
049型式　長方形の材の一端の左右を削り、羽子板の柄状にするが、他端は折損・腐蝕などによって原形の失われたもの。

051型式　長方形の材の一端を尖らせたもの。
059型式　長方形の材の一端を尖らせているが、他端は折損・腐蝕などによって原形の失われたもの。原形は033・051型式のいずれかと推定される。
061型式　用途の明瞭な木製品に墨書のあるもの。（　）内に製品名を注記。
065型式　用途未詳の木製品に墨書のあるもの。
081型式　折損・割截・腐蝕その他によって原形の判明しないもの。
091型式　削屑。

こうして記帳ノートが作成されると、前述の小地区ごとに、木簡一点ごとに固有の番号（「R番号」と称している。R＝relic）を与え、木簡を管理するのに役立てている。

四、木簡の写真撮影

記帳が終わると、木簡の写真撮影となる。奈良文化財研究所では、①可視光のモノクロ写真、②可視光のカラー写真、③赤外線写真、の三種類を撮影する。①は最も基本となる写真で、全点表裏ともに撮影するが（ただし削屑は片面のみ）、②③は一部の木簡に限られている。特に削屑木簡の場合、②③はほとんど撮影しない。木簡を撮影するのは写真研究室の専門スタッフで、木簡のスタッフは補助的な作業をおこなう。

①可視光のモノクロ写真は、基本的に八×一〇インチのモノクロフィルムを用いる。すべて原寸大での撮影である。大型木簡の場合には、二カット以上に分けて撮影するが、あわせて任意倍率の縮小写真も一カットで撮る。

②可視光のカラー写真は四×五インチのカラーフィルム、③赤外線写真はデジタルカメラを用いる。これらはスケールを入れて、任意倍率の縮小写真を撮ることが多い。

可視光写真の撮影にあたっては、水分を取り除き、やや乾燥させる。水分を取る際には、科学実験用のペーパータオルで軽く押さえるようにする。決して擦ってはいけない。木簡はガラス板に並べるが、なるべく色調の同じものを選ぶようにしている。木簡は表裏ともに二枚ずつ撮影するが、削屑は墨書のある面のみを対象とする。撮影にあたっては、ライティング、フレアー、露出、絞りなどさまざまな点に気を配る必要があるが、こうした技術的な側面については、井上直夫「木簡の撮影」（『木簡研究』二一、一九九九年）、杉本和樹「木簡撮影概説」（『木簡研究』二二、二〇〇〇年）などに委ねたい。ただ一点だけ述べるとすれば、文字のコントラストをあげるための工夫として、赤色もしくはオレンジ系のフィルターをかけるのがポイントである。木簡の木地の色調が赤から黄色の成分を多く含んでいるため、フィルターをかけることによって、モノクロフィルム上では文字は黒のまま、木地は白く表現されることになるからである。

③はデジタルカメラの赤外線吸収フィルターを外し、八八〇㎜の赤外線シャープカットフィルターを装着して撮影するという方法をとっている。①②の撮影とは異なって、水分は軽く取り除くが、特に乾燥させるようなことはしない。

撮影にあたって木簡スタッフが特に気を配っているのは、木簡の出納手順、木簡の正しい接続である。木簡の適正な乾燥時間は決まっているので、全体の段取りを考えながら、手際よく木簡を出納しなければならない。正しい接続をおこなうためには、記帳ノートが手がかりになるため、撮影日前日までにコピーをつくり、取り扱い上の注意点を強調して示すとともに、それらを頭の中に入れておかなければならない。少量のみの撮影であれば特に混乱はおきないが、撮影点数が多くなると、暗室での作業であるだけに細心の注意が必要である。また木簡を撮影する際には、調査次数、小地区、土層、撮影日時などの書かれた題簽を用意して同時に写し込み、後日における写真整理に役立てている。

なお、写真を撮影するのは原則として記帳が終わった後であるが、点数が多い場合には記帳に先行して写真撮影することがある。木簡や削屑は出土時が最も鮮明な墨痕をとどめており、時間がたつにつれて墨痕は薄くなる（程度の差はあれ）

という宿命を背負っている。そのため、しっかりとした写真を早い段階に撮影することが肝要である。また大量の削屑木簡が出土した場合には、記帳をおこなうのは出土してから数年後になることも決して珍しくない。写真の焼き付けをもとにして、刷屑の点数や仮釈文をたてることもでき、整理の上で大変に便利であるが、新たな接続判明という事態が往々にしてあるため、それらは再撮影を余儀なくされるというデメリットもある。

さて、現像が終わり写真の焼き付けができると、ネガごとに整理番号を付けることになる。飛鳥藤原地区では、八×一〇インチのモノクロ写真は「フ０６―六―１５」、四×五インチのカラー写真は「フ０６―ＳＣ―１５」のように番号が付けられる。「フ」は飛鳥藤原地区、略して藤原地区の頭文字をとったものである。「０５」は二〇〇五年度（二〇〇五年四月～二〇〇六年三月）撮影の意味である。「六」は「六切り」（全紙を六分割したもので、二〇・三㎝×二五・四㎝）の頭文字。「ＳＣ」はカラー版のキャビネである。「ＳＣ」は「Slide Cabinet」の頭文字をとったものであるが、「Slide」がカラーを意味しているのは、かつてカラー写真はスライドしかなかったときの名残りである。「１５」は「フ０６―六」「フ０６―ＳＣ」それぞれの固有番号である。同じカットの撮影を二回おこなっているので、もう一枚は番号「１５」の後にダッシュが付けられる。また削屑以外の木簡は表裏ともに撮影しているので、原則として表→裏の順番になるように、連番で番号が付けられることになる。写真焼き付けは二枚一セットであるが、一枚は遺構・遺物の全体アルバムに番号順に貼る。もう一枚は木簡一点ごとに切り抜き、台紙に一点ずつ、表面を右側、裏面を左側にして貼る。ただし削屑の場合は、一カットに二プレートの写真が入っているが、一プレート（約一〇点の削屑からなる）ずつ切り離して写真台紙に貼るにとどめている。

写真台紙にはラミネート（遺物ラベルに対応）および木簡の写真番号・R番号を記載する。この作業と並行して記帳ノートに写真番号を記入していく。

五、報告書の作成

木簡の整理が終わると、報告書を刊行しなければならない。木簡を報告する機会は、基本的に全部で六回ある。A現地説明会のパンフレット、B『奈良文化財研究所紀要』（以下『紀要』）、C『飛鳥・藤原宮発掘調査出土木簡概報』（以下『藤原木簡概報』）、D『藤原宮木簡』ないし『飛鳥藤原京木簡』、E発掘調査の正式報告書、Fその他である。

Aは発掘調査期間内に実施される市民向けの現地説明会で配布する資料である。めぼしい木簡が出土した場合、釈文と簡単な解説を付している。極めて速報性の高い報告となるが、発掘調査が終了していないだけに、取り扱いには注意を要する。紙面や時間の制約上もあって、報告する木簡の点数は少量にとどまる。

Bは年度内に実施された発掘調査の概略報告で、毎年六月に刊行される。たとえば二〇〇七年六月二〇日に刊行された『紀要二〇〇七』は、基本的に二〇〇六年度（二〇〇六年四月～二〇〇七年三月）におこなわれた調査成果を報告している。従来刊行されていた『飛鳥・藤原宮発掘調査概報』『奈良国立文化財研究所年報』に対応するが、二〇〇一年度以降は『紀要』に統合されている。『紀要』は、Ⅰ研究報告、Ⅱ飛鳥・藤原宮跡等の調査概要、Ⅲ平城宮跡等の調査概要、の三部で構成されている。Ⅱ・Ⅲでは、検出遺構と出土遺物を中心に調査成果の概要が報告され、出土遺物のひとつとして木簡も報告される。基本的にAを拡充させた報告内容であるが、やはり紙面や時間的制約のため、報告点数はそれほど多くないのが通例である。ただし、たとえば『紀要二〇〇三』のように、飛鳥藤原第一二二次調査（石神遺跡第一五次調査）で出土した木簡のうち、計七二点の木簡をA４版横二段組で九頁にわたって詳細に報告したような事例もある。

Cは木簡に限定した概要報告である。B５版で、巻頭に木簡の口絵があり（木簡のモノクロ写真が主体で、一部赤外線写真が掲載される）、以下本文として、基本的に縦二段組で、木簡の出土地点と状況、凡例、釈文が示され、巻末に木簡出土地点図が掲げられる。図版類以外の原稿は木簡スタッフが版下原稿を直接作成しており、経費の大幅な節減をはかっている。基本的に調査年度の翌年一一月に刊行されるが、前年度よりも遡る調査に関わる報告がなされることもある。

ここで二〇〇三年一一月に刊行された『藤原木簡概報一七』を例にとりあげてみよう。巻頭図版は一六頁あり、木簡の写真点数はモノクロ一六九点、赤外六点である（表裏ある場合はそれぞれ一点ずつ数えた）。本文は全部で四〇頁。報告した遺跡は、①飛鳥藤原第一二二次調査（石神遺跡第一五次調査）、②飛鳥藤原第一一八・一二四次調査（藤原宮跡東南官衙地区）、③飛鳥藤原第一一五次調査（藤原京跡左京七条一坊西南坪）、④坂田寺第一・二次調査、の大きく四つである。①は二〇〇二年度の調査報告であるが、②は二〇〇一・二〇〇二年度、③は二〇〇一年度、④は一九七二・一九七三年度の調査報告である。このうち③は、出土点数が全部で約一三〇〇〇点に及んだため、前号に引き続く報告である。④は古い調査のものであるが、諸般の事情から第二次調査出土木簡が未報告であったため、初めて報告したものである。第一次調査分は既報告であるが、法量は未掲載であったため、機会を得て報告することにした。これら①〜④について、遺構の状況（特に木簡の出土遺構）を解説した上で、木簡の釈文を計三九一点掲載している。『紀要二〇〇三』で七二点を紹介した①に関しては、一六二点の木簡釈文を公表しており、二倍以上に及んでいる。さらに釈文については、その後半年間の成果を踏まえて、一部『紀要二〇〇三』所載のものを訂正したものがあり、『藤原木簡概報』に依拠するように注意を促している。また②に関わって、前号で紹介した釈文等に訂正点があったため、訂正釈文もあわせて掲載した。木簡出土地点図としては、①がメインになることから、石神遺跡の所在する飛鳥地域の1／1000の図面を載せている。

さて『藤原木簡概報』はその名のとおり、あくまでも木簡の概報にすぎず、D・Eに相当する正式報告書が刊行されれば、ただちに不要となる類である。D・Eを早急に刊行するという方針のもと、『藤原木簡概報』では釈読できる木簡すべての釈文を掲載することはせず、また写真掲載も一部に限られ、当然木簡の個別情報に関わる解説が付けられることはない。しかし現実には、D・Eの刊行はずっと先になる傾向にあり、結果的に『藤原木簡概報』が依拠すべき重要史料集という性格をもつことになる。そこで『藤原木簡概報』の内容を充実化するため、少しずつ改善をおこなっている。第一に号数の範囲内で木簡の通し番号を付け、引用時の便宜をはかった。第二に木簡の法量・出土地点（従来、出土遺構は表示していたが、出土地点を示す小地区は報告しなかった）を明記するとともに、木簡の形状に関する簡単な情報を載せることとした。第三に地名比定などに関わる情報も盛り込むようにした。第四に判読できる木簡は可能なかぎり釈文を提示するようにした。第五に口絵に掲載する写真の点数を大幅に増やすこととした。

Dは木簡の正式な図録である。藤原宮跡から出土した木簡を基本対象とする『藤原宮木簡』、飛鳥地域および藤原京跡から出土した木簡を対象とする『飛鳥藤原京木簡』の二シリーズが存在する。これまで刊行されたのは、『藤原宮木簡一』（一九七八年）、『藤原宮木簡二』（一九八〇年）、『飛鳥藤原京木簡一』（二〇〇七年）の三冊である（二〇〇九年三月『飛鳥藤原京木簡二』を刊行し、藤原京跡出土木簡を報告する予定である）。いずれもB４版の図版編と別冊のA５版の解説編からなる。図版編は原則として、原寸大で木簡の墨書面のモノクロ写真を掲載している。『藤原宮木簡一・二』はコロタイプ印刷である。釈読できない木簡の写真も掲げられているが、解説編ではそれらの木簡は釈文を掲載するようなことはしていない。これに対して『飛鳥藤原京木簡一』の図版編は高精細のオフセット印刷である。また一部の木簡については、赤外線写真もあわせて掲載した。写真は出土した木簡全点を対象としておらず、基本的に釈読できるもののみに限られ、解説編と完全に対応する。

解説編は総説と釈文の二編からなる。総説では、木簡の出土状況や伴出遺物についての必要最低限の報告をおこない、さらに木簡を使った考察原稿が掲載される場合もある。釈文では、通し番号を付して釈文を掲載した上で、木簡を個別解説している。釈文には木簡の法量や樹種・木取りに関するデータを載せているが、木簡の出土地点（小地区）については『飛鳥藤原京木簡一』ではじめて示すこととした。また『飛鳥藤原京木簡一』では、削屑以外の木簡全点について、四周の形状を注記するなど、解説の充実化をはかっている。

E発掘調査の正式報告のうち木簡に関わるものとしては、『飛鳥藤原宮発掘調査報告Ⅰ』（一九七六年）、『同Ⅱ』（一九七八年）、『山田寺発掘調査報告』（二〇〇二年）、『飛鳥池遺跡発掘調査報告』（二〇〇五年）、『高所寺池発掘調査報告』（二〇〇六年）などがある。私の関わった『飛鳥池遺跡発掘調査報告』について述べると、主要な木簡六〇〇点の釈文が掲げられ、その詳細な解説と木簡を使った考察原稿が掲載されている。写真はA４版でカラー三頁分、モノクロ三〇頁分あるが、紙面の関係もあって六〇〇点すべては載せられなかった。こうした限界を補うべく刊行されたのが、Dの『飛鳥藤原京木簡一』（二〇〇七年）である。『飛鳥藤原京木簡一』では、飛鳥池遺跡・山田寺跡から出土した木簡のうち、原則として釈読可能な木簡はすべて写真・釈文が掲載されている。飛鳥池遺跡について述べると、隣接する飛鳥池東方遺跡出土の一点を含めた計一四三九点の報告がなされており、『飛鳥池遺跡発掘調査報告』の二倍以上である。ただし『飛鳥池遺跡発掘調査報告』では、六〇〇点の木簡に限ってはより詳細な解説が付けられており、木簡を使った考察原稿もかなり詳しいものとなっているので、あわせて参照されることをお願いしたい。

Fとしては、『評制下荷札木簡集成』（二〇〇六年）があげられる。これは、全国から出土した評制下（七世紀）の荷札木簡三三九点の原寸大モノクロ写真（一部赤外写真も掲載）と、その釈文・解説からなる本で、詳細な総説や索引も付けられている。釈文は発掘調査機関の担当者とともに再検討をおこなったもので、従来の刊行物との変更点も少なくない。奈良文化財研究所の刊行物も例外ではなく、D・Eのような正式報告書として刊行されたものも再検討の対象となっている。

以上、奈良文化財研究所の刊行物について紹介したが、それぞれの刊行物の性格を十分に踏まえた上で、有意義な活用をお願いする次第である。また、奈良文化財研究所に所属する私としては、D・Eに関する良質な報告書を早急に刊行するように努力していきたい。

六、木簡の保管

木簡が出土してから、前述のD・Eに相当する正式報告が刊行されるまで、原則として科学的な保存処理はおこなわない。科学的な保存処理をすると、木簡の加工痕跡など、モノそのものに即した検討が十分にできなくなる恐れがあるからである。そのため、出土から短くても一〇年近くの間は、木簡はホウ酸・ホウ砂の水溶液に漬けたままの状態で冷暗室に保管されることとなる。木簡の出土から数ヶ月の間は、木簡に吸い込まれている汚れが水溶液に強く滲み出てくるため、水溶液は頻繁に入れ替える必要がでてくる。そして数年間は、一年に一度は水溶液を取り替えなければならない。数年以上たったものについても、だいたい二年に一度ぐらいの割合で入れ替えるのが望ましい。

そこで、毎年七月ないし八月に木簡の水替え作業を一斉におこなうこととなる。夏の時期とするのは、水を取り扱う作業であるため寒い時期には辛いからである。人手を確保するため、日本古代史を専攻する大学院生を中心に、学生アルバイトを募ることになる。二〇〇七年度の場合には、八月一四日から一六日までの三日間、木簡スタッフ二名（研究員、研究補佐員）、アルバイト一〇名で一斉に水替え作業にあたった。アルバイト一〇名のうち七名は、臨時に雇った学生達で、八月九～一二・一五日に実施された平城地区の水替えにも参加している。七名の大学院生の所属は、京都大学・大阪大学・立命館大学・奈良女子大学といった近畿圏のみにとどまらず、東京大学・お茶の水大学・九州大学など遠方の大学も含まれている。木簡を触ることのできるほぼ唯一の機会であることもあって、参加希望は少なくない。そこで受け入れは原則一回のみとしている。参加する学生は修士課程一年生が多く、二〇〇七年度は六人がそうであった（残り一名は博士課程一年生）。これ以外の三名は、普段は週二回ずつ日常業務の補佐にあたっているアルバイトの学生で、この週のみ特別に三日間水替えに参加してもらった。

木簡の水替え作業をする際には、研究員がすべての小型コンテナ箱をあけて、水溶液を取り替えるかどうか、替えない場合でも水溶液の分量が適正かどうかの判断をする。結果的には約2／3が水替えの対象となった（残り1／3の半分程度は水溶液を少し増補した）。まずコンテナ内から、横に置かれた「座布団」の上に、ラミネートと木簡を移していく。木簡は脆弱な遺物であるため、細心の注意が要求される。小片はもちろんこと、わずかな木屑も毛筆を使ってすくい上げる。木簡をすべて移し終わると、コンテナ内の水溶液や「座布団」を除去し、スポンジを使って箱の内側を水洗いする。そして、再度新しい「座布団」をコンテナ内に敷き、横に置かれた「座布団」上から同じ手順で移し替えていく。なお削屑については、その貼り付けられたアクリル板を裹んだ不織布を取り替えていくが、特に汚れの著しいものについては、毛筆を使って別のアクリル板に移すようにしている。こうして木簡や削屑の移動が終わると、その上に「座布団」をかけてラミネートを入れ、丁寧に水溶液を注いでいくのである。

コンテナ内の「座布団」はすべて取り替えられ、手洗いした上で再利用される。使用不可と判断された「座布団」も、基本的に棄てるようなことはせず別の用途に使用する。そのため水替えの作業と並行して、「座布団」の洗濯作業も手際よく進めていかなければならない。また、取り替えるホウ酸・ホウ砂の水溶液も大量に用意しなければいけない。まず四五ℓのバケツを用意し、ホウ酸一四四〇g、ホウ砂一六〇gを入れ、水を四〇ℓ注いで、濃度の高い「原液」をつくる。そして別の四五ℓバケツに、この「原液」を四ℓ入れ、水を注いで四〇ℓとすることで、濃度〇・四％の水溶液をつくっていくのである。二〇〇七年度の作業にあたっては、バケツを一〇箱用意し、三箱は「原液」、七箱は直接使用可能な水溶液を入れることとした。この二種類のバケツを混同すると、不適切な濃度の水溶液ができてしまうため、「原液」の入ったバケツの側面および蓋には油性ペンで「原液取り扱い注意」と大書し、バケツを置く位置を固定して混同しないように注意を払った。今後はバケツの色を分けるなどの工夫も必要であると感じている。なお「原液」用のバケツは一杯で十分だと思われるかもしれない。しかしホウ酸・ホウ砂はすぐに水に溶け込まないこともあって、水溶液を必要とする段階に「原液」をつくっていたのでは遅い。あらかじめ三杯分のバケツを用意することで、より適切な「原液」となるように配慮した。「原液」用のバケツを一〇杯分用意することも考えたが、それでは置き場所に困ってしまうため、三杯がちょうど適当であると判断したわけである。

七、木簡の保存処理

木簡の正式な報告書が刊行されると、順次、科学的な保存処理をおこなうこととなる。奈良文化財研究所で現在採用している処理法は、①真空凍結乾燥法、②高級アルコール法の二つである。

真空凍結乾燥法は、真空にすることで昇華（液体の水を経ずに氷から直接水蒸気になる現象）を促進し、木簡を乾燥させる際に収縮する際の力が働かないようにする方法である。まず前処理として、木簡の乾燥効率をあげるために、木簡中の水を第三ブチルアルコールに置き換え、溶液濃度三〇％～五〇％のポリエチレングリコールを強化剤として染み込ませる。そしてマイナス四〇℃で凍結し、十分凍結したところで真空状態にして乾燥させる。

高級アルコール法は、木簡中の水をメチルアルコールに置き換え、高級アルコール（分子の炭素数が一六個のセチルアルコールが主に使用される）を加熱しながら染み込ませた後、木簡をひきあげて冷却させて固める。高級アルコールはメチルアルコールに溶け、五〇℃に加熱すると液体になるが、ポリエチレングリコールよりも分子の大きさが1／10と小さいため、木材に染み込みやすいという性質をもち、処理の時間を短くすることができるという利点がある。

飛鳥藤原地区では、真空凍結乾燥法の装置がないため、専ら高級アルコール法によっている。ただし、真空凍結乾燥法が必要と認められた場合には、平城地区に持ち運び、それを実施するようにしている。木簡の保存処理は『藤原宮木簡一・二』所載のものを中心に進めているが、二〇〇七年三月に『飛鳥藤原京木簡一』が刊行されたことを受けて、今後はそれらの木簡も対象となってくる。

　木簡の保存処理に先立って、必ず実物に即した再調査をおこない、新たな知見は記帳ノートに記すようにする。そして木簡のカラー写真を撮り、写真焼き付けのカラーコピーに取り扱い上の注記を書き加えていく。保存処理担当のスタッフに木簡を引き渡す際には、必ず双方交えて実物と照らし合わせ、注記の確認・補足をおこなうようにする。その上で注記の入ったものを再度カラーコピーし、そちらを保存処理担当のスタッフに渡す（原本は木簡の担当スタッフが保管）。

　保存処理が終わると返却されるが、前述の注記との関連を中心に、保存処理担当のスタッフから経緯の説明を受けながら実物の確認をおこなう。そして、木簡のカラー・モノクロの写真を撮影し、写真登録をおこない、番号は記帳ノートなどに注記する。さらに、再釈読をおこない、新たな知見は記帳ノートに記すようにしている。保存処理の結果、墨痕が鮮やかになり、新たに文字が判読できることはままあることである。そして再釈読が終わった木簡は、空調の調った木簡保管庫内の桐箪笥内に収納する。桐箪笥の引き出し内には薄様を敷き、『藤原宮木簡一・二』に記された木簡番号の順番に従って木簡を収納する。保管庫は二〇℃、湿度六〇％の状態である。

　こうして保存処理の終えた木簡は、原則として博物館などで展示することはしない（重要文化財に指定された木簡は短期間に限って展示されることになったが、極めて例外的な措置である）。水付けの木簡についても、原則として展示をすることはない。ただし、発掘成果を市民に広く還元する現地説明会および速報展に限っては、例外的に一部の木簡の展示をおこなっている。おそらく、一般の方が木簡の実物を目にする機会はこれがほぼ唯一といってよかろう。

　そのため、展示依頼が予想される木簡については、レプリカを作成し、そちらを展示するようにしている。奈良文化財研究所でもレプリカを作成しているが、荷札木簡のように全国の地名の書かれた木簡であれば、その地名に関わる自治体の博物館や資料館などがレプリカを作成することがあり、その際には協力をおこなっている。現状どおりの復原ということもあるが、木簡当初の形を再現するようなレプリカ作成もあり、展示の意図も考えながら、担当機関の方と相談をして作業を進めていくことになる。

おわりに

　日本で最初に木簡が出土したのは一九二八年の柚井遺跡（三重県）、一九三〇年の払田柵（秋田県）の発掘調査でのことである。奈良文化財研究所で初めて木簡が出土したのは、平城宮跡における発掘調査の最中、一九六一年一月二四日午後二時頃のことであった。それから四〇年以上がたち、木簡の数も格段に増えた。木簡は極めて脆弱な考古遺物である。その大半は水付けの状態で保管していることもあって、取り扱いには大変に気を遣う。我々木簡スタッフに求められているのは、木簡を後世まで長く守り伝えていくことである。

　駆け足であったが、奈良文化財研究所都城発掘調査部（飛鳥藤原地区）における木簡整理の現況について報告させていただいた。ここに記した方法が万全というわけではなく、他機関における木簡の整理方法なども学びながら、木簡を大切に守り伝えていきたいと願っている。

〔付記〕この文章はもともと、韓国の研究者に日本の木簡整理の実状の一端を知っていただくことを目的として執筆した。二〇〇七年一〇月に脱稿し、同年一二月刊行の国立加耶文化財研究所『咸安城山山城出土木簡』に翻訳のうえ掲載された。今回、本書を刊行するにあたり、二〇〇八年一二月時点におけるデータを加味して、一部文章に手を加えた（二〇〇八年一二月一六日）。

付篇

慶州・雁鴨池木簡

調査は、二〇〇五年一二月九～一〇日（国立慶州博物館）、二〇〇六年三月二一～二二日（国立慶州博物館）、二〇〇六年四月一三日（国立中央博物館）の三次にわたり、肉眼と赤外線カメラによる観察を実施した。また、二〇〇六年一月一五日、一一月二二日、一二月四日の三度にわたり検討会を開いた。

これらの調査成果については既に、橋本繁「雁鴨池木簡と新羅内廷」（朝鮮文化研究所編『韓国出土木簡の世界』雄山閣、二〇〇七年）として公表しており、本稿は、これに加筆・訂正を加えたものである。

木簡番号は便宜上、『韓国の古代木簡』の図版番号にしたがった。（ ）内の数字は、参考のためにつけたもので、三一号までは『雁鴨池　発掘調査報告書』（学生社、一九九三年）、三二～四五号は李鎔賢「慶州雁鴨池（月池）出土木簡の基礎的検討」（『国史館論叢』一〇一、二〇〇三年）による。報告書に掲載されているにもかかわらず『韓国の古代木簡』にないものは、末尾に掲げた。

一八二号（四号）

・「寶應四年　　（表　面）
・「策事　　（左側面）
・「壹貳參肆伍　　（裏　面）

(159) × 25 × 25

棒状の木簡で書写面を平らに削る。上端には整形を加え、下端は欠損しており一部に刃が入っている。

「寶應」は、唐・代宗の年号（七六二～七六三年）で、「寶應四年」は景徳王二四年・恵恭王元年（七六五）にあたる。ただし、寶應は唐では二年までしか使われていない。「策事」は、王もしくは太子の命令に関わる定型表記とする見解がある（李成市「韓国出土の木簡について」『木簡研究』一九、一九九七年）。なお、二一三号に「策事門」がみられる。裏面の「壹～伍」は天地逆に書かれており、本来の用途に使用された後に習書したものであろう。木簡下端の破損は、習書後のものである。

一八三号（三四号）

・「<□〔天カ元カ〕□□□□□□月廿一日上北廂　　（表　面）
・「<猪水助史第一行瓷一入　　（裏　面）
・「<五十五□□丙番　　（右側面）

(139) × 15 × 9

断面は長方形で、三面に墨書がある。下端は欠損しているがそれ以外は原形を止める。上部に切込みを巡らせている。

形態と内容から付札と考えられる。側面の幅が若干狭いことと、右側面の「丙番」以下に墨痕がみられずここで記載が終わったと判断されることから、表面、裏面、右側面の順に書かれたものと判断した。表面第一字は「天」もしくは「元」で元号の一部と推測される。「北廂」は、『三国史記』職官志中にみえる「北廂典」に関連すると思われる。裏面の「助史」は、本木簡のほか一八八号、二一一号、二一二号、二一五号、二二二号の計六点にみえる。下級官職名とする解釈もあるが（李文基「雁鴨池出土木簡からみた新羅の宮廷業務」『韓国古代史研究』三九、二〇〇五年）、記載様式からはなんらかの食品加工法を意味すると考えられ、現代韓国語で塩辛を意味する「젓（チョッ）」に通じるか。

一八四号（三号）

・「韓舎　□□〔舎舎カ〕舎舎　舎　韓舎　韓舎　韓舎　韓舎　韓舎　　天寶十一載壬辰十一月　天寶　寶□〔寶カ〕寶」

・「韓舎韓舎韓舎文□〔受カ〕（絵）

(235) × 30 × 5

上端は斜めに欠損しているが、一部は原形を残している。下端は欠損。

「韓舎」と「天寶」を繰り返し書いた習書である。「韓舎」は、新羅官位第一二等の大舎であり、書体が正倉院氈貼布記（七五二年推定）のものと酷似する。「天寶」は唐・玄宗の年号（七四二〜七五六）で、「天寶十一載」は景徳王一一年（七五二）にあたる。

一八五号（一五号）

・「＜辛番洗宅□□〔鹿カ獐カ〕瓮一品仲上」

・「＜　□遣急使□〔條カ〕〔牒カ〕高城醢缶」

165 × 45 × 11

完形。上部の左右に切込みをいれており、付札もしくは荷札と推測される。

木簡の表裏関係は不明である。便宜上、「辛番」で始まる面から述べる。「辛番」は二〇〇号、二二〇号にもみられるほか、二〇七号木簡の「辛」や、雁鴨池で出土した「辛作」と刻書された小刀も関連する可能性がある。「洗宅」は一九一号、報一号にもみられる。新羅内廷の官司で、国王直属のものと東宮直属のものがあり侍従・文筆を担当した（李基東「羅末麗初近侍機構と文翰機構の拡張」『新羅骨品制社会と花郎徒』一潮閣、一九八四年）。「品仲上」、二〇七号「品上」は「上品」「仲（中）品」のことで、例えば、正倉院文書六人部荒角解（『大日本古文書』五－455頁）に「陸奥上野二國上品漆一升二百六十文」などとある。上質の意である。

「高城」は、溟州高城郡（現・江原道高城郡）。「醢」は一九三号、一九五号、一九七号、二一四号、二一六号にもみえる。漢字義としては酒器を意味するが、『三国史記』巻八・神文王三年（六八三）春二月条に「米酒油蜜醤豉脯醢一百三十五罌」とあり、米や酒などと列挙されていることから、醢に通じて塩辛を意味すると考えられる。「缶」はこれまで「武」「走」「一疋」などと釈されてきた文字である。缶の訓は「ひらか」で、口が狭く胴体部のふくらんだ容器をさす。

一八六号（一七号）

・「隅宮北門迲阿□　才者左　同宮西門迲元方左　馬叱下左」

・「東門迲三毛左　────　開義門迲小巴乞左　金老左」

177 × 42 × 5

上下端とも原形をとどめるが、右側面の一部を欠く。

上端が完形のため「隅宮」が宮名である。「同宮」は、これまで「閤宮」「閣宮」などと釈されてきたが、同じ宮すなわち隅宮を意味すると思われる。裏面には宮の名が明記されないが、オモテ面と同じ隅宮の門で、「開義門」が南門であろう。門名の下に細字双行で人名を記しており、平城宮内裏外郭東北隅から出土した兵衛関係木簡と同一の形式である。守備する人と、「左」はおそらくその所属する官司を示しているであろう。

一八七号（一八号）

「有　　　　　處□

・是諸由□　蔵　識之戟

我飛飛□〔宋カ〕者家宣宮處宮　」

・「□　謝　□」

飛

300 × 56 × 6.5

現状では四片に割れているが、完形か。

全面に習書されており、一部は天地逆に書かれる。

一八八号（二二五号）

・「∨丙午年四月」
・「∨加火魚助史三□〔入カ〕」

154×35×6

上下端とも原形だが、右側面の一部を欠く。上部の左右に切込みがある。

形状と記載内容から付札と推定される。「加火魚」は一九三号、二二一号にもみられ、「火」を訓で読み「가벌어（カボロ）」「가블어（カブロ）」で、エイを意味すると考えられる。現代韓国語でエイは「가오리（カオリ）」であるが、慶尚道の東海岸沿岸や西北地域の方言である「가볼이（カボリ）」「가불이（カブリ）」に近い。

一八九号（三八号）

・「∨庚午年□〔正カ〕月廿七日作□」
・「∨□□□□〔助史瓮カ〕　　」

158×20×4

上下端ともほぼ原形をとどめるが、側面の一部を欠く。上部の左右に切込みがある。

付札。裏面は墨痕が薄く、判読困難である。

一九〇号

・「　生蚫十□〔両カ〕九月□□□〔料カ〕　」
・「　良儒□□□　　」

208×22×11

上下端とも原形をとどめる。

表裏とも墨痕が薄く判読困難である。「蚫」はアワビ（鮑・鰒）である。

一九一号（二号）

・曺洗宅家
・曺洗宅家

（165）×17×10

上下端とも欠損している。枝を加工したもので中央部に節がある。

表裏同文か。字画部分が盛り上がって残っている。これは字画部分が墨の防腐作用により風化を免れたためである。一定期間、屋外に掲示されていたのであろう。

一九二号（一六号）

「∨郎席長十尺　細次朼三件　法次朼七件　法□

（220）×25×5

上端は一部欠けてしまっているものの、刃の入り方から本来は切込みが入れられていたと推定される。下端は欠損している。

付札。「郎席」は宮中で用いられた敷物である（李成市「韓国出土の木簡について」前掲）。二箇所にみられる「朼」は、さじ（匙）を意味する文字で、「細次朼」は細身の匙という程度の意味か。そうであれば「法次朼」は、通常の匙という意味になろう。なお雁鴨池からは円形のものや柳葉形のものなど多様な匙が出土しており（金宅圭「民俗学的考察」（『雁鴨池　発掘報告書』）、そのような匙を指した可能性があろう。

一九三号（三五号）

「∨加火魚醢」

219×25×2

付札。

一九四号（六号）

「＜甲辰三月三日治犭五蔵」　152×27×8

完形。上部に切込みを入れる。

付札。「犭」は二〇七号にもみえるほか正倉院にある佐波理加盤附属文書にもみられる。なんらかの獣を指すとみられる（鈴木靖民『古代対外関係史の研究』吉川弘文館、一九八五年）。「五蔵」は五臓すなわち心・肺・肝・脾・腎の五つの内臓である。平城宮で「鹿宍在五蔵」という木簡が出土している（平城宮三―三五六五）。

一九五号（二四号）

「＜　月□三日作□〔鹿カ〕醢瓮附」　169×13×7

完形。上部に切込みを入れる。

付札。「月」の上に墨痕は確認されなかった。

一九六号（二八号）

「＜南瓮汲上汁十三斗」　182×19×12

上部に浅く切込みをいれる。

付札。「南瓮」は、瓮の置かれた場所を示すか。「汲上汁」は文字通り「汲み上げた汁」と解される。「十三斗」は汲上汁の容量を意味しよう。統一新羅時代には一石が二〇斗であって、新羅末期以降は一石＝一五斗になったと考えられている。

一九七号

□□□醢　169×21×10

下端を錐のように尖らせている。

付札。

一九八号（『報告書』図版四五四・四五五）

大黄一両〔九カ〕□分　黄連一両　、皂角一両　、青袋一両　、升麻一両

・　、甘草一両　、胡同律一両　、朴消一両　、□□□一両

・□□□□　、青木香一両　、支子一両　藍淀三分

308×39×26

断面三角形の二面に墨書がある。文字のない面は、「大黄」で始まる面と同じくらいの幅があり、「青木香」の面よりも広い。下端は刃物による調整か。

薬草名を列挙してその下に一両、三分などの重量を記す。また、大部分の薬名には合点を施している。

用途について、医書から処方を抜粋した習書、あるいはこの処方箋にしたがって調剤したものかとする見解があるが（尹善泰「月城垓字出土新羅文書木簡」『韓国出土木簡の世界』）、薬物の出納に関わるものなどの想定もできよう。本木簡については、三上喜孝「慶州・雁鴨池出土の薬物名木簡について」（『韓国出土木簡の世界』）参照。

一九九号

　太邑　太邑　太邑

太邑太邑太邑［　　］太邑

□乙酉十月廿三日□□子□□

(283)×50×8

上下端欠損。

習書。「太邑」という文字を何度も習書している。

二〇〇号（四二号）

「　辛番
○　□□〔嗄公カ〕

(150)×47×8

二〇五号（一九号）

・「重予等處言
・「水□□〔事カ〕
・「□
・「　□
・「□□□
・　□

(90)×27

棒状の木簡で、側面が六面に整形されている。上端は原形を残すが、下端は欠損している。表面の荒れのため、文字はほとんど読めない。

二〇六号（一四号）

・「受鹿醢送付宅四缶
是法念□□　」
・「尅藝犯権称慰
璧□琴現碧　」

145×42×10

未調査。
文書木簡の一部か。

二〇七号（二九号）

・□坪捧〆百廿二品上（刻書）
・『九月五日□〔駒カ〕知五十六』
辛（刻書）

(110)×35×6

上端は欠損、下端は右側を欠くが原形を止める。側面にキザミがある。「〆」については一九四号参照。裏面の「五十六」以下は表面にケズリ。

二〇八号（二三号）

・「阿膠廿分受十反□〔外カ逃カ〕
・「大□〔衣カ〕温使用以省等

(128)×18×8

下端は欠けているが、それ以外は原形である。
内容から、文書木簡の一部と考えられる。「阿膠」はニカワであり、接着剤や薬として使用される。「反」は「返」と併用し、返却の意の例は正倉院文書にも散見する（例・天平二十年（七四八）正月二十四日付写疏充紙帳〈続修七集、『大日本古文書』三―三二〉）。

二〇九号（二六号）

・辛卯年第二汁八斗
・辛卯年第二汁八斗

(180)×25×4

これまで同一個体とされた破片のうちのひとつは、木目などから別の木簡と推定される。現状で三片に分かれ、上下端が欠損している。
記載内容から付札の一部と考えられる。表裏とも同じ記載内容である。「第二は、序数を表わすか。

二一〇号（七号）

・「∨乙巳年正月十九日作口瓠」
・「∨□〔鮓カ〕水十八」

113×42×7.5

下端のごく一部を欠くも、ほぼ完形である。上部に切り込み。

付札。表面最後の文字「瓠」は、瓠の異体字で、日本の木簡に類例がある。裏の一字目は、魚篇とみて「鮓」と読みうるか。

二一一号

・「∨辛□年正月十□
　日作□猪助史　」
・「∨百十□石　」

107×31×10

完形。上部に切込みをいれる。

付札。付札で二行書きするのはこの木簡のみである。

二一二号（五号）

・「∨庚子年五月十六日」
・「∨辛番猪助史缶」

93.5×26.5×3

完形。上部に切込みを入れる。

「辛」は二〇七号にやや書きぶりが似て二画目を長く書く。「助」は墨が薄くなってしまっているが、残画から推測した。

二一三号（一三号）

・「∨策事門思易門金」
・「∨策事門思易門金」

88×14.5×4.5

完形。全体的に非常に丁寧な整形を加え、上部に切込みを入れる。

付札。若干書体を異にするが表裏で全く同じ記載内容である。「金」は鍵を意味すると考えられる。「策事門・思易門」の鍵の付札であろう。

二一四号（三一号）

・廿四日作」
・醯　」

（84）×30×8

上端欠損。

記載内容から付札の一部と考えられる。

二一五号（一二号）

・「十一月廿七日□□〔入一口カ〕赤
・「魚助史卒言

（94）×21.5×?

上端は原形をとどめるが、下端は欠損か。裏面「史」の下の右側は削った跡があり、本来は二行に割書していたものと考えられる。

記載内容から付札の一部と考えられる。

二一六号（一〇号）

・＜五月廿四日作」
・＜鳥　醢　　」

(132)×24×7

上端は欠けているが、切り込みが入っていたと推定される。下端は左側の一部を欠く以外は原形をとどめる。

付札。表面はかなり墨が薄くなっている。

二一七号

・□□□
・□

(105)×25×5

二一八号（三〇号）

・「＜丙□
・「＜□

(84)×33×8

二一九号

・□□
・□□□

(88)×28×2

二二〇号（九号）

「＜丁亥年二月八日辛番　」

127×12×6

完形。上部に切込みを入れる。

付札。「辛番」以下に文字はなく、やや薄く削られている。

二二一号（八号）

「＜甲寅年四月九日作加火魚□〔醢カ〕

(120)×13×5

記載内容から付札の一部と判断される。

二二二号（一一号）

＜三月廿一日作獐助史缶□〔肆カ〕

(141)×27×6

上端は欠損しているが、切り込みが入れられていたと推定される。下端は刃物を入れた跡があり、原形を留めるか。

付札。

二二三号

□□

(85)×46×3

上下端とも欠け。

二二六号（三九号）

□月十七

(60)×(25)×1

二二九号

・「奉太子君　＜」　（表　面）
・「前呉油□　＜」　（左側面）
・「召彡□〔代カ〕　＜」　（右側面）

61×12×12

完形。四角柱状で下端に切込みを巡らす。

二三三号

・□己□□□」

・□巳□卅六札」

上部欠損、下端は原形をとどめる。非常に小さく薄い。

43 × 12 × 2

『韓国の古代木簡』未掲載

報告書一号

・洗宅白之　二典前四□子頭身沐浴□□木松茵　（表　面）

・　□迎□入日□□　（左側面）

・十一月廿七日典□　思林　（裏　面）

318 × 28 × 15

四角柱状の木簡。左側面の一部を欠くが、ほぼ完形である。

内容からみて文書木簡と考えられる。「沐浴」は湯水をつかって身を清めること、「茵」はしきもの。

扶余・陵山里木簡

二〇〇五年三月一四日に国立扶余博物館の協力により調査を実施し、二〇〇八年一〇月一七日に検討会を開いた。木簡番号は、『韓国の古代木簡』にしたがった。なお、本木簡に関しては、報告書である国立扶余博物館『陵寺　扶余陵山里寺址6～8次発掘調査報告書』（二〇〇七年）において新たに多数の木簡が報告されている。また、国立扶余博物館『百済木簡』（二〇〇八年一二月）によりさらに一〇〇点以上の削屑も公開されているが、これらの木簡は未検討である。

二九五号

・「『无奉義』（刻書）道縁立立立○」（前　面）
・「　　　　道縁　　　」（左側面）
・「『无奉　（刻書）　天』　○」（後　面）
・「　　　□□□〔五ヵ立ヵ〕十六　　　」（右側面）

226 × 25 × 25

本木簡については、平川南「道祖神信仰の源流―古代の道の祭祀と陽物形木製品から―」（『国立歴史民俗博物館研究報告』第一三三集、二〇〇六年）を参照。

二九六号

・三月十二日梨田二『之勝勝田梨勝□邢』
・广清青青用品□〔写ヵ〕用□用□□

275 × 22 × 8

二九七号

二九八号

「津城下部對德疏加鹵　　」

245 × 26 × 10

二九九号

・「○奈率加祖白加之是以□浄」
・「○慧明□□□右講読師　　」

218 × 20 × 3

三貴	至女	今母	只文
丑牟	至文	安貴	翅文
□□	□貴	□□	□□

裏面は「乙」と判断される字を全面に記す。

153 ×（18）× 2

三〇〇号

「<三月仲椋内上田　」

165 × 16 × 5

三〇一号

・書亦從此法爲之凡六卩五方
・又行之也凡作形之中了具

（164）× 17 × 5

三〇二号

大大大大大□歳歳歳歳歳

460 × 20

三〇三号

月廿六日上床席　竹山六　眠席四

（211）×（25）× 13

三〇四号

・四月七日寶憙寺智寔×乗×

・『吉二誼送□』

(130)×35×5

三〇五号

・「宿世結業同生一処是

・非相問上拝白来　」

・「慧暈呻於」

127×30×11

三〇六号

・年之末米□八升

・与也

(129)×31×31

三〇七号

・□徳干尓

・□為資丁

・追□□若□

(92)×37×4

三〇八号

・日二百十五日□

・□

(123)×33×5

三〇九号

・□七密死□

・□再拝□

(81)×25×3

三一〇号

・□定廿両斑綿衣

・□

(120)×15×7

三一一号

・者者

(75)×36×4

三一二号

此是

(50)×32×3

三一三号

「∨子基寺」

78×19×6

三一四号

・□□

・□□

(123)×20×10

扶余・双北里木簡

第一号木簡

一、釈文

〔表〕

戊寅年六月中　（刻線）　固淳□〔夢カ〕三石　（刻線）　佃麻那二石
◎　　止夫三石上四石□□　　比至二石上一石未二石
佐官貸食記　　佃目之二石上二石未一石　　習利一石五斗上一石未一石　×

〔裏〕

素麻一石五斗上一石五斗未七斗半　佃首門一石三斗半上一石未石甲　并十九石□×
◎
今沽一石三斗半上一石未一石甲　刀己邑佐三石与　得十一石　×

（二九一）×四二×四（単位ミリメートル）　型式〇一九

二、形状

上端は原形、下端はわずかに欠損していると考えられる。上部の孔は、表から穿たれ、記載文字をはずしており、おそらく整理用のものかと判断される。柾目材。

三、記載様式

表裏ともに三段書きで、オモテ面には刻線が確認できる。冒頭に「戊寅年六月中佐官貸食記」と、年月と帳簿の名称を記す。以下、「人名＋数量」を表六名、裏四名の計一〇名分、末尾に支給額と収納額の総計を記載する帳簿である。

四、記載内容

遺構の年代は、出土層位および共伴遺物などから、七世紀前半とされている。したがって「戊寅年」は六一八年と考えられる。古代日本の出挙制の場合、通常「三月」と「五月」の二回貸し付け、三月は種籾用、五月は食料支給用とされているが、確たる資料はない。本木簡の場合、「六月中」と「佐官貸食記」を対応させるならば、その内容はほぼ米の食料支給（数量単位は石斗）とみなすことができよう。その場合、「佐官」は、「佐平官」の短縮とみて百済最高官である佐平に関わる官司という想定もできるが、ここでは具体的な官職名ではなく文字通り〝官を佐（たす）く〟という意味にとりたい。また、「官」は「官司」と「官人」という二通りの可能性があるが、列挙された人名を官人とみて後者が適当であると思われる。

「食」については、統一新羅時代の金石文では何らかの穀物名を指すと考えられる事例もあるが、陵山里で出土した四面木簡にみえる「支薬児食米記」を参照すると、米を意味するとみてよいだろう。また、「六月」は官人たちに貸食した時期である。返納の事実が記されていることから、この木簡は秋以降に作成されたと推定される。

以上から、この木簡の題記は、「戊寅年（六一八）六月に官人を佐くるために食料米を貸せる記録」と解釈される。

題記以下、一〇名分の「人名＋数量」は、大きく二分できる。すなわち、「人名＋数量（貸食額）」のみの記載と、「佃目之＋二石＋㊤二石＋(未)一石」などのように「人名＋数量（貸食額）」のあとに「㊤数量＋(未)数量」のつくものである。「上」は〝上納〟（返納）、「未」は〝未納〟を意味している。古代日本の出挙木簡において、「上」＝「上納」の意の用例は次の通りである。

新潟県長岡市下ノ西遺跡　一号木簡　（八世紀）

「殿門上税四百五十九束先上
三百五十束後上一百九束　十四
又後六十六束
掾大夫借貸卅五束　　八十束」

二二五×八〇×一〇　〇六一

「殿門上税」「先上」「後上」の語が見え、いずれも「上」は「上納」の意である。ところで、本木簡の完結した記載の残る佃目之の例では、二石を貸し付け、本稲（米）二石分は返納済みで、一石分が未納である。この場合、貸付額に対して返済総額が一・五倍となっている点に注目できる。さらに、比至（二石貸付、一石上納、二石未納）・素麻（一石五斗貸付、一石五斗上納、七斗五升未納）についても同様である。古代日本の公出挙も本稲の五割を利稲として納めることになっており、百済においても五割利息の公出挙の存在が確認されたのである。そうすれば、下端部欠となっている習利の未納額は、計算上、〔貸食額一石五斗〕×一・五－〔上納額一石〕＝〔未納額一石二斗五升〕となる。また、止夫の場合も、「四石」の下が判読できないが、計算すると「五斗」であったと考えられる。

さらに、注目すべき点は、石斗以下の升・合の表記が「半」および「甲」と記されていることである。この類例としては、古代日本の二例の木簡をあげておきたい。

イ、福岡県小郡市井上薬師堂遺跡　三号木簡　（七世紀後半）

三石　加太里白米二石半
米一石　并十五石
白米半　反俵廿一石半　」

（二四六）×四六×六　〇八一

ロ、鳥取県倉吉市大御堂廃寺（久米寺）木簡　（七世紀後半～八世紀前半）

・「○三日仏×
　聖□
・「○一升半口七
　一升小甲口

（九〇）×四四×三　〇一九

この二例では、「二石半」は〝二石五斗〟、「一升半」は「一升五合」、「一升小甲」は〝一升二合五勺〟を示している。この二例から明らかなように、「半」は二分の一を示し、「甲」は四分の一を示す用法である。ただし貸食額の一・五倍で返納額を計算すると、本木簡の場合は、「半」「甲」はいずれも「一斗の半・甲」の意味であり、「一石甲」は「一石二升五合」である。

そして特に重要視しなければならない用語は、帳簿の末尾「刀己邑佐三石与」にみえる「与」である。「与」は本義どおり「あたえる」と解釈されよう。なお、「与」の本字が「與」とされるが、本来は別字であり「與」の本義は「くみする」で「與」を「あたえる」と用いるのは「与」の仮借である。

このことから「刀己邑佐三石」は返納を求めない貸食と判断される。すなわち古代日本において実施されていた〝賑給〟に相当するであろう。いわゆる〝賑給〟は天皇即位・祥瑞出現などの国家の慶事・大事や疫病流行・飢饉に際して、正税または義倉穀を割いて、稲穀・布・綿・塩などを高齢者、夫や妻を失った者、貧窮者、病人、被災者らに支給する制度である。本木簡では「固淳夢」以下、貸食額が多い順番に書き連ねるが、「刀己邑佐」で三石に増加していることも、一〇名一箇の本木簡のなかで、彼一人が「与」の対象者であったことを示していると考えられる。

一方で、「固淳夢三石」および「佃麻那二石」は、下に返納（もしくは未納分）を示す「上」「未」の記載がないが、これは、彼らがまだ全く返納していないことを示している。

木簡末尾に記されている総計は、実際にクラから出された数量（并）と、返納された数量（得）のみであり、未納額が記されていない。これは、木簡の用途が実際の返済記録を意図したものではなく、あくまでもクラの出納記録を目的としたためと考えられる。

以上から本木簡を集計整理すると、次の表の通りである。

人名	貸食額	上納額	未納額	備考（返納予定額）
固淳㝩	3石		（4石5斗）	（4石5斗）
止夫	3石	4石（5斗）		（4石5斗）
佃目之	2石	2石	1石	（3石）
佃麻那	2石		（3石）	（3石）
比至	2石	1石	2石	（3石）
習利	1石5斗	1石	1石（2斗5升）	（2石2斗5升）
素那	1石5斗	1石5斗	7斗5升	（2石2斗5升）
今沽	1石3斗5升	1石	1石2升5合	（2石2升5合）
佃首門	1石3斗5升	1石	1石2升5合	（2石2升5合）
刀己邑佐	3石			与
	并19石（17斗）	得11石（10斗）	（14石5斗5升）	（26石5斗5升）

【注記】
・（　）＝木簡には見えず、計算による推定。
・「并」＝貸付け額の総額
・「得」＝上納（返納）額 の総額
なお、「19石17斗」は「20石7斗」、「11石10斗」は「12石」であるが、集計の際に、あえて単位の繰り上げ表記を行なわなかったと推測される。

五、意義

1、記載様式

冒頭に年月と帳簿の名称「佐官貸食記」そして「人名＋数量」の三段書きという記載様式は、古代日本における七世紀後半以降の出挙木簡の帳簿に数例を確認できる。

福岡県小郡市井上薬師堂遺跡　二号木簡

「□〔寅カ〕年白日椋稲遺人　黒人赤加倍十　山ア田母之本廿　日方□□〔ツ県〕之倍十　木田支万羽之本五　竹野万皮刅本五」

四四六×四五×七　〇一一

兵庫県丹波市春日町山垣遺跡　四号木簡

・「□□年正月十一日秦人マ新野□□□貸給　秦人マ新野百□□〔束カ〕□本田五百代　同マ小林廿束□□墓垣百代　伊干我郡嶋里秦人マ安古十一束　同里秦人マ志比十束　秦人マ加比十五束　竹田里春マ若万呂十束」○

・「秦人マ身十束　間人マ須久奈十束　□□　合百九十六束椋□〔留カ〕稲二百四束　別而代□物八十束□〔勘カ〕新野貸給　并本□四百八十束」○

六九七×五七×八　〇一一

2、帳簿名

帳簿名「佐官貸食記」は、役所内の官人等に「貸食」することを意味している。古代日本における国が行なう公出挙は、春（三月）と夏（五月）に官稲を農民に貸し付け、秋に五割（三割の時もあり）の利稲と共に回収した。春出挙は種籾の貸し付け、夏出挙は端境期の食料支給と一般的に理解されている。本木簡は、「上」「未」の記載からも出挙に関する帳簿であることが確認され、さらに五割の利稲をとることも日本の公出挙と同様である。これらのことから百済でも公出挙の存在が確認されたのである。また、本木簡の「六月中」を古代日本における夏出挙とすれば、夏出挙は穀物支給による食料用であることが証明されたといえよう。

第二号木簡

一、釈文

外椋ア鐵
代綿十両

八一×二三×六

二、形状

小型の付札の完形品。上部の孔は当初から穿たれたものである。板目材。

三、記載内容

最も注目すべきは「外椋ア」という記載である。「ア」は「部」の異体字である。百済王都が扶余に遷されたいわゆる泗沘期の百済の内朝は、『周書』百済伝などに記録された内官十二部制に整備されていた。この内官十二部は、首席官府の前内部が他の十一個の官府を統率する形態で運営したとされている。

各有部司、分掌衆務。内官有前内部・穀部・肉部・内掠（椋）部・外掠（椋）部・馬部・刀部・功徳部・薬部・木部・法部・後官部。外官有司軍部・司徒部・司空部・司寇部・点口部・客部・外舎部・綢部・日官部・都市部

（『周書』巻四九・列伝四〇・異域上・百済）

各有部司、分掌衆務。内官有前内部・穀内部・内掠（椋）部・外掠（椋）部・馬部・刀部・功徳部・薬部・木部・法部・後宮部。外官有司軍部・司徒部・司空部・司寇部・点口部・客部・外舎部・綢部・日官部・市部。長吏三年一交代

（『北史』巻九四・列伝八二・百済）

※『周書』『北史』とも七世紀前半の編纂

右にあげたように、これまで、中国の歴史書に記載があるのみであった「外椋部」の実在が、本木簡によって初めて立証されたのである。百済木簡で官司名が確認されたのは、これが初めてである。

本木簡は外椋部に所蔵されている鐵（鉄）の代わりの綿十両に付した札と考えられる。おそらく鐵の代わりに軽貨物としての綿を貢進した際の付札であろう。

第三号木簡

一、釈文

「与張」

二、形状

（五五）×一六×四

題籤軸である。ただし軸部を欠く。墨書はほとんど失われているが、赤外線テレビ写真でわずかに墨痕を確認できる。板目材。

題籤軸はこれまで城山山城からの出土が報告されているが、墨痕がなく確実ではなかった。本木簡が韓国ではじめての確実な題籤軸の例である。

三、記載内容

一文字目は、第一号木簡の末尾の人名にも付されている「与」とみて間違いない。二文字目は、扁は「弓」とみて「張」であろうと判断される。

古代日本では、旁の音が同音であれば、扁が異なっても通用する例が数多く確認される。例えば、次のような例があげられる。

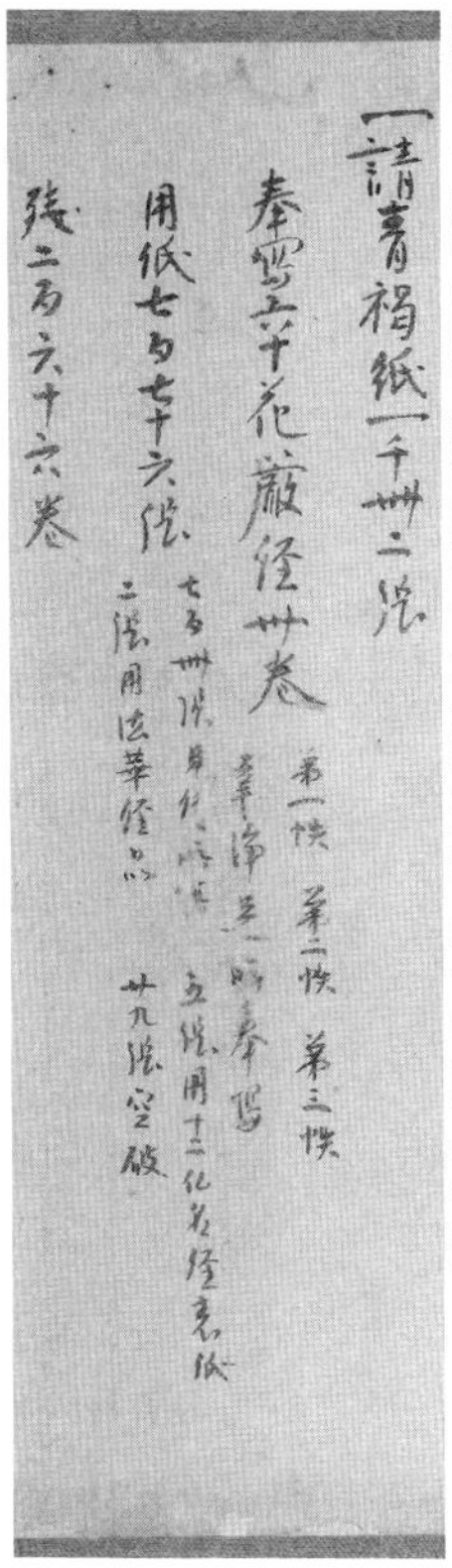

類似する「張」の事例（天平勝宝五～六年造東大寺司解『正倉院文書拾遺』）

兵庫県丹波市市辺遺跡　六号木簡

「∨（墨点）扳沙進送∨」

五三〇×四八×八　〇四三

この木簡は封緘木簡である。その場合、上書きは書状にかかわる文言としか考えられない。したがって、「扳沙」は「返抄」と理解する以外は想定しがたい。しかし、通常の「返抄」ではなく「扳沙」と表記している点は、若干問題となろう。だが「迸」は拼と通用し、「返」も「仮」の書体が通用することから推して、「扳」は誤字ではなく、「返」と通用したと判断できる（平川南『古代地方木簡の研究』二〇〇三年）。

以上のような事例からも、本木簡にみえる「張」と「帳」は通用していたと考えられる。「与帳（張）」と判読すると、第一号木簡で先述したように、役所から〝賑給〟のように稲穀類や何らかの物品を支給された人の名前のみを記載した歴名簿のことであろう。

このことは、古代日本における財政運用に関する紙と木の併用問題に深く関わる極めて重要な点と考えられる。以下、日本の出挙を例に、木簡と紙の帳簿との関係を見ておきたい。

①出挙貸付・収納・未納・収納集計（木簡）

出挙の複雑かつ膨大な出納事務は、貸付・収納・未納などの各段階別に木簡をカードとして使用している。

イ、春・夏出挙（貸付）

長野県千曲市屋代遺跡群　八七号木簡

・「五月廿日　稲取人金刺マ若侶廿□（束カ）
　　　　　　　　　金刺マ兄□

・（裏面は省略）

（二八八）×五五×四　〇一九

ロ、秋収納

福島県いわき市小茶円遺跡出土木簡

「判祀郷戸主生部子継正税」

「大同元年九月□□日（削消）『大同元（年脱カ）十月三日』

（二二七）×一六×二　〇五一

小茶円遺跡出土の木簡は、本来の出挙返納期である九月と書いたのちに、実際の返納月日である「十月三日」に書き直していると考えられる。

ハ、未納

福岡県小郡市井上薬師堂遺跡　二号木簡

「□〔寅カ〕年白日椋稲遺人　黒人赤加倍十
山ア田母之本廿
日方□□〔ツ呉カ〕之倍十
木田支万羽之本五　竹野万皮引本五　」

四四六×四五×七　〇一一

ニ、収納集計（本稲・利稲）

埼玉県行田市小敷田遺跡　三号木簡

・「九月七日五百廿六次四百　」
・「卅六次四百八束　千三百七十
小稲二千五十五束　」

一五八×三二×二　〇一一

木簡の年代は八世紀初頭前後とされ、その内容は、

五二六＋四三六＋四〇八＝一三七〇束

一三七〇束×一・五＝二〇五五束

と三回の出挙額を累積し、その小計額に五割の利息が加えられている。

②出挙帳（紙）

イ、中央に進上された出挙帳

ⓐ　総計―天平八年（七三六）伊予国正税出挙帳

郡司　大領正八位上凡直広田
主帳大初位下大伴首大山

□年定正税穀□陸仟肆伯陸拾玖斛伍斗
□直拾参束陸把

（越智郡）出挙弐万参伯束 春九千九百束 夏一万四百束
借貸壱萬束
遺陸万肆仟壱伯拾参束陸把

南第一板倉　□不動十九間　不尽一間　不尽三間
□広一丈、八尺一寸、高八尺七寸、収納稲肆仟伍伯玖拾陸束 天平六年下尽

（中略）

郡司　大領従八位上越智直広国
主政无位越智直東人

□税穀□仟伍伯弐拾肆斛玖斗陸升参合
穎稲肆万伍仟陸伯伍拾沫束捌把

（野間郡）出挙壱万弐仟束 春五千六百束 夏六千四百束
借貸壱万□

ⓑ　免稲者歴名―天平十一年（七三九）備中国大税負死亡人帳

戸主神人部赤猪口刑部麻呂売、弐束、天平十一年五月七日死
市忍里戸主下道朝臣加礼比口出雲刀、肆束、天平十一年三月十日死
白髪部郷死亡人伍人　免税参伯肆束
川辺里戸物部赤猪、壱伯参拾肆束、天平十一年五月十日死
物部田人、壱伯肆拾弐束、天平十一年五月六日死

正倉院文書の天平六年（七三四）「出雲国計会帳」の中に、出雲国から中央へ進上された公文書の一つ「大税出挙帳一巻」の名がみえる。先にあげた伊予国正税出挙帳には、

（越智郡）
出挙弐万参伯束 春九千九百束 夏一万四百束
（野間郡）
出挙壱万弐仟束 春五千六百束 夏六千四百束
（抜枠）

とトータルな数字のみが記されているが、郡の規模（『和名類聚抄』によれば越智

郡―十郷、野間郡―五郷）にほぼ比例した出挙額、春と夏ほぼ均一な出挙額が注目される。

浄書された各郡の帳簿をもとに統計処理を行ない、中央へ上申したものが先の伊予国正税出挙帳のような帳簿である。出挙された者が死亡した時には免除措置がとられたが、こうした国庫減収となる場合にのみ中央に提出された歴名が正倉院文書中の備中・河内両国の大税負死亡人帳と考えられる。

出挙同様に、賑給帳の場合も、国庫減収となるので、歴名とその理由が詳細に紙の文書として記録され、中央に提出された。その一例が正倉院文書中の出雲国大税賑給歴名帳（天平十一年〈七三九〉）である。

以上からも明らかなように、「与帳」は、国庫減収となる米の返納を伴わない〝賑給〟的な支給の歴名簿ゆえに紙に記載された帳簿であると判断できる。

そして百済においても、貸付・収納・未納などの出挙事務は、「佐官貸食記」のように木簡を使用し、国庫減収の〝賑給〟＝〝与〟については、〝与帳〟として、紙の文書を使用したことが双北里出土木簡によって立証されたのである。言い換えれば古代日本の出挙制度およびその運用は、この百済の影響下で実施されたといえよう。

木簡発見の意義

今回の三点の木簡は、役人に対する出挙関係木簡二点と外椋部の付札一点である。

扶余の水上交通の生命線ともいえる大河・白馬江（錦江）は、王都の北に位置する扶蘇山城付近で河道を大きく屈曲させている。その地点に津があったと想定され、その津から運河によって物資を搬入した地点が木簡の出土地である。おそらく双北里の高燥地に外椋部が置かれていたと推定でき、木簡出土地点はその外椋部に接する東方地区に相当するであろう。

①今回の木簡の発見により、百済内官十二部制下の外椋部の存在および王都内の設置地区が判明した。そして、これまで全く不明であった外椋部の職掌として、官人への公出挙があったことが確認された。今後も木簡の出土により扶余王京の構造や、官司の具体的な機能などが明らかになると期待される。

②王都の役人に対する「佐官貸食記」木簡は、日・唐・百済が五割の公出挙を実施していたことを立証した。また、七世紀前半における百済の出挙木簡の記載様式は、そのまま古代日本の七世紀後半以降の出挙木簡に強く影響を与えたことが判明した。

③古代朝鮮と日本は、ともに紙木併用による文書行政を実施した。双北里木簡において「佐官貸食記」木簡と題箋「与帳」が共伴したことにより、出挙の貸付・返納等は木簡、国庫減収の〝賑給〟＝〝与〟等は紙に歴名記載するシステムが、古代日本と百済で共通していたことが初めて立証された。

執筆者紹介

朴　鍾益（ぱく・ちょんいく）
国立慶州文化財研究所　学芸研究室長

李　晟準（い・そんじゅん）
国立加耶文化財研究所　学芸研究士

梁　碩眞（やん・そくちん）
国立加耶文化財研究所　調査員

孫　秉花（そん・びょんふぁ）
国立加耶文化財研究所　調査員

李　成市（り・そんし）
早稲田大学文学学術院　教授

平川　南（ひらかわ・みなみ）
国立歴史民俗博物館　館長

橋本　繁（はしもと・しげる）
日本学術振興会　特別研究員

市　大樹（いち・ひろき）
大阪大学大学院文学研究科　准教授

朴　珉慶（ぱく・みんぎょん）
成均館大学大学院史学科　博士課程修了

呉　吉煥（お・ぎるふぁん）
立教大学　兼任講師

2009年6月30日 初版発行　　《検印省略》

アジア研究機構叢書人文学篇 第3巻
日韓共同研究資料集　咸安城山山城木簡《かんあんじょうさんさんじょうもっかん》

編　者　早稲田大学朝鮮文化研究所、大韓民国国立加耶文化財研究所
発行者　宮田哲男
発行所　株式会社　雄山閣
〒102-0071　東京都千代田区富士見2－6－9
TEL 03-3262-3231　FAX 03-3262-6938
振 替 00130-5-1685
http://www.yuzankaku.co.jp
印刷所　吉田製本工房
製本所　協栄製本

ISBN978-4-639-02093-6